听花开的声音

门头沟区校外教育“十三五”课题成果集

高玉明　主编

企业管理出版社
ENTERPRISE MANAGEMENT PUBLISHING HOUSE

图书在版编目（CIP）数据

听花开的声音. 门头沟区校外教育“十三五”课题成果集 / 高玉明等编著 . -- 北京 : 企业管理出版社，2022.4

ISBN 978-7-5164-2582-4

Ⅰ. ①听… Ⅱ. ①高… Ⅲ. ①少年宫—校外教育—教学研究 Ⅳ. ① G244

中国版本图书馆 CIP 数据核字（2022）第 042613 号

书　　名: 听花开的声音——门头沟区校外教育“十三五”课题成果集
书　　号: ISBN 978-7-5164-2582-4
作　　者: 高玉明
责任编辑: 杨向辉　郑小希
出版发行: 企业管理出版社
经　　销: 新华书店
地　　址: 北京市海淀区紫竹院南路 17 号　　**邮　　编:** 100048
网　　址: http://www.emph.cn　　**电子信箱:** qiguan1961@163.com
电　　话: 编辑部（010）68414643　发行部（010）68701816
印　　刷: 北京市密东印刷有限公司
版　　次: 2022 年 6 月 第 1 版
印　　次: 2022 年 6 月 第 1 次印刷
开　　本: 160mm × 235mm　1/16
印　　张: 21.5 印张
字　　数: 362 千字
定　　价: 85.00 元

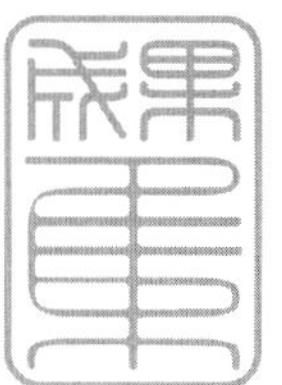

前　言

随着双减政策的全面落地及教育综合改革的逐步深化，校外教育在基础教育中的地位与作用越来越重要。

加强青少年学生课外、校外教育工作研究，围绕全面实施素质教育，积极探索课外、校外教育的特点和规律，并注重研究成果的推广和应用是北京市教委对校外教育提出的要求。校外教育科研是校外教育发展的有机组成部分，是加强教师队伍建设、提升校外教育质量的重要路径。“十三五”时期，门头沟区校外教育研究室发挥对全区校外教育的辐射、引领和带动作用，构建了以少年宫为中心，以五大校外教育基地（雁翅中小学素质教育基地、斋堂革命传统教育基地、灵溪生态教育基地、琉璃渠劳动艺术教育基地、丁家滩法制教育基地）和社会大课堂资源单位为依托，以学科教研组为基石的三级校外教科研工作体系。积极探索“以师为本”的教研方式，制定“学习、活动、教研”相结合的教师发展方向，引领教师在学中研，在研中教，真正走上内涵发展的道路。

“十三五”时期，门头沟区校外教育机构教师积极参与课题研究，在研究的过程中不断学习领会和努力遵循教育的发展规律，充分发挥校外教育机构活动育人的主阵地作用，满足全区中小学生对优质校外教育的迫切需求。在北京市课外、校外教育“十三五”科研规划中，门头沟区共立项十三个课题，涵盖管理、艺术、科技、传统文化、区域资源开发等方面，规划课题研究工作取得丰硕成果。所有课题均围绕校外教育“三个一”改革工程展开。与“十二五”时期相比，课题数量的增多，表明门头沟区校外教师的科研意识显著增强，研究群体扩大，研究领域拓宽。

在科研课题的引领下，门头沟区的校外教育已经呈现出欣欣向荣、蓬勃发展的良好局面，广大校外教师在“三个一”优质项目建设、教材学材开发、精品社团建设等方面取得了显著成果。

新时代新形势，改革开放和社会主义现代化建设、促进人的全面发展与社会全面进步，对教育和学习提出了新的更高的要求。我们要抓住机遇，在校外教育领域进一步深化课程育人、文化育人、活动育人、实践育人、管理育人、协同育人，坚持“五育”并举，全面发展素质教育。让校外教育成为孩子全面发展、个性化发展的沃土。

白丰莲

2022 年 5 月

目录

CONTENTS

ARTICLE 1

少年宫活动项目管理的探索与实践研究

课题负责人　高玉明

核心组成员　杨　帆　李长军　梁　辉　阚秋影　李建芝

负责人单位　北京市门头沟区少年宫

成 果 形 式　结题报告　管理制度汇编

开题报告

一、课题研究的背景

（一）选题缘由

党的十八届五中全会之后，“供给侧改革”引起关注并成为社会生活中的热词。在现代社会中，经济、政治、教育等向来就与整个社会生活紧密相连，经济上的“供给侧改革”必然呼唤并引领教育上的改革。长期以来，校外教育作为基础教育的重要组成部分，已成为社会教育不可或缺的组成部分。在教育综合改革逐步深化的今天，校外教育更应该及时转变固有观念，不断突破管理瓶颈，创新管理理念，引进项目管理，提升管理效能，不断推进校外教育的“供给侧”改革，使每一个学生都有实际获得感，从而提高人民群众对首都校外教育的满意度。

门头沟区少年宫在“十二五”期间，认真分析存在的制约发展因素：一是内部管理体制仍需创新，急需活动项目管理的改革与创新；二是教师的教育理念仍需与时俱进；三是在“校内向校外拓展，校外向校内延伸”的大背景下，需要加强创新项目、特色项目、精品项目的建设。在此背景下，少年宫提出了项目管理的概念，通过两年来的尝试，逐步转变了教师管理的模式，不再是以硬性的量化考核等管理手段来让教师做事的管理，而是以发展的眼光看待教师成长的管理，给教师的发展创造机会、支持教师进步的管理，最终达到推动少年宫发展的管理。我们研究此课题是在已有的基础上进行系统梳理，形成相关模式。

（二）研究意义

1. 实施活动项目管理，有利于少年宫管理机制的创新

活动项目管理强调包括项目策划、启动、实施等全过程的职权明

晰。在活动项目中，改变了传统的宝塔型管理模式，项目负责人被授予管理整个项目的权力，同时，党政工齐抓共管，有效引导并协助项目负责人实施项目，关注教师团队的建设，有效提升项目负责人的组织策划能力及其组员的执行力，确保项目顺利实施，从而形成一种新的管理机制，推动少年宫的发展。

2. 实施活动项目管理，有利于少年宫教师培养途径的创新

实施活动项目管理，能够充分调动教师工作的积极性，使教师主动、创造性地开展工作。在项目实施的过程中，改变传统的教师培训模式，在强化教师专业技能的同时，鼓励教师主动学习、勤于思考、乐于实践，从而提高组织管理能力和自身素质。项目实施的过程，即是教师个人成长的过程。

3. 实施活动项目管理，有利于少年宫品牌形象的提升

活动项目是少年宫发展的基础。实施活动项目管理，能够推动校外教育的供给侧改革，丰富少年宫的供给内容，切实满足广大青少年的个性化需求，创新供给形式，提高少年宫的供给质量，从而提升少年宫的品牌形象。

二、文献综述

项目管理，就是项目的管理者，在有限的资源约束下，运用系统的观点、方法和理论，对项目涉及的全部工作进行有效的管理，即从项目的投资决策开始到项目结束的全过程进行计划、组织、指挥、协调、控制和评价，以实现项目目标。项目是指一系列独特、复杂且相互关联的活动，这些活动有着一个明确的目标或目的，必须在特定的时间、预算、资源限定内，依据规范完成。

项目管理是第二次世界大战后期发展起来的重大新管理技术之一，最早起源于美国，多用于企业管理中。20 世纪 60 年代，项目管理的应用范围也还局限于建筑、国防和航天等少数领域，但随后，项目管理在美国的阿波罗登月项目中取得巨大成功，由此风靡全球。项目管理由华罗庚教授于 20 世纪 50 年代引进中国，从 80 年代仅限于建筑、国防、

航天等行业迅速发展到今天的计算机、电子通信、金融业甚至政府机关等众多领域，在教育中也常用于基建、硬件设备购买等，比如中央彩票公益金项目，但用于教育活动项目的却很少，在我们检索的资料中，只发现了江苏省瓜州县在乡村少年宫管理中实施“五有”“四定”“三落实”项目管理制度，“五有”即有计划、有制度、有检查、有总结、有专人负责；“四定”即定内容、定地点、定时间、定人员；“三落实”即活动保障落实、管理评价落实、发展目标落实。

通过查阅相关资料，我们发现目前的项目管理，多是注重项目的结果，而忽视项目过程的管理，缺少规范的运行机制和工作流程，也没有找到对于校外教育活动项目相关的理论研究。为此，我们提出“少年宫活动项目管理的探索与实践研究”这一课题，希望通过系统管理的方法，通过临时性的专门的组织，对项目进行高效的计划、组织、指导和控制，以实现项目全过程的动态管理和项目目标的优化。

三、研究设计

（一）研究目标和研究假设

本课题的研究，第一是建立少年宫内部活动项目管理的运行机制和规范流程；第二是建立校内外融合的活动项目管理的运行机制和规范流程；第三是建立少年宫与校外教育机构、社会资源单位的活动项目管理运行机制与规范流程。这三方面的研究，能够改变少年宫传统的活动项目管理模式，对于推动少年宫的特色发展有着重要的意义。

（二）研究内容

改变少年宫传统的活动项目管理模式，借鉴先进的管理理念，分析目前活动项目实施中存在的实际问题，探索活动项目管理的运行机制及规范流程，并进行有效的实施，从而实现少年宫活动项目管理的规范化，推动少年宫的特色发展。

1. 建立少年宫内部活动项目管理的运行机制和规范流程（自主式）

少年宫内部的活动项目相对比较单一，活动目标相对明确，依靠内部优秀教师担任项目负责人，基本能较好地完成项目实施。我们依托少年宫的优势，创新活动项目内容，在活动项目实施过程中，制定标准化的运行机制和规范流程，建立高效的项目团队，关注项目负责人的选拔和培养，监控活动项目的实施，并建立有效的评价机制。

2. 建立校内外融合的活动项目管理的运行机制和规范流程（融合式）

校外教育作为素质教育的重要组成部分，与学校教育相辅相成，在“校内向校外拓展，校外向校内延伸”的大背景下，我们尝试与学校合作，创新项目的供给形式，开发校内外融合的特色活动项目。同时建立一套协调、灵活、高效的运行机制和规范的活动项目管理流程，全力培养和提升学生综合素质。

3. 建立少年宫与校外教育机构、社会资源单位的活动项目管理运行机制与规范流程（合作式）

《中小学培育与践行社会主义核心价值观实施方案》要求各学科课程要有10%的课时用于在教育基地开展活动。我们积极与校外教育机构、社会资源单位、各教育基地合作，发展一批精品项目，建立合理的运行机制和规范的活动流程，提高校外教育供给质量，促进校外教育机构改革、发展。

（三）研究方法

1. 文献研究法：在研究的起始阶段，从文献研究入手，全面了解国内外同类课题的研究趋势，并在课题进程中，随时查阅文献，了解教育发展的形势与研究状况，全面把握研究方向，找准切入点。

2. 调查研究法：通过对少年宫教师及校外教育机构、社会资源单位、各教育基地的相关工作人员的访谈，了解目前少年宫活动项目运行的现状，梳理当前正在实施的活动项目，开发特色项目、创新项目、精品项目，为构建少年宫活动项目管理的框架与模式提供经验支撑。

3. 行动研究法：在相关材料准备成熟的基础上，借助相关资源，探索活动项目管理的运行框架及模式，总结实施过程中存在的问题。

4. 经验总结法：及时收集阶段性研究结果，不断反思和总结研究实践的成败，借鉴经验，及时调整，引领研究方向。

（四）研究的重点和难点

依托少年宫的优势，创新活动项目内容，在活动项目实施过程中，制定标准化的运行机制和规范流程，建立高效的项目团队，关注项目负责人的选拔和培养，监控活动项目的实施，并建立有效的评价机制。

四、研究的实施计划及人员分工

（一）课题的研究实施计划

序号	研究阶段（起止时间）	主要研究工作及成果名称	成果形式	承担人
1	准备阶段 2016. 6 ~ 2016. 12	1. 文献检索，学习相关理论。 2. 成立课题组，制定研究方案。 3. 撰写开题申报书。	课题研究方案 开题申报书	高玉明 杨帆
2	研究阶段 2017. 1 ~ 2017. 12	1. 撰写开题报告，召开开题论证会，邀请专家对课题进行指导。 2. 调查研究，梳理少年宫的活动项目，分析存在的主要问题。	开题报告	高玉明 杨帆 李长军 郭雪莲
3	研究阶段 2018. 1 ~ 2018. 12	1. 设计项目管理的运行框架及范式，并进行实践研究。 2. 进行课题中期总结。	中期汇报	高玉明 杨帆 核心组成员
4	研究阶段 2019. 1 ~ 2019. 12	对运行框架和范式进行实证研究，运用行动研究法，总结实施过程中存在的问题。	管理制度	全体成员
5	结题阶段 2020. 1 ~ 2020. 6	1. 撰写《少年宫活动项目管理的探索与实践研究》报告。 2. 召开结题会议。 3. 编辑出版《门头沟区少年宫活动项目管理制度》。	结题报告	高玉明 杨帆 核心组成员

（二）人员分工

课题档案收集：杨　帆

课题会议组织：高玉明

课题经费使用：高雁忠

课题分项研究负责人：

1. 课题研究报告：高玉明　杨　帆

2. 《门头沟区少年宫活动项目管理制度》：李长军　郭雪莲

五、 预期研究成果

序号	完成时间	预期研究成果	成果形式	承担人
1	2019. 12	《门头沟区少年宫活动项目管理制度》	管理制度汇编	核心组成员
2	2020. 6	《少年宫活动项目管理的探索与实践研究》研究报告	研究报告	高玉明 杨　帆

工作报告

一、研究的目标与主要内容

（一）研究目标

改变少年宫传统的活动项目管理模式，借鉴先进的管理理念，分析目前活动项目实施中存在的实际问题，探索制定具有门头沟校外教育特色、适应教师发展与教育教学活动的管理运行机制及规范流程，实现项目管理的规范化，推动少年宫的特色发展。

（二）研究内容

1. 建立少年宫内部活动项目管理的运行机制和规范流程（自主式）

少年宫内部的活动项目相对比较单一，活动目标相对明确，依靠内部优秀教师担任项目负责人，基本能较好地完成项目实施。我们将依托少年宫的优势，创新活动项目内容，在活动项目实施过程中，制定标准化的运行机制和规范流程，建立高效的项目团队，关注项目负责人的选拔和培养，监控活动项目的实施，并建立有效的评价机制。

2. 建立校内外融合的活动项目管理的运行机制和规范流程（融合式）

校外教育作为素质教育的重要组成部分，与学校教育相辅相成，在“校内向校外拓展，校外向校内延伸”的大背景下，我们尝试与学校合作，创新项目的供给形式，开发校内外融合的特色活动项目。同时，建立一套协调、灵活、高效的运行机制和规范的活动项目管理流程，全力培养和提升学生综合素质。

3. 建立少年宫与校外教育机构、社会资源单位的活动项目管理运行机制与规范流程（合作式）

《中小学培育与践行社会主义核心价值观实施方案》要求各学科课

程要有 10% 的课时用于在教育基地开展活动。我们积极与校外教育机构、社会资源单位、各教育基地合作，发展一批精品项目，建立合理的运行机制和规范的活动流程，提高校外教育供给侧质量，促进校外教育机构改革、发展。

二、组织工作

根据门头沟区少年宫的管理需要组建了课题组，由少年宫主任高玉明担任课题负责人，核心教师共六名。负责人具有高级教师资格，从教 20 余年，具有很强的教育教学能力，担任教育教学管理工作 15 年，从事校外管理工作三年，对于校外管理方面具有独到的见解，对如何将现代管理理念引入活动项目的管理有深入的思考。

参与课题实施的成员均为一线教师及少年宫管理人员，同时涵盖少年宫核心学科的骨干教师，人员结构有利于课题实施；课题组成员大都有参与 1 ~ 2 个区级以上课题研究的实践经验，能保证课题研究顺利实施。

在课题的研究过程中，课题组长期聘请北京市校外教育研究室等理论研究方面的专家进行指导，同时也邀请了北京市校内外的一些其他同仁为课题建设出谋划策。我们的课题得到了市校外教研室及区教委领导的高度重视和大力支持，为课题的顺利实施提供制度保证和物质支持。针对课题研究的目的，课题组制定出了详细的目标、内容与实施路线，为接下来课题的实施谋篇布局。

三、研究过程

本课题的研究主要分为三个阶段：准备阶段、实施阶段、结题阶段。

（一）准备阶段（2016. 6 ~ 2016. 12）

成立课题研究小组，应用文献研究法对国内外项目建设的资料进行收集与分析研究，借鉴国内外相关研究成果。组织课题组成员学习相关理论，对全体成员进行培训，制定课题实施方案。明确本课题的研究意义、目标定位和理论基础，这是探索项目活动管理的前提和基础。在研究的起始阶段，从文献研究入手，全面了解国内外同类课题的研究趋势，并在课题进程中，随时查阅文献，了解教育发展的形势与研究状况，全面把握研究方向，找准切入点。

（二）实施阶段（2017. 1 ~ 2019. 12）

研究阶段一（2017. 1 ~2017. 12）

梳理少年宫的活动项目，分析存在的主要问题，聘请专家对课题进行指导。通过对少年宫教师及校外教育机构、社会资源单位、各教育基地的相关工作人员的访谈，了解目前少年宫活动项目运行的现状，梳理当前正在实施的活动项目，开发特色项目、创新项目、精品项目，为构建少年宫活动项目管理的框架与模式提供经验支撑。

研究阶段二（2018. 1 ~2018. 12）

组织研讨，运用行动研究法，在相关材料准备成熟的基础上，借助相关资源，探索活动项目管理的运行框架及模式，总结实施过程中存在的问题。设计项目管理的运行框架及范式，并进行中期总结。

研究阶段三（2019. 1 ~2019. 12）

建立课题研究工作例会，对运行框架和范式进行实证研究。建立课题信息档案库，及时收集阶段性研究成果，不断组织研讨，定期反馈课题研究的得失，调整、协调实验内容、步骤和方法。聘请市级专家进行指导，借鉴先进的管理理念，探索活动项目管理的运行机制及规范流程，并进行有效的实施，从而实现少年宫活动项目管理的规范化，推动少年宫的特色发展。

（三）结题阶段（2020. 1 ~ 2020. 6）

撰写结题报告，召开结题会议，编辑出版成果文集。

四、大事记

- 高玉明、杨帆《创新校外教育供给形势 全面推进“三个一”活

动》获得第七届北京校外教育理论与实践研究征文二等奖

- 北京市课外、校外教育理论研讨会上，杨帆《加强优质项目建设、坚持活动育人》获一等奖并做典型发言。
- 2015 年《北京市校外教育》杂志对高玉明主任做了题目为《京西明珠 悄然绽放》的专访报道
- 2016 年舞蹈社团《鱼戏》在国家大剧院参加市民春晚演出
- 2017 年北京市阳光艺术节展演，门头沟区少年宫获 2 金 6 银
- 2017 年少年宫书画院被评定为北京市金帆画院
- 2017 年课题组组长高玉明主任被评为北京市校外教育先进个人，并担任北京市校外教育协会副会长
- 2018 年课题组组长高玉明主任担任北京市校外教科研集团和教学管理集团副组长
- 2018 年课题组成员阚秋影老师被评为市级骨干教师
- 2018 年 11 月课题组成员李长军担任北京市模型运动协会副会长
- 2018 年 12 月举办小百花社团建设成果展
- 2018 年《北京周刊》以《托起山区少年艺术梦》为题对少年宫进行了深入报道
- 2019 年召开门头沟区校外教育“三个一”工作会

五、成绩与效果

少年宫项目管理理念的推行，逐步转变了教师管理的模式，不再以硬性的量化考核等管制手段来让教师做事，而是以发展的眼光看待教师成长，给教师的发展创造机会、支持教师进步，最终推动少年宫发展。

（一）实施活动项目管理，有利于少年宫管理机制的创新

活动项目管理强调包括项目策划、启动、实施等全过程的职权明晰。在活动项目中，改变了传统的宝塔型管理模式，项目负责人被授予管理整个项目的权力，同时，党政工齐抓共管，有效引导并协助项目负

责人实施项目，关注教师团队的建设，有效提升项目负责人的组织策划能力及其组员的执行力，确保项目顺利实施，从而形成一种新的管理机制，推动少年宫的发展。

课题组完成了《门头沟区少年宫活动项目管理制度》汇编，正是少年宫不断向管理要质量，积极推进管理体制改革的成果。不断完善活动管理机制，激发教师活力，实现支部领导、行政推进、项目负责、融为一体的管理格局，从而减少内耗，强化团队，形成百家争鸣、百花齐放的良好发展局面。

（二）实施活动项目管理，有利于少年宫教师培养途径的创新

实施活动项目管理，能够充分调动教师工作的积极性，使教师主动、创造性地开展工作。在项目实施的过程中，改变传统的教师培训模式，在强化教师专业技能的同时，鼓励教师主动学习、勤于思考、乐于实践，从而提高组织管理能力和自身素质。无情的制度管理和有温度的人文关怀，都为未来的发展积蓄着蓬勃的力量。

项目负责制大大提高了教师的工作热情与活力。自项目负责制推进以来，教师辅导学生获奖上千人次，教师个人获奖 72 人次，“十三五”市级课题立项 5 个，教师论文获奖 97 篇，教材编写 10 本，全市出版 3 本，市级以上做主题发言 9 人次，3 人分别被聘为北京市专家型和创新型教研员；现有一名市级骨干教师，六名区级骨干教师；两个项目分别被评为北京市精品和特色项目；两届北京市阳光艺术节展演共获得一等奖 9 个、二等奖 22 个、三等奖 25 个；参与市级以上大型演出 30 余场。课题组组长高玉明主任 2017 年被评为北京市校外教育先进个人，2018 年担任北京市校外教育协会副会长，同年，当选北京市校外教科研集团和教学管理集团副组长；11 月，课题组成员李长军担任北京市模型运动协会副会长。

（三）实施活动项目管理，有利于少年宫品牌形象的提升

活动项目是少年宫发展的基础。实施活动项目管理，能够推动校外

教育的供给侧改革，丰富少年宫的供给内容，切实满足广大青少年的个性化需求，创新供给形式，提高少年宫的供给质量，从而提升少年宫的品牌形象。

在项目负责制的推动下，形成了四个特色品牌系列活动，一是北京市阳光艺术节展演活动系列，二是“静听花开”演出系列，三是“三个一”优质项目建设系列，四是社会主义核心价值观培育系列。2015年《北京市校外教育》杂志对高玉明主任做了题目为《京西明珠 悄然绽放》的专访报道，2018 年《北京周刊》以《托起山区少年艺术梦》为题对少年宫进行了深入报道。此外北京电视台、中国教育电视台、门头沟区电视台、千龙网等多家媒体对少年宫的各类活动均进行过报道。

在接下来的工作中，将进一步推进完善项目负责制，探索与实践更加科学有效的管理方法，让管理切实服务于教学、服务于教师、服务于课堂，为全市校外教育机构管理提供理论与实践的经验与参考。

结题报告

一、研究背景

少年宫活动项目管理是贯彻落实国家教育政策的重要保障，是依据教育部《关于全面深化课程改革落实立德树人根本任务的意见》《北京市中长期教育改革和发展规划纲要（2010～2020年）》以及《北京市课外、校外教育“十三五”科研规划课题管理办法（修订）》而提出的。项目管理是以系统管理的方法，通过临时性的专门的组织，对项目进行高效的计划、组织、指导和控制，以实现项目全过程的动态管理和项目目标的优化。它常用于工程建设中，而在教育中也常用于基建、硬件设备购买等，比如中央彩票公益金项目，而用于教育活动项目的却很少，在我们检索的资料中，只发现了江苏瓜州县在乡村少年宫管理中实施“五有”“四定”“三落实”项目管理制度，“五有”即有计划、有制度、有检查、有总结、有专人负责；“四定”即定内容、定地点、定时间、定人员；“三落实”即活动保障落实、管理评价落实、发展目标落实。

门头沟区少年宫在“十二五”期间，认真分析存在的制约发展因素：一是内部管理缺乏创新意识，急需活动项目管理的改革与创新；二是教师的教育理念相对陈旧，存在人浮于事的现象，要加强科学管理，激发教师的主观能动性；三是在“校内向校外拓展，校外向校内延伸”的大背景下，缺乏创新项目、特色项目、精品项目等。在此背景下，少年宫提出了项目管理的概念。不断创新管理理念，带动教师工作积极性，使行政管理能够更好地为教育教学服务，保障教学工作有序进行。综上，我们确立了“少年宫活动项目管理的探索与实践研究”课题研究项目。

二、研究的目标与内容

（一）研究目标

改变少年宫传统的活动项目管理模式，借鉴先进的管理理念，分析目前活动项目实施中存在的实际问题，探索制定具有门头沟校外教育特色、适应教师发展与教育教学活动的管理运行机制及规范流程，实现项目管理的规范化，推动少年宫的特色发展。

（二）研究内容

1. 建立少年宫内部活动项目管理的运行机制和规范流程（自主式）

少年宫内部的活动项目相对比较单一，活动目标相对明确，依靠内部优秀教师担任项目负责人，基本能较好地完成项目实施。我们依托少年宫的优势，创新活动项目内容，在活动项目实施过程中，制定标准化的运行机制和规范流程，建立高效的项目团队，关注项目负责人的选拔和培养，监控活动项目的实施，并建立有效的评价机制。

2. 建立校内外融合的活动项目管理的运行机制和规范流程（融合式）

校外教育作为素质教育的重要组成部分，与学校教育相辅相成，在“校内向校外拓展，校外向校内延伸”的大背景下，我们尝试与学校合作，创新项目的供给形式，开发校内外融合的特色活动项目。同时，建立一套协调、灵活、高效的运行机制和规范的活动项目管理流程，全力培养和提升学生综合素质。

3. 建立少年宫与校外教育机构、社会资源单位的活动项目管理运行机制与规范流程（合作式）

《中小学培育与践行社会主义核心价值观实施方案》要求各学科课程要有10%的课时用于在教育基地开展活动。我们积极与校外教育机构、社会资源单位、各教育基地合作，发展一批精品项目，建立合理的运行机制和规范的活动流程，提高校外教育供给侧质量，促进校外教育

编委会

机构改革、发展。

三、研究方法与研究过程

（一）研究方法

1. 文献研究法
2. 调查研究法
3. 行动研究法
4. 经验总结法

（二）研究过程

本课题的研究主要分为三个阶段：准备阶段、实施阶段、结题阶段。

1. 准备阶段（2016. 6 ~2016. 12）

成立课题研究小组，应用文献研究法对国内外项目建设的资料进行收集与分析研究，借鉴国内外相关研究成果。组织课题组成员学习相关理论，对全体成员进行培训，制定课题实施方案。明确本课题的研究意义、目标定位和理论基础，这是探索项目活动管理的前提和基础。在研究的起始阶段，从文献研究入手，全面了解国内外同类课题的研究趋势，并在课题进程中，随时查阅文献，了解教育发展的形势与研究状况，全面把握研究方向，找准切入点。

2. 实施阶段（2017. 1 ~2019. 12）

研究阶段一（2017. 1 ~2017. 12）

通过对少年宫教师及校外教育机构、社会资源单位、各教育基地的相关工作人员的访谈，了解目前少年宫活动项目运行的现状，梳理当前正在实施的活动项目，开发特色项目、创新项目、精品项目，为构建少年宫活动项目管理的框架与模式提供经验支撑。开题，撰写开题报告，请专家对课题进行指导。梳理少年宫的活动项目，分析存在的主要问题。

研究阶段二（2018. 1 ~2018. 12）

组织研讨，运用行动研究法，在相关材料准备成熟的基础上，借助相关资源，探索活动项目管理的运行框架及模式，总结实施过程中存在的问题。设计项目管理的运行框架及范式，并进行中期总结。

研究阶段三（2019. 1 ~2019. 12）

对运行框架和范式进行实证研究，在课题研究过程中不断组织研讨。建立课题研究工作例会。定期反馈课题研究的得失，调整、协调实验内容、步骤、方法，总结经验，反思交流等。聘请市级专家进行指导。建立课题信息档案库，积累相关材料。及时收集阶段性研究结果，不断反思和总结研究实践的成败，借鉴经验，及时调整，引领研究方向改变少年宫传统的活动项目管理模式，借鉴先进的管理理念，分析目前活动项目实施中存在的实际问题，探索活动项目管理的运行机制及规范流程，并进行有效的实施，从而实现少年宫活动项目管理的规范化，推动少年宫的特色发展。

3. 结题阶段（2020. 1 ~2020. 6）

撰写结题报告，召开结题会议，编辑出版《门头沟区少年宫管理制度汇编》。

四、研究成效

（一）实施项目管理，提升管理效能

1. 组建动态团队

校外教育注重个性发展，以满足兴趣为培养目标，促进少年儿童的全面健康成长。少年宫的活动项目，超越了课堂的限制，时间安排可以更加灵活，使青少年学到知识、技能的同时，更能培养其解决问题的能力。同时，活动项目跨越了学校、教室，使学生从校内走向校外，活动空间延伸到了自然环境及少年儿童的生活领域和社会活动领域，更能够加强他们与自然、社会、生活的密切联系。为此，少年宫根据教师自身的专业特长、兴趣、经验和实际工作安排，根据学生不同的志趣、潜能和擅长的学习方式，为学生构建了不同类型的活动项目，如《走进琉璃之乡 感受中华国粹》《公益性科普教育体验活动》等。依据不同的活动

目的，组建不同的项目团队，充分发挥教师的主观能动性，积极参与到活动项目的决策、组织、实施、监控、反馈、改进等各个环节中来。

以活动项目为指向的教师团队凸显了少年宫管理模式的转变，于无形中消解了侧重于行政管理的层级制。为了能够让中层管理人员及全体教师从被动执行到主动思考，少年宫负责人授予项活动项目负责人决策、执行、研讨、改进、资源（人、财、物）调配等责权，全面承担起活动项目的推进工作，实现了对教育专业性的回归。活动项目实施中，项目负责人为第一责任人，项目团队及少年宫其他相关人员全部听从调配，全力配合，以确保活动项目顺利实施。项目管理组织架构图如下。

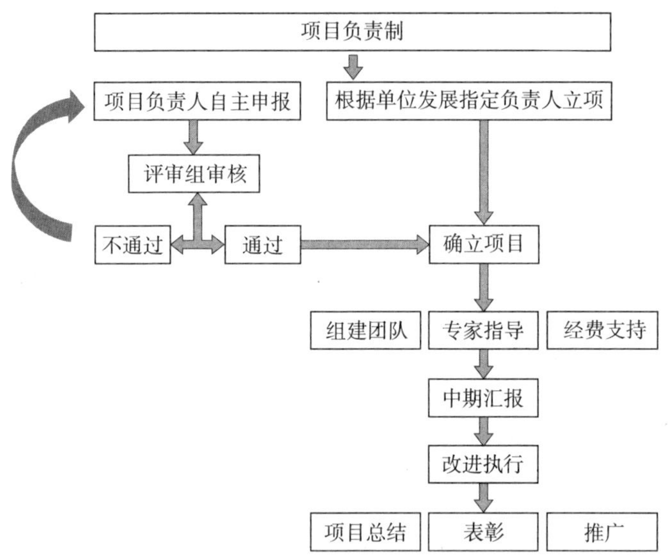

2. 树立项目团队的共同愿景

美国著名的卡通设计者沃尔特·迪士尼先生曾经说过：“在我做过的所有事情当中，最重要的是把那些为我们工作的人的才能协调在一起，并把这些协调在一起的才能引导向某个目标。”少年宫的发展离不开教师的发展，少年宫的成功离不开教师的成功，少年宫的改革离不开教师的支持。在实施活动项目管理的过程中，我们建立项目小组的共同愿景，发挥小组的凝聚力，使小组成员成为项目的中坚力量。

少年宫精心谋划，鼓励干部和教师主动申报活动项目，并承担该活动项目的负责人和核心组成员，这就为“共同愿景”的树立奠定了基础；在活动项目实施的过程中，充分挖掘教师的聪明才智和创新潜能，将共同愿景根植到教师心里，渗透到日常工作和生活当中，致力于创建“人人负责项目，人人参与项目”的良好氛围。

3. 提升项目团队的综合能力

活动项目团队肩负着活动项目的研究、开发、实施、监控、反馈、改进等多项任务，每一个环节都要依靠项目团队的综合能力来保证。同时，每一个团队都需要多方面的支持，才能够保障活动项目顺利实施。一是依靠专家、领导、教师等多领域的支持，定期开展研讨会、培训会；二是科研引领，在活动项目的实施过程中，秉承“工作即科研、管理即科研”的理念，做到每一个项目团队都参与到《少年宫活动项目管理的探索与实践研究》这个宫级课题的研究中，有了课题研究的驱动，教师把自己的本职工作和行动研究紧密结合起来，既可入乎其内也可出乎其外；三是项目团队内部的学习与交流，来自不同学科和不同岗位的团队成员，可在项目团队中交流经验，分享理念和策略，充分发挥教师的主观能动性。

（二）评估活动项目，保障供给质量

少年宫实施活动项目管理，其目的是丰富校外教育供给的内容和形式，切实满足广大中小学生个性化学习需求，从而提高校外教育供给侧质量。为保障项目实施的效率和质量，规范活动项目流程，少年宫成立评估小组，监督从申报、立项、实施到总结的整个过程，并充分重视活动项目的评估和评价。

1. 对活动项目进行立项评估

教师自主申报活动项目后，少年宫组织专人对项目进行评估论证，主要评估项目实施的目的、内容、任务、方法和基本过程设计是否清晰合理；项目是否具有重要的价值和意义；项目活动计划是否科学可行；

项目实施人员是否具备相应的条件。通过活动项目立项评估工作，提高活动项目的科学性。

2. 对活动项目进行实时监督

在活动项目的实施阶段，评估小组进行实时跟进，主要评估活动项目是否紧紧围绕既定目标按进度进行，是否取得了阶段性成果；项目团队是否团结高效；项目经费的使用是否合理等。通过对活动项目的监督，掌握活动项目的实施情况，在监督的同时发现存在的问题及需求，给出合理的建议和指导。

3. 对活动项目进行形成性评价

活动项目结束后，及时召开总结评价会，主要评价活动项目的目标是否达成；学生是否有所收获；还有哪些需要改进的地方。活动项目全体成员进行自评，总结经验，查找不足。通过评价，为活动项目的建设积累经验，有利于少年宫和教师的共同成长。

（三）创新管理机制，提升品牌形象

少年宫项目管理理念的推行，逐步转变了教师管理的模式，不再以硬性的量化考核等管制手段来让教师做事，而是以发展的眼光看待教师成长，给教师的发展创造机会、支持教师进步，最终推动少年宫发展。

1. 实施活动项目管理，实现了少年宫管理机制的创新

项目管理强调包括项目策划、启动、实施等全过程的职权明晰。在活动项目中，改变了传统的宝塔型管理模式，项目负责人被授予管理整个项目的权力，同时，党政工齐抓共管，有效引导并协助项目负责人实施项目，关注教师团队的建设，有效提升项目负责人的组织策划能力及其组员的执行力，确保项目顺利实施，从而形成探究自主式、融合式、合作式三种形式活动和一种新的管理机制，推动少年宫的发展。

2. 实施活动项目管理，实现了少年宫教师培养途径的创新

实施活动项目管理，能够充分调动教师工作的积极性，使教师主动、创造性地开展工作。在项目实施的过程中，改变传统的教师培训模式，在强化教师专业技能的同时，鼓励教师主动学习、勤于思考、乐于

实践，从而提高组织管理能力和自身素质。无情的制度管理和有温度的人文关怀，都为未来的发展积蓄着蓬勃的力量。

3. 实施活动项目管理，有利于少年宫品牌形象的提升

活动项目是少年宫发展的基础。实施活动项目管理，能够推动校外教育的供给侧改革，丰富少年宫的供给内容，切实满足广大青少年的个性化需求，创新供给形式，提高少年宫的供给质量，从而提升少年宫的品牌形象。

五、主要研究成果

少年宫积极推进管理体制改革。不断完善活动管理机制，激发教师活力，实现支部领导、行政推进、项目负责、融为一体的管理格局。2018 年 12 月课题组修订完成了《门头沟区少年宫活动项目管理制度》汇编，使得少年宫的项目管理进一步完善、优化，使各项工作有章可循、有制度可依。

（一）少年宫内部活动项目成果

自项目负责制推进以来，少年宫通过调整管理结构、强化育人职能、加强教师培训、打造精品社团等手段，积极筹划组建各级各类项目，为少年宫的发展和学生成长搭建展示平台，形成了四个特色品牌系列项目。

一是北京市阳光少年艺术节展演活动项目。少年宫在培训质量提高的同时，全力备战两年一届的北京市阳光少年艺术节比赛，以比赛促教学、以比赛促编创。由合唱、舞蹈、京剧、朗诵等专业教师组成的项目组成员积极开拓进取，勇挑重担，编创了一大批具有时代精神、鲜活生动的艺术作品，其中京剧《上任》、舞蹈《青稞熟了》实现了我宫一等奖零的突破；《暖暖的企鹅》获北京市舞蹈大赛优秀奖，《鼓·乡情》代表我区成功入围“舞动北京”群众舞蹈大赛，受邀参加 2019 年市民春晚活动，登上了国家大剧院的舞台。2016 年培训中心项目组被门头沟区教委评为“卓越团队”。2017 年“小百花”画院被评定为北京市金

帆画院。三届阳光艺术节展演活动共获得17项金奖、32项银奖、35项铜奖，创造了我区校外教育历史上的最好成绩。

二是“静听花开”系列项目。每年一场“静听花开”教学成果展示已经坚持了四年，现已成为门头沟区少年宫的一张靓丽名片。“静听花开——门头沟区少年宫社团建设成果展示”“听花开的声音——门头沟区少年宫庆六一小百花艺术团汇报展演”“小百花校外艺术节展演”，以及“静听花开——门头沟区少年宫社团师生书画展和师生书画作品集”展现了少年宫人团队的力量和集体的智慧，扩大了少年宫的影响力，不断促进教师实现艺术领域的突破和超越。2017年少年宫社团《花开系列——赴斋堂庆六一文艺演出》为山区的孩子送去了一场精彩纷呈的艺术大餐，促进了我区青少年儿童艺术素养的整体提升，展示了少年宫人在追求教育资源均衡化上所做出的不懈努力。中国现代教育报、京西时报、门头沟区电视台等媒体均对此活动进行了报道。

三是“三个一”建设项目。围绕“三个一”项目建设，将一条主线（以“三个一”为主线）、两个结合（与兴趣小组教学相结合、与社团建设相结合）、三项工作（课题申报与研究、“三个一”项目申报与开展）、四个抓手（抓好项目负责制、抓好“三个一”项目建设、抓好课题研究平台、抓好基本功）相统一，促进校外教育工作发展和校外教师队伍建设，搭建教师成长的展示平台，实现校外教育的优质发展。通过聘请崔向红、周立奇、周放、蓬勃、许巍巍、潘志涛等教育名家、名师领衔成立校外教育名师工作室，培养一支在先进教育理念指导下的具有创新意识的教师队伍，与专家联手打造一批创新项目、特色项目、精品项目。2017年门头沟区共申报区级活动项目19项，我宫的《小百花舞蹈团》和《二十四节气传承美术体验活动》入选“十三五”首批百个优质项目。杨帆主任在2019年北京市课外校外教育理论研讨会暨优质规划课题展示活动中做经验交流。阚秋影老师代表门头沟区在市校外教研室组织召开的北京市“三个一”优质项目课程开发暨课题研究培训会上做典型发言。自项目负责制推进以来，少年宫教师的教科研能力得到了有效提升。教师辅导学生获奖上千人次，教师个人获奖72人次，

“十三五”市级课题立项 5 个，教师论文获奖 97 篇，教材编写 10 本，全市出版 3 本，市级以上做主题发言 9 人次，3 人分别被聘为北京市专家型和创新型教研员。自项目负责制开展以来，少年宫三名优秀教师成长为管理骨干，走上行政岗位。2016 年至 2020 年期间，少年宫培养一名市级骨干、五名区级骨干，占专业教师比例近 50%。

四是社会主义核心价值观培育项目。通过让小百花艺术团走出国门，赴韩国、德国、奥地利、新加坡等地进行文化交流，参加欧洲国际校园音乐节，以及“北大百周年纪念讲堂举办专场音乐会”“在阳光下成长——少年强中国强情境音乐会”“北京榜样走进故宫，当好优秀传统文化的传承者主题活动”“少儿创城书画创作大赛”“大美门头沟、小手绘创城”“我和我的祖国——‘唱响赞歌’舞台实践活动”“放飞梦想——波音航空科普教育系列”等一系列的演出活动，积极传承中华民族优秀传统文化，涵养京西地域特色，把培育和践行社会主义核心价值观融入项目活动中。让核心价值观植根于学生的内心，外化于学生的点滴行为，促进学生身心健康发展。

项目负责制大大提高了少年宫管理成效和在区域内的影响力，2015 年《北京市校外教育》杂志对课题组组长高玉明主任做了题目为《京西明珠 悄然绽放》的专访报道，高玉明主任 2017 年被评为北京市校外教育先进个人，2018 年当选北京市校外教育协会副会长。2018 年《北京周刊》以《托起山区少年艺术梦》为题对少年宫进行了深入报道。此外北京电视台、中国教育电视台、门头沟区电视台、千龙网等多家媒体对少年宫的各类活动均进行过报道。

（二）校内外融合活动项目成果

为了不断探索“校内向校外拓展，校外向校内延伸”的教育发展趋势，少年宫走出宫门，充分利用学校资源，加强校内外融合，创新校内外融合模式，形成了一批创新项目。

一是“3D 科艺坊”等科技类活动项目，充分发挥少年宫科技的辐射、带动、引领职能，丰富学生的主题教育活动，提升我区中小学生的科技素养。二是山区活动站项目。在山区建立两个少年宫活动分站和四个基地校，其中斋堂分站培训学员近200人，使深山里的孩子拥有了和城区孩子一样的优质艺术教育资源，促进了我区校外教育的均衡发展。三是模型基地建设项目，扶植三家店铁路中学、大台中心小学、实验二小永定分校等一批学校成为市级科技示范校、金鹏科技团。四是“小百花”艺术分团项目。在门头沟区实验二小永定分校、大峪第一小学、大峪第二小学设立小百花舞蹈分团、美术分团，用艺术和科技辐射全区青少年。在北京市第二届学生艺术节中，我宫教师指导大峪第一小学参演的舞蹈全部获得了金奖，管乐获得了银奖，创造了历史上的最好成绩。少年宫以先进的教育理念、扎实的专业素养，努力探索校外教育的改革和发展。

（三）校内外资源整合、区域结合项目成果

少年宫坚持以受众面广、参与性强的普及性活动为主，整合、利用社会资源，捕捉社会热点，创造教育契机，结合青少年的身心发展特点，策划组织丰富多彩、生动活泼的社会实践活动。

“蝶翅画教材开发与实践研究”项目正是通过整合并利用本区的蝴蝶养殖和蝶翅画专家资源，结合美术表现形式而形成的。将地域文化与蝶翅画创作相结合，建立了独具特色的课程体系。蝶呓工作坊获得由中华人民共和国教育部主办的全国第六届中小学生艺术展演活动学生艺术实践工作坊一等奖。

“区域革命文化资源”项目是借助门头沟区丰富的红色教育资源，充分利用区域优势，深入挖掘整合，让学生利用现代化的手段，通过调查、参观、考察、访问及实践等多种形式加强校外实践活动的育人作用，使区域革命文化资源成为重振民族精神的重要阵地，从而达到树立青少年坚定理想信念的核心目标。

少年宫不断向管理要质量，普及与提高并重，传承与创新相融，积极推进管理体制改革，才收获了上述的成果。少年宫不断完善项目负责管理机制，激发教师活力。当前少年宫干部教师团结凝聚、积极进取，

为未来可持续发展积蓄了力量。这些项目拉近了少年宫与全市各校外机构、社会大课堂资源单位、学校教师、家长的距离，使社会各界及时了解门头沟校外教育的发展。

在接下来的工作中，将进一步推进完善项目负责制，探索与实践更加科学有效的管理方法，让管理切实服务于教学、服务于教师、服务于课堂，为全市校外教育机构管理提供理论与实践的经验与参考。

六、存在的不足与未来发展方向

一是项目负责制持续与教育变化与长期改革相适应有待于进一步研究。由于年初疫情，原计划的教师成果论文集材料虽收集完毕，但未能集结成册。门头沟区少年宫项目活动管理制度汇编还应根据管理的不断发展不断修订与完善。

二是项目负责制来源于实践，并在实践中优化，在实践过程中，不断积累手段与方法，不断完善。如深化项目负责制探索与研究，强化少年宫活动育人职能，建立各个学科教师工作室，实施工作室项目负责制等。

三是项目负责制还须考虑到管理制度、制度保障、人才队伍、社会关注等综合因素。完善和深化项目管理负责制的运行框架，形成相对应的运行机制。规范管理、活动、服务等行为，强化精细化管理，提升少年宫的质量和影响力。

参考文献

[1] 孙裕君，朱其鳌．现代项目管理学［M］．北京：科学出版社，2010.

[2] 刘国华．项目管理：提高学校管理效能的新机制［J］．上海教育科研，2005（11）．

[3] 朱爱忠．学校管理的新视点——项目管理［J］．中小学管理，2004（3）．

[4] 何健．项目管理：教师培训管理的新机制［J］．洛阳师范学院学报，2010（3）．

[5] 李斌．当前我国中小学校外教育现状及对策建议［J］．基础教育参考，2010（19）．
[6] 康丽颖．校外教育的概念和理念［J］．河北师范大学学报教育科学版，2002（3）．
[7] 陈廉．对新时期校外教育社团功能定位的再思考［J］．文教资料，2012（5）．

ARTICLE 2

蝴蝶画课程开发与实践研究

课题负责人　阚秋影

核心组成员　杨　盈　杨　帆　杨　琪

负责人单位　北京市门头沟区少年宫

成 果 形 式　书籍《趣味蝶翅画》　结题报告

开题报告

一、课题研究的背景

（一）千年的文化传承，为教育提供了丰厚的资源

蝶翅画是中国独有画种，由唐滕王李元婴始创，后流于民间，经历代蝶翅画传人的继承和发扬而蜚声海内外。蝶翅画材取于蝴蝶之翅，是利用蝶翅的天生丽质、绢绸丝绒般的质感、不同角度泛出的光泽和自然天成的图案纹理，经过精心构思和巧妙拼贴而成的画。它强调结构与色彩的关系，运用疏、密、厚、薄的手法，充分体现每种蝴蝶翅翼的独特之处。一幅好的蝶翅画作品，往往能体现出作者的想象力、绘画功底和蝴蝶知识。蝶翅画能够保持蝴蝶鲜活时的色泽姿态，富有大自然的生命气息，同时还具有返璞归真、回归自然、惟妙惟肖的独特之美。每一幅成功的蝶翅画作品，都是不可多得的艺术精品，具有颇高的欣赏价值。鲁迅先生称之为缺门、独门、冷门的文化瑰宝。

（二）凝聚地方资源优势，发挥教育功能传承蝶翅画

蝶翅画的制作在我国民间虽然已经兴起，但在中小学课外校外活动中并不普及。这种承袭着民族文化风范的文化遗产，凝聚着几代人深刻的“文化记忆”。它大多依托那些老艺人传承发展。如果年轻一代对继承优秀文化遗产不屑一顾，那么这种优秀的文化艺术将在城市的发展中逐步消亡。所以，我们必须要在中小学中开展文化遗产的教育普及工作，提升青少年对民间艺术保护和传承的认识。特别是在具有优质人工蝴蝶养殖资源和优秀的民间蝶画艺人的门头沟区，应该有效利用得天独厚的蝶翅画资源，开发成适合中小学生动手实践的课程。少年宫书画院以社会实践形式，运用学生已掌握的画、剪、贴等美术技能，开展综合

的、系列的蝶翅画课程开发，理论与实践相结合，学生通过蝶翅画的制作，使心、眼、手得到全面训练，提高独立思考、审美判断及整体把握事物的能力，挖掘了学生的潜力，使学生逐步掌握蝶画的文化内涵及制作技能。

二、选题的目的、意义

在学校课程改革和中小学生课外活动计划推行的背景之下，开发创新课程，是校内外课程建设发展的方向和目标。

在学生们走出学校教室、走进社会大课堂活动中，我们的社会资源单位发挥着越来越重要的作用。如何挖掘优质的资源并加以开发和利用，显得尤为重要。门头沟区花露蝴蝶园被市教委认定为第一批社会大课堂资源单位，是华北地区第一家人工蝴蝶养殖园，蝴蝶品种繁多，资源丰富。我们利用这样的优质资源，研究开发课程，使学生的学习更具科学性、系统性，持久性，使丰富优质的资源得以更有效地开发与利用。

蝶翅画教材的开发与实践研究，对于提升学生的审美情趣及实践创新能力，提高美术专业技能等素养是一条很好的途径。国家新制定了《青少年学生发展核心素养实施意见》，本课题选题切中实际，对学生发展起到促进作用。本课程将紧紧围绕北京市校外教研室提出的“三个一”活动项目，依托地方资源开展系列化的精品项目，蝶翅画将作为其中一项实施，其他课程也会陆续开展。

三、文献综述

（一）国内蝶翅画的发展及现状研究

1. 民间艺人的自觉研究

目前在国内蝶翅画的传承主要是依靠民间艺人个人的兴趣爱好来维系。他们在蝶翅画的创作上各具特色，并努力推广和壮大其影响。例如：四川王世宏是受父亲的影响而喜欢上蝶翅画制作。王世宏独特的蝶翅画作品先后引起了很多人的关注，也获得了很多奖项，获评“四川省民间艺术大师”“四川特色旅游商品品牌创新人物”和“四川省工艺美术大师”等荣誉称号。王世宏的作品也引来众多爱好者赏析与订购，据了解，西安自然博物馆、西北农科大学等都将他的作品作为收藏并用于艺术研讨。这些荣誉让他深深地感受到了蝶画的价值，那份被重视，让他坚定了要把这门艺术传承下去的信心。为了使这门艺术不失传，蝴蝶画已被列为泸州市非物质文化遗产，正在申报四川省非物质文化遗产。四川乐山的吴泽全是夹江蝶翅画代表人物。自 1960 年担任夹江县中学生物教师起，吴泽全就迷上了色彩斑斓的蝴蝶翅膀。1996 年退休后，他开始钻研蝴蝶艺术，并于 1997 年创办了国内首家蝴蝶艺术馆。几十年来，他的蝶翅画已经“飞”到了美国、法国、日本等十几个国家。老人正在寻找传人，希望有绘画、书法等功底的人士能够来学习这门艺术，他会毫无保留地把它传给别人。目前蝶翅画也被列为乐山市第一批非物质文化遗产。还有乐山的袁秀萍、汉中的杨永胜、北京门头沟的邓秀梅等民间艺术家们，也都在致力于蝶翅画艺术的发展，她们影响着儿女，带动身边的群众加入进来，并逐步引起政府的重视。

2. 教育上对蝶翅画资源的研究

20 世纪 80 年代，国内一些大城市的博物馆或少年宫陆续出现了蝴蝶园，供人们观光休闲和开展科普教育活动，并进行一些简单的、趣味性强的蝶翅画制作。杭州一所学校开展过《蝴蝶园：提升学生生命素养的特色课程开发和实施研究》活动，以蝶园建设为基础，开展丰富多样的实践活动；以学科统整为策略，挖掘校本特色课程开发资源；以载体创造为途径，丰富特色课程实践过程。通过课题研究，提升学生生命素养，健全健康的人格；增强教师的课程意识，提升综合素养；构建具体化、特色化、可操作化的校本课程体系，形成了具有学校特色的课程结构，从而丰富校园文化底蕴。还有许多城市也都开展过蝴蝶资源的研究，围绕蝴蝶资源的几种利用形式，比如蝴蝶工艺品、生态价值、科研价值、观赏价值等方面开展研究与实践。还有的利用蝴蝶园建设应用于课本教材的教学或充实科学教材。比如：二年级的《找春天》口语交际课，利用蝴蝶园，教师布置课外学生的亲子“找春天”活动，组织全班孩子来到蝶园，欣赏各种绿的叶与芽，竞相开放的鲜花，还有翩翩起舞的蝴蝶，甚至是各种形态的蝶卵、幼虫，孩子们畅游在蝶园中。这样的口语交际都在真实的情境中进行听与说的训练，调动了每一个孩子的各种感官，让他们观察与体验生活。由此可见，蝴蝶资源已经逐步被教育者们所重视并进行了初步的研究与实践。但系统化、细致化的蝶翅画教学仍然是一个空白。

（二）开展蝶翅画教学的必要性

1. 自然资源与艺术创造的结合

蝴蝶被誉为飞舞的花朵，全世界大约有 14000 多种，中国有 1200 余种。蝴蝶翅膀斑斓的色彩，让人惊叹不已。但是，因建筑用地引起栖息地减少，失去主要食物来源，农业灌溉引起的污染等，许多珍稀品种的蝴蝶已经灭绝。蝴蝶的寿命长短不一，寿命长的可达 11 个月，寿命短的只有 2～3 星期。一般来说，蝴蝶成虫的寿命约有两星期；假如把整个生活史（卵、幼虫、蛹、成虫）计算在内，寿命约有一个多月。短暂的生命，让人惋惜它的美丽。而蝶翅画作为中华民族传统的文化艺术，在当今中国艺术品中具有典型的代表性，被誉为“中国艺坛的一朵奇葩”，恰好弥补了这一美丽的缺憾，让蝴蝶的美通过艺术的再创作而重新绽放。目前，除国家保护品种和珍稀品种不能用于制作蝶画外，约有五百多种普通蝴蝶可以利用，蝶翅采集一般采用普通和种群数量较大的蝴蝶。少年宫美术社团开展蝶翅画教学的蝶翅来源主要是借助我区的“花露蝴蝶园”的丰厚资源。蝴蝶园采用人工饲养蝴蝶，主要是一些常见的菜粉蝶、绿带翠凤蝶、金斑蝶等。当蝴蝶的生命周期结束后，收集死去的蝴蝶翅膀，经过专业的加工后再制作蝶翅画。这种艺术材料，替代了其他颜料，又能够废物利用，环保节能。把人们心中最美的蝴蝶形象和美好寓意留存下来，形成了具有浓郁民族特色的艺术。

2. 教育需求与教材缺失之间的矛盾

蝶翅画作为我国优秀的文化遗产，深受广大人民的喜欢，需要一代代传承和发扬下去。但是在《北京市义务教育课程改革实验教材》小学至高中教材中却没有涉及蝶翅画的文字和图片内容，在本区的美术教育活动中也没有美术老师开展过相关的课程，只有民间的艺术家们在从事这方面的创作，但是并没有形成普及和提高及传承与弘扬的社会价值体系。《义务教育美术课程标准》中指出：“美术课程要以社会主义核心价值体系为导向，要弘扬优秀中华优秀文化，力求体现素质教育的要求，加强学习活动的综合性和探索性。”所以，少年宫书画院将以蝶翅画作为课程的研究方向。利用我区已有蝴蝶园及蝶翅专家的优势，通过社会实践活动了解蝴蝶的每一个成长过程，并在社团活动中开展系列化的蝶翅画制作，让学员深入掌握蝶翅画的制作过程，以此全面培养学生的自然、艺术、人文等综合素质。活动项目的开展紧跟北京市校外教研室提出的“三个一”项目，通过打造社团精品化课程进而辐射其他普及培训班级的学员；发挥全区唯一校外教育的职责和优势，推广蝶翅画的相关知识。

四、研究设计

（一）研究目标和研究假设

整合我区乃至北京市人工养殖的蝴蝶资源，推动青少年在审美艺术、审美情趣方面的发展，使深受时尚文化冲击的孩子体验家乡民间艺术文化的精髓，在欣赏中传承文化，在创造中发展文化，利用花露蝴蝶园现有的物质及专家资源，开展蝴蝶标本、蝶翅画的制作。让学员在轻松的社会实践活动中，了解蝴蝶和蝶翅画的知识及文化内涵。在潜移默化中使学生形成一种自觉的文化意识及传承意识。

（二）研究内容

本课题研究主要是结合地方资源把蝶翅画的技能传授和教材开发有

机结合起来，使教材与教学研究相辅相成，利用本区的传统文化资源做初步的尝试，并形成系统化和深入化的课程体系。在开展蝶翅画的实践活动中培养学生综合美术技能的提升，关爱大自然，懂得从大自然中汲取有用的环保资源并加以再利用，学会发现美，创造美。综合开发学生的智力因素和非智力因素。培养和完善学生的核心素养及社会主义核心价值观。

本课题的研究内容主要有以下几方面。

1. 文献研究与整理：在查找蝴蝶画的资料时发现能够查到的文献很少，所以针对此缺憾，在本次蝴蝶资源的开发和利用研究中采用文献资料研究法，深入挖掘和整理蝴蝶资源利用的各类资料、学术论文等，提高课题组成员的理论研究水平。

2. 建构教材体系的研究：通过在社团内开展蝶翅画教学，理论与实践结合，编写蝶翅画教材。加强学生与生活的联系、与社会的联系，编写适合学生特点、实用性强、趣味性强的教材，加强课题组成员的教学实践与教研能力。

（三）研究方法

课题的研究过程主要采用讨论法、实践法、文献法、分析法等。边学习，边实践，边讨论，边总结，在实践中验证理论，总结成果。

1. 讨论法：在学生实践课程中，针对学生个体的独立性和对蝶翅画的认识及艺术创作的个性表现，进行必要的图案设计、构图设计等方面的讨论。以小组为单位，解决共性问题，凸显个性创作。充分调动每一位学员的积极性、探索性、创造性，有利于活动的开展和活动的实效性。

2. 实践法：拟设置两个学期共 64 课时开展蝶画实践活动，让学生动手制作蝶翅画，由浅入深，循序渐进。同时，也要带学生走进蝴蝶园，细致观察蝴蝶的生长周期，了解它的整个变态生长过程，提高学生的综合知识能力并激发学习兴趣。

3. 文献法：根据本课题的研究方向，从蝴蝶的自然属性、蝶翅画的种类、蝶翅画装饰材料及工具等方面搜集文献，对搜集到的文献进行比较和借鉴，通过检索、收集、鉴别，并对原有文献加以重新组合、升华，从而找出事物间的新联系、新规律，形成新观点，创造出新理论。

4. 分析法：针对社团学生（1～6 年级）进行课程难易程度的可接受能力分析，并对蝶画的学习方法、进程、所涉及相关美术知识进行分析，制定科学合理的教学计划。

五、研究的重点和难点

课题的研究是理论与实践的结合，是在学习与总结中实践教学经验。而教材的编写正是教师经验的总结形式之一，是课题研究成果的重要表现形式。所以本课题把教材的研发作为研究的重点和难点。解决和分析在教材编写过程中遇到的问题，由此推动课题研究的实际意义。

六、课题组成员组成及研究能力

课题主持人美术教师阚秋影，是市级骨干教师，具有较强的教育教学及研究能力，并有编写教材的经验，主要负责实施开展蝶翅画教学及教材编写，并撰写课题开题、中期汇报、结题报告。

课题组核心成员杨盈负责门头沟区校外教育杂志的编辑工作。具有较强的文字编辑与写作能力，更具有非常强的责任感，负责统领课题的教材开发与研究。比如，组织教师制定课题计划，教材编写纲要，联系蝴蝶园等。

杨帆老师是教研室的教师，具有较强的研究能力，主要负责理论与教材的指导。

杨琪老师是书法教师，校级骨干教师，具有较强的教育教学研究能力，负责蝶翅画相关课程建设的指导、实施、整理资料工作。

七、研究的实施计划及人员分工

主要阶段及成果				
序号	研究阶段（起止时间）	主要研究工作及成果名称	成果形式	承担人
1	2017 年 3 月 ~ 2017 年 4 月	课题准备阶段，聘请专家进行开题论证，并召开开题会	开题报告	阚秋影
2	2017 年 4 月 ~ 2018 年 6 月	开展蝴蝶画教学	教学实践	阚秋影
		课堂教学图片及录像等资料收集与整理	档案资料	杨　琪
3	2017 年 8 月 ~ 2019 年 6 月	蝶画教材编写	教材	阚秋影 杨　琪 杨　盈
4	2018 年 8 月	召开中期汇报和展示	研讨会	阚秋影 杨　盈
5	2019 年 1 月 ~ 2019 年 6 月	对教材进行实证研究、修改和完善	教材	阚秋影 杨　帆 杨　盈 杨　琪
6	2019 年 6 月 ~ 2019 年 7 月	撰写课题研究报告，开结题会	研究报告	阚秋影 杨　盈
预期研究成果				
	完成时间	最终成果名称		
1	2019 年 6 月	《趣味蝶翅画》	教材	阚秋影
2	2019 年 7 月	结题报告《蝴蝶画课程开发与实践研究》	报告	阚秋影 杨　盈

工作报告

门头沟区少年宫课题组自课题《蝶翅画教材开发与实践研究》立项以来，我们课题组以课题研究为主旨，发扬求真务实、自主创新的精神，全体课题组成员紧紧围绕课题方案的研究内容、研究方法、研究目标开展了一系列的理论学习和实践探究，课题研究取得了较大的研究成果，拟申请结题验收，现将课题研究工作情况进行报告。

一、领导重视，成立机构，明确责任，全员参与

为使我们的《蝶翅画教材开发与实践研究》课题研究工作能够顺利开展，使课题研究走向规范化、科学化，少年宫将本课题研究作为重要事情来抓，在教研室的大力支持和指导、参与下，课题研究真正落到实处，教师和学生在课题研究与实践中都取得进步。课题研究小组成员名单及分工如下。

主持人：阚秋影，负责统筹课题研究全局，指导课题开展工作，撰写课题研究方案及课题开题、结题报告，组织书籍编写，开展实践课程。

副组长：杨盈，负责书籍校对、课题资料整理打印及日常课题工作开展管理。

组员：杨帆，作为教研室主任，负责课题理论及课程体系、书籍编写指导；杨琪，作为书法教师，根据课题研究内容进行实践课题研究及其他资料整理工作。

二、具体工作

（一）开题论证阶段（2017.7～2018.1）

1. 确定课题研究方向，组建课题组，讨论并制定研究计划。

2. 请有关专家对课题组成员开展研究方法和相关理论的培训。

3. 撰写开题报告，举行会议开题。

（二）实践研究阶段（2018. 2 ~2019. 7）

本阶段是课题的研究、评估、修正、完善阶段。

本阶段，课题组在前期基础研究的前提下强化理论总结、成果转化、升华与推广，由一般的理论研究走向深刻的教学实践。

1. 发挥课题组成员特长，确定各自研究方向

课题组经过反复研讨和论证，根据课题组成员的特长确定了各自研究的主要方向。主持人阚秋影具有较强的教学创新意识与能力，更具有非常强的责任感，负责统领课题的新课开发与研究，比如，组织教师培训，组织学生开展相关的社会实践活动，开展系统的蝶翅画制作技能学习，并带领团队备课和进行理论实践研究。杨盈老师作为少年宫的教研室成员，具有较强的编辑及撰写能力，具有高度的热情和创新意识，主要负责课题的资料整理、打印及课题理论指导等工作。杨帆老师作为教研室教师，对课题研究的课程体系、论文和案例撰写能够深入指导。杨琪老师对教学充满热情，细致认真，主要负责一些日常材料整理、学员管理等工作。

2. 课题深入研究动员大会

2018 年 2 月举行课题研究讨论会暨课题研究进一步深入的动员大会，在这次会议上强化了课题研究的基本思路和整体框架，展示各部分课题研究的主要思路，对课题组成员进行了一次集中培训。

（三）课题实施、完善阶段（2018. 3 ~2019. 7）

1. 第一阶段，蝶翅画基本技能的学习（2018. 3 ~2018. 7）

本阶段的实施主要是在少年宫蝶翅画社团开展，社团学员面向全区中小学生考核选拔，由小学二年级至初中生组成。蝶翅画课程的安排主要有两部分：首先是利用本区的蝴蝶园，以蝴蝶为主题开展系列社会实践活动，组织学生参观蝴蝶展，了解蝴蝶的几个生长阶段，了解蝴蝶标本，体验蝶翅画制作所需的蝶翅制作过程等，以此让学生对蝶翅有初步

的认识，由蝴蝶短暂的一生引出制作蝶翅画的意义及价值，并激发学生学习兴趣；二是基础知识与技能的培养，主要是通过课堂小组活动，聘请我区蝶翅画专家邓秀梅老师对社团教师和学生做关于我国蝶翅画发展的历史、艺术特点等方面讲解，之后，培训、指导学生学习基本的制作技能，如：蝶翅花纹与外形的巧妙运用，制作的方法和步骤，粘贴的技能技巧等，使学生掌握蝶翅画的拼贴技法（即运用蝶翅的外形和颜色巧妙地组合成画），以及剪贴与拼贴相结合的方法，随后，结合生活中常见的花花草草及小动物做基础的练习，并引导学员要敢于表现自己的认识，用自己的眼睛观察制作技巧，实现从学会制作过程到把想到的东西制作出来。

2. 第二阶段，蝶翅画制作深入探究学习(2018. 8 ~2019. 1)

在掌握了蝶翅画基本技能的基础上，本阶段在制作形式及表现内容上做深入探究，实践与传统国画的构图、表现形式相结合，借鉴装饰画、油画的表现形式，结合学生喜欢的卡通动漫形象等，在保留有传统蝶翅画制作技能的基础上尝试不同的表现方法，以及贴近生活实际、学生喜欢的内容。在材料上综合运用一些其他材料如花、树枝、布、废旧纸张等综合材料，创作贴近学生生活的蝶翅画作品，让学生通过多种尝试，自己去认识、发掘生活中的美，并用自己所学来表现这种美，实践美。在展示形式上也从最初的平面化，逐步探究形成立体化的多种展示途径，使蝶翅画更能够服务生活，培养学生学习兴趣，促进蝶翅画与时俱进的发展。如：在磁盘内粘贴，扇面上粘贴，制作成书签、贺卡等，从多角度继承和弘扬蝶翅画这一传统文化，并促进学生综合美术技能的提升。

3. 第三阶段，蝶翅画主题创作学习（2019. 2 ~2019. 7）

本阶段在前期掌握基本蝶翅画制作技能和多种表现形式和内容基础上，进行进一步系统化的组合创作。结合我区地域文化建立独具特色的蝶翅画课程体系，以“京西画廊”为主题，来表现家乡的自然风光、历史、民俗、艺术、吃穿住行等各方面内容。首先从地域文化中筛选出具有代表性的、适合学生发展需求及艺术表现的内容，通过开展社会实践活动、写生活动、实地参观考察、查找文献、搜集图片等多种活动，和学生一起探究具体的创作内容，将学生分组，布置每组要完成的内容，教师提供指导。如："下苇甸的皮影艺术"探究怎样用蝶翅表现影人，表现出我国非物质文化遗产"西路皮影"的艺术情境。还有传承了一千多年的"琉璃渠的琉璃烧造"技艺，我们怎样表现琉璃瓦件和琉璃烧造艺人工作的样子呢？"永定河畔赞家乡新貌""重走京西古道"等等一系列内容则体现出京西文化。最后以蝶翅画为表现中心，将学生的情感与实践相结合，让学生独立思考、解决问题，实现课题研究中的重要目的。

三、成果总结阶段（2019.8～2020.7）

2019年8月至2020年3月，课题组成员将各阶段所总结的成果再进行整理、分析、研究、反思、总结，建立切实可行的课程体系和授课形式与方法，形成少年宫特色课程。

历时近三年的课题研究，在课题团队的共同努力以及市级专家的指导下，总结出了适合中小学生学习蝶翅画的教学体系。所有初步接触蝶翅画的学生都是充满惊奇，跃跃欲试，同学们能够很快掌握基本的粘贴技法，了解蝶翅画的价值所在。通过少年宫的精品社团建设，普及培训、走进学校、走进社区等多种学习形式，使蝶翅画的课程辐射范围更加广泛。蝶翅画社团是少年宫着力打造的精品社团，蝶翅画的内容和形式以及成果已被少年宫重点推广。在今后的实施过程中会不断总结、创新，促进蝶翅画项目品牌化，更好促进蝶翅画的传承。

2020年3月至6月，进行成果展览。在门头沟区少年宫，将师生优秀作品展出，同时借助北京市学生金帆书画院这一平台，参加其举办的展览、展示等活动，让更多的人来了解蝶翅画这一优秀的传统文化。

2020年7月，整理编撰完成《蝶翅画》教材并印刷，更好地宣传和交流对蝶翅画文化的理解与感悟，推广与实践。相关课题组教师撰写论文，整理资料，申请结题，做好结题相关工作，由阚秋影撰写结题报告，准备结题。

门头沟区少年宫蝶翅画教材开发与实践研究课题组

2020年2月

结题报告

一、课题研究的概述

蝶翅画课题的来源可以归纳为以下四方面。一是蝴蝶画在中小学课内校外活动中并不普及，这种承袭着民族文化风范的文化遗产，它凝聚着几代人深刻的“文化记忆”，有必要在中小学中开展优秀文化遗产的教育普及工作，提升青少年对民间艺术保护和传承的认识，这样，才不会使民间艺术在城市的发展中逐步消亡。二是门头沟区具有优质人工蝴蝶养殖资源和优秀的民间蝶翅画专家，提供了课题研究所需要的课程原材料及专家的指导，保障了课题能够顺利实施并深入研究和实践。三是通过课题研究使教师具备研究性教学的能力，在资源的挖掘、筛选、整合、设计、实践等过程中学会“设计—教学—反思—调整”不断反复循环，不断提升研究能力并形成研究性教学过程。四是培养学生核心素养的需求，通过课题研究构建多样的、丰富的课程体系满足学生的个性化需求，通过学生的自主探究与实践增强学生的社会责任感、创新精神、实践能力。

本课题作为“十三五”北京市级课题开展研究，自 2016 年正式实施，课题覆盖目标人群为全区中小学生，教师，社区居民。

二、文献综述

（一）国内蝶翅画的发展及现状研究

1. 民间艺人的自觉研究

目前在国内蝶翅画的传承主要是依靠民间艺人个人的兴趣爱好来维系。他们在蝶翅画的创作上各具特色，并努力推广和壮大其影响。例如：四川王世宏是受父亲的影响而喜欢上蝶翅画制作。王世宏独特的蝶翅画作品先后引起了很多人的关注，也获得了很多奖项，获评“四川省民间艺术大师”“四川特色旅游商品品牌创新人物”和“四川省工艺美术大师”等荣誉称号。王世宏的作品也引来众多爱好者赏析与订购，据了解，西安自然博物馆、西北农科大学等都将他的作品作为收藏并用于艺术研讨。这些荣誉让他深深地感受到了蝶翅画的价值，让他坚定了要把这门艺术传承下去的信心。为了使这门艺术不失传，蝴蝶画已被列为泸州市非物质文化遗产，正在申报四川省非物质文化遗产。四川乐山的吴泽全是夹江蝶翅画代表人物。自 1960 年担任夹江县中学生物教师起，吴泽全就迷上了色彩斑斓的蝴蝶翅膀。1996 年退休后，他开始钻研蝴蝶艺术，并于 1997 年创办了国内首家蝴蝶艺术馆。几十年来，他的蝶翅画已经“飞”到了美国、法国、日本等十几个国家。目前被列为乐山市第一批非物质文化遗产。还有乐山的袁秀萍、汉中的杨永胜、北京门头沟的邓秀梅等民间艺术家们，也都在致力于蝶翅画艺术的发展，她们影响着儿女，带动身边的群众加入进来，并逐步引起政府的重视。

2. 教育上对蝶翅画资源的研究

20 世纪 80 年代，国内一些大城市的博物馆或少年宫陆续出现了蝴蝶园，供人们观光休闲和开展科普教育活动，并进行一些简单的、趣味性强的蝶翅画制作。杭州一所学校开展过《蝴蝶园：提升学生生命素养的特色课程开发和实施研究》活动，以蝶园建设为基础，开展丰富多样的实践活动；以学科统整为策略，挖掘校本特色课程开发资源；以载体创造为途径，丰富特色课程实践过程。通过课题研究，提升学生生命素养，健全健康的人格；增强教师的课程意识，提升综合素养；构建具体化、特色化、可操作化的校本课程体系，形成了具有学校特色的课程结构，从而丰富校园文化底蕴。还有许多城市也都开展过蝴蝶资源的研究，围绕蝴蝶资源的几种利用形式，比如蝴蝶工艺品、生态价值、科研价值、观赏价值等方面开展研究与实践。还有的利用蝴蝶园建设应用于课本教材的教学或充实科学教材。比如：二年级的《找春天》口语交际课，利用蝴蝶园，教师布置课外学生的亲子“找春天”活动，组织全班孩子来到蝶园，欣赏各种绿的叶与芽，竞相开放的鲜花，还有翩翩起舞的蝴蝶，甚至是各种形态的蝶卵、幼虫，孩子们畅游在蝶园中，让他们观察与体验生活，满足学生身心发展需要的多样和多层化。由此可见，蝴蝶资源已经逐步被教育者们所重视并进行了初步的研究与实践。但系统化、细致化的蝶翅画教学仍然是一个空白。

（二）开展蝶翅画教学的必要性

1. 自然资源与艺术创造的结合

蝴蝶被誉为飞舞的花朵，全世界大约有 14000 多种，中国有 1200 余种。蝴蝶翅膀斑斓的色彩，让人惊叹不已。但是，建筑用地引起栖息地的减少、失去主要食物来源和农业灌溉引起的污染，导致许多珍稀品种灭绝。蝴蝶的寿命长短不一，寿命长的可达 11 个月，寿命短的只有 2～3 星期。一般来说，蝴蝶成虫的寿命约有两星期；假如把整个生活史（卵、幼虫、蛹、成虫）计算在内，寿命约有一个多月。短暂的生命，让人惋惜它的美丽。而蝶翅画作为中华民族传统的文化艺术，在当今中国艺术品中具有典型的代表性，被誉为“中国艺坛的一朵奇葩”，恰好弥补了这一美丽的缺憾，让蝴蝶的美通过艺术的再创作而重新绽放。目前，除国家保护品种和珍稀品种不能用于制作蝶画外，约有五百多种普通蝴蝶可以利用，蝶翅采集一般采用普通和种群数量较大的蝴蝶。少年宫美术社团开展蝶翅画教学的蝶翅来源主要是借助我区的“花露蝴蝶园”的丰厚资源。蝴蝶园采用人工饲养蝴蝶，主要是一些常见的菜粉蝶、绿带翠凤蝶、金斑蝶等。当蝴蝶的生命周期结束后，收集死去的蝴蝶翅膀，经过专业的加工后再制作蝶翅画。这种艺术材料，替代了其他颜料，又能够废物利用，环保节能。把人们心中最美的蝴蝶形象和美好寓意留存下来，形成了具有浓郁民族特色的艺术。

2. 教育需求与教材缺失之间的矛盾

蝶翅画作为我国优秀的文化遗产，深受广大人民的喜欢，需要一代代传承和发扬下去。但是在《北京市义务教育课程改革实验教材》小学至高中教材中却没有涉及蝶翅画的文字和图片内容。在本区的美术教育活动中也没有美术老师开展过相关的课程，只有民间的艺术家们在从事这方面的创作，但是并没有形成普及和提高及传承和弘扬的社会价值体系。《义务教育美术课程标准》中指出："美术课程要以社会主义核心价值体系为导向，要弘扬优秀中华文化，力求体现素质教育的要求，加强学习活动的综合性和探索性。"所以，少年宫书画院将以蝶翅画作为课程的研究方向。利用我区已有蝴蝶园及蝶翅专家的优势，通过社会实践活动了解蝴蝶的每一个成长过程，并在社团活动中开展系列化的蝶翅画制作，让学员深入掌握蝶翅画的制作过程，以此全面培养学生的自然、艺术、人文等综合素质。活动项目的开展紧跟北京市校外教研室提出的"三个一"项目，通过打造社团精品化课程进而辐射其他普及培训班级的学员，并发挥全区唯一校外教育的职责和优势，推广蝶翅画的相关知识。

三、课题研究人员的确立

本课题从确立之初得到了少年宫领导的全力支持，并成立了领导小组，从教室的硬件设施到材料购买资金投入、专家指导等各方面都给予充足的保障。教研室的领导和老师也参与到课题研究当中，根据课题研究的需要组建了研究小组，课题组经过反复研讨和论证，根据课题组成员的特长确定了各自研究的主要方向：课题主持人阚秋影是市级骨干教师，具有较强的教学创新意识与实践能力，更具有非常强的责任感，负责统领课题的新课开发与研究，比如，组织教师培训，组织学生开展相关的社会实践活动，开展系统的蝶翅画制作技能的学习，并带领团队备课和进行理论实践研究。杨盈老师作为少年宫的教研室成员，具有较强的编辑及撰写能力，具有高度的热情和创新意识，主要负责课题的资料整理、打印及课题理论指导等工作。杨帆老师长期从事教研工作，在理论上具有高屋建瓴的高度，对课题研究的课程体系、论文和案例撰写能够深入指导。杨琪老师是一名书法教师，对教学充满热情，细致认真，在课题中承担与课题相关的课程实施，并负责日常材料整理、学员管理等工作。

在制定方案及实地考察、调研、搜集资料、整理资料、开展实践研究等过程中，课题组的全体成员团结协作，各抒己见，深入钻研，充分展示了团队的力量和专业的研究水平，使我们的课题具备了坚实的师资力量，为课题的具体实施奠定了基础。

四、课题研究的意义

（一）传承中国优秀传统文化的需要

现阶段我国教育的根本任务是立德树人。中华优秀传统文化蕴含着丰厚的民族精神和道德理念，是民族自立的资本、国家发展和创新的基础。美术作为一种文化的载体和类型，不仅仅是美术知识和技能的学习，更是一种文化观的关照下的学习，让学生在一种文化情境中理解美术，并通过对美术的学习感受和接受优秀文化的影响。将核心素养渗透在美术具体内容之中，课程体系从单纯的课堂教学转到充分利用社会文化资源、教育渠道，延伸艺术课堂，把美术教育与实际生活中同学们熟悉的地域文化结合起来，从中汲取有益内容，体现了教学思维的多元化，激发学生的学习兴趣，使学生的学习更具科学性、系统性，使丰富优质的资源得以更有效的开发与利用。

美术教育是建立在美术学科基础上的教育门类，由美术和教育两个概念组成。美术是立身根本，没有美术就没有美术教育，美术作为教育内容看，能够促进学生核心素养的提高，获得特殊的育人效果。在美术教学中融入中国传统文化，通过学生身心感知体验，个体对传统文化的认知与思考，唤醒自身的实践性学习，从而能够提高艺术修养和人文素养，促使学生深入认识和理解我国传统文化内涵并传承和弘扬。

（二）开发与实践地域文化资源的需要

地域文化是一个悠久而丰富的历史发展过程，浓缩了每一时期思想、社会、文化、历史等各方面的进程。随着现代教育的发展，人们逐步认识到了地域文化的独特教育作用，并在开发和利用这些资源时更具条理性和深入性。校外教育因其自身的特点，课程的设置更具针对性和主导性。通过对校外教育挖掘和实践地域文化资源进行论述，拓展校外教育的可利用资源，整合编写教材，开展课题研究和社会实践活动，引入精品社团课程体系。让优秀的地域文化资源通过教育工作者的努力得以传承、弘扬和创新。

蝶翅画是我国的传统文化也是我区的地域文化，拥有蝴蝶养殖园和蝶翅画制作专家，保障了课题实施中原材料的供给和制作技法的指导以及开展相关实践活动的基地。基于此我们明确了课题大的研究方向，即：整合地域文化资源，创设蝶翅画特色课程体系，展现课题成果回馈社会。课题小组在前期针对我区地域文化进行全面的考察，筛选有价值并可实行的、符合蝶翅画课题需求、符合学生年龄特点和需求的内容，比如京西古道文化、琉璃文化、民俗文化、特色建筑等，之后根据这些文化资源的特点和蝶翅画的制作特点综合分析，并设计出相应的主题课程。这些课程并不局限于蝶翅画的制作，同时也融合了写生、制作、国画等综合的技能训练，并最终促进蝶翅画制作内容及技法的提升。我们将素质教育与教学实践活动、学生兴趣与构建课程体系、传承地域文化和研究教育途径紧密结合在一起，开发和利用优秀的地域文化资源和我国优秀的传统文化，突出校外教育优势，通过丰富的活动形式尽快将传统的“教与学”单一课堂模式向素质教育下综合、探究、开放的教育模式优化转型。

（三）素质教育下学生的发展需求

“21 世纪学生发展核心素养”，将核心素养定义为学生在接受相应学段教育的过程中，逐步形成的适应个人终身发展和社会发展需要的必备品格和关键能力。美术提炼出图像识读、美术表现、审美判断、创意实践和文化理解五大核心素养，引领美术教育的发展和变革。全面发展五大核心素养需要人（主体）与环境（客体）相互作用和结果，也就是联系真实情境“做（强调过程）中学（强调结果）”，在此过程中得到内化。

蝶翅画不仅仅是一种艺术装饰品，它更是中国一种具有近千年历史文化的载体，承载着政治、经济、环境、人文、美学、历史、民俗等多方面厚重的文化内涵。比如通过画面的内容我们可以窥见其朝代的艺术表现特征，政治经济发展程度，服饰配饰制作风格，各个地域文化的差异等。因此，课题在深入了解我国蝶翅画发展历史及本区蝶翅画资源的基础上，以学生感兴趣的、可接受的、符合其年龄特征的丰富的课堂授课形式及综合社会实践活动形式，来了解蝶翅画的制作技能、表现内容、表现形式、创新发展。同时结合家乡地域文化，深入挖掘其具有代表性的适合蝶翅画制作及学生发展需求的内容进行创作。这一过程使美术技能与文化传承相结合，树立学生正确的情感、态度与价值观。

另一方面，蝶翅画作为一个传统的独立艺术样式发展至今，需要与时俱进，不断创新，才能够传承和发扬。学生综合运用学习过的美术知识，将蝶翅画与中国画、书法、剪纸、装饰画、手工制作等相互融合，运用丰富的创意思维和已有的知识，创作出更多形式多样、内容丰富的作品。蝶翅画创作使学生心、眼、手得到了全面的训练，提高了学生独立思考、审美判断及整体把握事物的能力，挖掘了学生的潜力，使学生的核心素养得到发展和提升，保证了学生学习的实际收获。同时也强化了教师课程实施的系统谋划，关注到了美术学习的完整过程，提高了教学质量和课题研究的实际价值。

五、课题研究的目标

（一）整合并利用本区的蝴蝶养殖和蝶翅画专家资源，分阶段将有关蝴蝶的养殖和种类知识，以及蝶翅画的制作技法教授给学生。同时结合了前期学过的国画、儿童画等美术种类，将其构图、表现形式等灵活运用到蝶翅画制作中，在传统蝶翅画表现技法及内容的基础上，融入更多贴近学生年龄特点及生活实际的表现手法及内容，将蝶翅画传统的平面创作尝试立体、装置等创作展示，最终的作品要贴近生活实际需要，给人以美感和新鲜的感受，与时俱进，使蝶翅画在传统中创新发展。教师要注重发挥学生个体与合作的优势，让学生学会在学习中解决实际问题。比如在综合运用材料上教师要引导学生学会寻找身边的素材，到自然中寻找能够结合蝶翅画制作的素材做进一步的创意表现，如：叶子、花、草、树枝、树皮等等，到现实生活中发现问题，强调“像美术家一样创作”的思维，培养学生的审美情感和审美素养。

（二）将我区地域文化与蝶翅画创作相结合，建立了独具特色的课程体系。从地域文化中筛选、加工、提炼具有代表性的适合学生发展需求的内容，以创作蝶翅画为中心，以多样的社会实践和写生为基础进行学习，和学生一起收集整理活动地点相关资料。教师根据教学目标设计各种学习方法，如学习单、任务书、评价表等，让学生自主去探究学习，掌握学习的目标、内容、方法等。通过同学们耳熟能详的表现家乡自然风光、历史、民俗、艺术、吃穿住行等各方面内容，使蝶翅画制作与各种文化状态、文化样式进行相互交流、相互融通，由此在了解一个问题时，牵涉到的历史的、人文的、艺术的问题让学生在学习的过程中大大丰富了自己的知识面，并且主动去学习。同时，也在某些方面摆脱以往在教学中空洞的思想道德和爱国主义教育，用身边的事物来说话，给学生似曾相识又耳目一新的独特感受。落实了以育人为本，切实推进素质教育的具体要求。

（三）课程体系的确立及成果推广。2020 年 2 月至 2020 年 7 月，课题组成员将几年来各阶段所总结的成果再进行整理、分析、研究、反思、总结，结合校内外美术教学的特点建立切实可行的、科学的、系统化的课程体系和授课形式与方法，初步形成少年宫特色课程，打造精品社团“蝶呓坊”。在课题研究期间曾将蝶翅画课程与校内“330”和社区活动相结合，推广到中小学校和社区，让更多的学生和居民了解蝶翅画，并围绕蝶翅画关注本区地域文化，进而关注中国优秀传统文化。历时近四年的课题研究，在课题团队的共同努力以及市、区级专家的指导下，总结出了适合中小学生学习蝶翅画的教学体系。通过少年宫的精品社团建设，普及培训、走进学校、走进社区等多种学习形式，使蝶翅画的课程辐射范围更加广泛。同时借助北京市金帆书画院搭建的平台进行展示、交流、展览、比赛等活动，让更多人了解和关注这一传统文化。蝶翅画社团是少年宫着力打造的精品社团，蝶翅画的内容和形式以及成果已被少年宫重点推广。在今后的实施过程中会不断总结、创新，促进蝶翅画课题品牌化，更好促进蝶翅画的传承。目前少年宫蝶翅画这一课题作为我区教育系统重点研究项目被推荐到区委参加评选，课题主持人也被门头沟区教育委员会推荐到区委参加优秀人才评选。

六、课程体系的建构

（一）学生人格的培养

党的十八大报告明确提出：“把立德树人作为教育的根本任务，培养德智体美全面发展的社会主义建设者和接班人。”因此培养什么样的人，怎样培养人，是国家面对的重大问题，更是每位教育工作者需要深入思考的问题。培养学生不仅仅是专业知识与技能的培养，更要关注学生人格健康成长，最终让学生形成适应终身发展和社会发展需要的必备品格和关键能力。

在开展课题研究、建构课程体系的过程中，从内容到教学方法、手段等各方面都注重学生人格的培养，比如：合作能力，解决问题的能力，使用工具、语言、文本的能力等。具体采取的策略主要体现在以下方面：首先是从兴趣出发，以“趣”激“学”的兴趣教育。俗话说“兴趣是最好的老师”。学生对学习充满热情和兴趣，才能有求知欲、进取心和自信心，才能够主动思考，愿意参加学习并保持持久的兴趣，有坚持到底的意志力。学生有了兴趣，在艺术的感知上也会大大增强，热爱自己所学的蝶翅画专业知识，理解蝶翅画这一中国传统文化的魅力并能够传承和发扬，最终在学习的过程中养成良好的美术素养和审美情操。其次是培养学生的创造力，在创造力中传达情感。美术创作过程就是学生观察力、理解力、记忆力等形成和提升的过程，教师通过丰富的课程内容和技能技法的实践创新，学生逐步累积视觉经验，并进一步探索视觉元素中基本的美术语言表达的方式方法，从而养成思考判断和自我表现的美术创作活动的基本能力，并能够懂得欣赏艺术作品，从中感受积极的情感语言。蝶翅画研究主要结合家乡地域文化，挖掘创作素材，形式多样，内容丰富，比如：结合皮影这一中国传统文化，以地域资源北京西路皮影为重点研究内容，通过“赏一赏皮影”“做一做皮影”“演一演皮影”几个环节，让同学们掌握西路皮影的历史、艺术特征、文化价值、如何做皮影、怎样表演皮影等内容，同学们在制作和表演过程中，不仅是学习美术技能，还有在表演内容上的创作和排练等，同学们的情感和观念在创造力中不断升华。

（二）课程研究的内容

基础知识与技能的培养。通过课堂小组活动，和学生共同了解蝴蝶的生物知识，通过绘本和手帐的形式，记录每种蝴蝶的特征。学习蝶翅画传统制作技能，熟练掌握工具的使用，具备控制工具的能力。研究蝶翅的不同角度的艺术效果，能够自由选择和创造性地应用。在前期基本技能教学中聘请我区蝶翅画专家邓秀梅老师对社团教师和学生做培训、指导，让每位学员掌握了蝶翅画的拼贴技法（即运用蝶翅的外形和颜色进行巧妙地组合成画），以及通过剪贴与拼贴相结合的方法成画。再通过赏析活动引导学生了解蝶翅画的艺术特征和其中所蕴含的中国传统文化特点，实现学习活动以点带面、点面结合、由表及里。

多种媒材和手法的运用。在掌握了蝶翅画基本技能的基础上，深入探究，实践与传统国画的构图、表现形式相结合，与舞蹈、书法学科结合开展综合学科教学。在创作时对主题进行有目的的明确思考和表达，方式富于变化，手段多样。由于蝶翅材料的限制和课程的需求，在教学中综合运用一些其他材料如花、树枝、布、废旧纸张等综合材料，创作贴近学生生活、服务生活、学生感兴趣的蝶翅画作品，促进蝶翅画的发展。如：在磁盘内粘贴，扇面上粘贴，制作成书签、贺卡等。在展示形式上也从最初的平面化，逐步探究形成立体化的多种展示途径，呈现独特的个性面貌。从多角度继承和弘扬蝶翅画这一传统文化，并促进学生综合美术技能的提升，获得丰富知识和持久的美术技能。

文化意蕴和蝶翅的结合。主要包含地域文化、现代文化、西方文化、中华文化的结合，目前研究主要侧重地域文化和学生喜欢的一些现代文化。我区有深厚的历史人文景观和美丽的自然风光。前期我通过实地考察、查阅资料等对本地区的历史文化、自然风光、民俗文化、历史古迹等资源进行整理（表1）并筛选可作为蝶翅画研究与实践教学的内容（表2）。通过开展一些大单元（表3）的主题教学，使蝶翅画知识和具体的文化情境相连接，并建构可持续发展的系列化的课程体系。结合学生熟悉的家乡文化，让学生的学习经验、美术课程内容和生活发生紧密的联系。师生共同探讨学习内容的主题、相关问题和解决问题的方式方法。学员分组合作，围绕其中某一主题多角度学习，多角度创作，用蝶翅画进行创意表现。如：《京西太平鼓》通过了解家乡太平鼓的历史发展、艺术特征、写生舞蹈动作、制作太平鼓蝶翅画等环节，多层面学习和表达，最终实现蝶翅画技能的实践和应用。这种源于生活、学生熟悉内容的蝶翅画制作表现形式，更加有利于激发学生探究和创意表现的愿望，也能够让学生了解家乡优秀的文化艺术，从而更加热爱家乡并传承家乡灿烂文化。和现代文化的结合主要表现在学生喜欢的卡通动漫、熟悉的场景、装饰画风的内容，体现了蝶翅画教学的灵活性、多样性、时代性的研究广度。

表1　　门头沟区地域文化资源整理

<table>
<tr><th>单元名称</th><th>活动主题</th><th>活动内容</th></tr>
<tr><td rowspan="3">古寺文化</td><td>解读潭柘寺</td><td rowspan="3">了解其历史知识（先有潭柘寺，后有北京城）——建筑特点（戒台寺的佛塔）——寺内景观（千年古树）——民俗文化（妙峰山幡会）等。</td></tr>
<tr><td>探幽戒台寺</td></tr>
<tr><td>览胜妙峰山</td></tr>
<tr><td rowspan="3">古村落文化</td><td>灵水举人村</td><td rowspan="3">了解古村的历史（名字由来、发展、趣闻故事、民俗）——建筑特色——自然景观等。</td></tr>
<tr><td>爨底下</td></tr>
<tr><td>碣石村</td></tr>
</table>

续表

单元名称	活动主题	活动内容
非遗文化	千军台庄户幡会	了解我区全国非遗文化的艺术价值及特色——各种艺术活动的场景
	琉璃渠琉璃艺术	
	京西太平鼓	
	妙峰山香会	
民间艺术	潭柘紫石砚	了解其艺术特色、造型
	下苇甸皮影	
	陶艺	
名胜文化	京西古道	了解其历史文化及发展变迁——自然风光
	永定河	
饮食文化	小吃	了解其外形特征及相关联的事物
	特产	
名人文化	马致远故居	了解人物、历史、建筑特色
历史文化	历史遗址	了解历史、建筑特征、人物、自然风光
	历史遗存	

表 2　　　　筛选后的蝶翅画课程资源（部分）

单元名称	活动主题	活动内容	活动要求
古寺文化	潭柘寺	潭柘寺建筑、古树、自然及人文景观、人物、历史	1. 通过开展实践活动了解潭柘寺的历史及建筑文化，并练习多种技法应用。 2. 通过学习领悟古建筑的艺术特点及其历史发展渊源，及其和北京城的联系。 3. 通过观察，写生，进一步完成蝶翅画的制作。

续表

单元名称	活动主题	活动内容	活动要求
古村落	灵水举人村	古村的历史、建筑特色、自然风光、人物活动	1. 通过写生实践活动，让学生深入了解古村落的发展和文化渊源，学员分组讲解能够促进学生主动学习，合作探究。 2. 通过写生观察，深入认识所描绘对象的特点，并自我提炼蝶翅画表现重点。 3. 深入思考、总结，提取创作元素，让学员对举人村的文化有更深刻的认知，并促进蝶翅画作品的深入创作。
	爨底下		
非遗文化	千军台庄户幡会	非遗表演的情景、人物特征、服饰样式	1. 了解非物质文化遗产的艺术特征，通过写生、开展艺术实践活动，深入了解这些传统文化的艺术魅力。 2. 通过写生获取蝶翅画创作素材，用蝶翅画制作表现人物舞蹈动作、皮影、幡会的热闹场景等。
	琉璃渠琉璃艺术		
	京西太平鼓		
民间艺术	下苇甸皮影	了解其艺术特色、造型	通过开展实践活动了解皮影的艺术特色，学习皮影的制作和表演，提升学员积极的情感体验，感受京西皮影的艺术魅力。用蝶翅画制作皮影，让学员更深入体会皮影的特征。
名胜文化	京西古道	了解其历史发展、自然风光	走入名胜之地开展实践写生活动，了解古道历史、永定河新貌。 初步写生之后再整理，并用蝶翅画创作相关内容。
	永定河		

表 3　蝶翅画工作坊课程框架（部分）

<table>
<tr><th>第一学期目标</th><th>单元目标</th><th>活动模块</th><th>活动主题</th><th>活动内容</th><th>实施策略</th></tr>
<tr><td rowspan="6">了解蝶翅画的发展史、艺术特色、蝴蝶的种类、蝶翅画的相关用具、基本制作方法（剪贴与拼贴）及步骤。能够把自己喜欢的形象用蝶翅画表现出来，综合运用自己学过的美术知识进行蝶翅画创意表现，突出自己的主观创造性。</td><td rowspan="6">学会蝶翅画基本制作技能的步骤及粘贴技巧，进而能够独立完成简单的蝶翅画制作。</td><td rowspan="4">第一模块</td><td>蝶翅画历史、发展、艺术特色知识</td><td>1. 了解蝶翅画的发展史及代表人物
2. 了解蝶翅画的艺术特点</td><td rowspan="4">通过自主查阅资料，知识探究，引导学员主动学习，进而通过蝶翅画基础技法的学习，激发兴趣，主动探究。</td></tr>
<tr><td>蝶翅画拼贴法——动物</td><td>1. 学习运用蝶翅的外形及颜色巧妙拼贴成画
2. 多观察，大胆想象</td></tr>
<tr><td>蝶翅画拼贴法——人物</td><td>1. 将人物造型简单化、抽象化，概括出动态即可
2. 强调人物的艺术特征</td></tr>
<tr><td>蝶翅画拼贴法——山水</td><td>1. 根据山水的层次进行拼贴
2. 着眼于整体性</td></tr>
<tr><td rowspan="2">第二模块</td><td>蝶翅画剪贴法——动物</td><td>1. 学会分解动物的各部分结构
2. 掌握剪贴的方法和技巧</td><td></td></tr>
<tr><td>蝶翅画剪贴法——人物</td><td>1. 学会分解人物各部分结构，重点是人物服装的处理
2. 人物的动态表现</td><td></td></tr>
</table>

续表

第一学期目标	单元目标	活动模块	活动主题	活动内容	实施策略
在学员已经掌握的基本蝶翅画拼贴和剪贴技能的基础上，继续学习山水蝶翅画的制作技能，引导学生结合社会实践进行探究学习，鼓励学生尝试新的内容和形式的制作方法。	运用多种立体材料进行创作，结合国画的构图知识及学生喜欢的卡通形象等进行制作，引导学员发挥自己的想象力和创造力。	第三模块	山的制作方法	1. 电烙铁工具的使用 2. 粘贴的技巧 3. 层次的体现	学员能够正确使用工具，掌握山石和树木的制作技巧并且能够通过主动探究尝试创新表现。让学员通过自己的观察自我总结，培养学生自主学习的能力。根国画的构图知识和自己写生的内容，表现家乡的山水。
			树木的制作技巧	1. 学习树的制作方法，尤其是树枝的穿插表现 2. 掌握多种树叶的制作方法	
			房子的制作技巧	1. 采用剪贴方法学会怎样分解房子的结构 2. 房子粘贴的组合顺序讲解	
			结合家乡山水创作一幅山水小景	画面构图的安排掌握用蝶翅表现层次关系的技巧	

在课题研究中始终以育人为主要目的，倡导自主、合作和探究性的学习方式。学生学会获得知识的能力，学会与人合作、交往的能力，学会积极思考主动探究的能力。注重强化学生自身对蝶翅画艺术的认知，真正理解蝶翅画的美，并建立独特的艺术思维和艺术表达能力，将自己建构的知识和技能进行灵活应用，解决实际问题，创作出能够表达自己对这个世界的认知、情绪与感受的作品，以此形成终身的美术素养。如：在以《国宝大熊猫》为题创作时，学生能够将作品与熊猫生活的地域即四川省的美食文化结合，与熊猫爱吃的竹子结

合，与动画片熊猫的形象相结合……充分展现了学生主观学习的能力及核心素养的提升。

对国内蝶翅画制作的历史、发展及派别、专家资源进行了收集与整理，由此了解蝶翅画多样的制作特点及其中包含的地域特征。比如我国重庆的民间工艺大师张翔突出表现的是家乡吊脚楼；海南的梁森泉在浮雕上制作立体蝶翅画，突破了原有的传统平面作品。这些资料的收集不仅仅是让学生对蝶翅画有深入全面的了解，还极大开阔了学生在创作过程中制作形式及内容的思路。通过网络查询我们也深入学习了关于蝶翅画的相关文献研究和论文著作等，挖掘和整理可利用的蝶翅画资源，筛选可利用的各类资料、学术论文等，一方面对课程的设计具有指导作用，另一方面对提高课题组成员的理论研究水平有很大的帮助。

在开展蝶翅画教学的同时，将理论与实践结合，提前制定授课计划（如表4），在每一次活动结束后及时进行反思、总结，及时编撰积累成《蝶翅画》这一教材。这样的方式使课程的安排能够建立起一个大的学习单元，使课程更系统化，促进教师更深入探究课程体系的合理性，并不断修改完善，能够让学生系统地掌握蝶翅画的知识。在编写过程中也让学生参与其中，从内容到范例都是和学生共同来完成，使教学与学生的知觉体验、情感都建立起联系，有效促进了学生的成长。

表4　2018年春季少年宫蝶翅画社团活动计划

班级	蝶翅画社团	人数	20人	授课教师	阚秋影	授课时间	周日2：00～4：00
学情分析：社团学员由年龄8至13岁的学员组成。通过一年多系统的蝶翅画学习，同学们已经掌握了基本的蝶翅画制作技能，并在主观表现上有提升。在学习中具备一定的自学能力，能够完成对资料的搜集整理。综合分析学员的日常学习情况，他们具备一定的合作能力，对新鲜事物有较强的探求欲望，个性发展需求明显。							

续表

班级	蝶翅画社团	人数	20 人	授课教师	阚秋影	授课时间	周日 2：00～4：00
学期培养目标： 1. 继续围绕地域文化开展实践活动和蝶翅画学习。 2. 了解与实践活动相关的知识和如何用蝶翅画表现相关内容。 3. 掌握蝶翅画多层次的组合粘贴技法。 4. 培养学员主动探究、合作的学习态度。 5. 培养学员热爱家乡灿烂文化并传承下去的情感态度。							
具体计划安排							
周次	时间	授课内容					
第一次活动	3 月 4 日	蝶翅画——山的制作方法 活动内容： 讲解山的基本结构——如何巧妙利用蝶翅的颜色及脉络表现山的特征——粘贴的技巧讲解示范。					
第二次活动	3 月 11 日	蝶翅画——房子的制作方法 活动内容： 讲解我区常见的几种民居特点——分析、示范制作方法——学员分组自主制作完成一组民居。					
第三次活动	3 月 18 日	蝶翅画——人物的制作方法 活动内容： 练习几种人物动态速写——讲解示范制作步骤——学员分组探究并合作完成一个主题人物组合创作。					
第四次活动	3 月 25 日	永定河畔画家乡——蝶翅画综合实践系列写生活动之一 活动内容： 了解永定河公园文化——画永定河公园美景——感悟永定河公园新变化。					

续表

具体计划安排		
周次	时间	授课内容
第五次活动	4 月 1 日	走京西古道，画国韵雄风——蝶翅画综合实践系列写生活动之二 活动内容： 走京西古道——知古道历史——画古道雄风。
第六次活动	4 月 15 日	整理前两次写生的多幅作品和文字资料，并交流下次活动蝶翅画制作的内容要素。
第七次活动	4 月 22 日	“蝶舞京西”——蝶翅画综合实践系列小组活动之一 活动内容： 整理围绕我区开展的实践活动写生内容，分组探究合作，用速写长卷形式画出来。
第八次活动	5 月 6 日	“蝶舞京西”——蝶翅画综合实践系列小组活动之二 活动内容： 整理速写长卷，用蝶翅画技能进行长卷创作。
第九次活动	5 月 13 日	非物质文化系列（京西太平鼓）之一：结合实践活动，围绕我区的非物质文化进行蝶翅画制作，提升制作技能和创作能力。 活动内容： 1. 了解京西太平鼓的相关知识。 2. 掌握京西太平鼓中舞蹈人物的基本制作要点。
第十次活动	5 月 20 日	非物质文化系列（京西太平鼓）之二 活动内容： 1. 学习制作京西太平鼓中舞蹈人物及动作的表现。 2. 学员合作创作一幅表现太平鼓的主题作品。

续表

具体计划安排		
周次	时间	授课内容
第十一次活动	5 月 27 日	非物质文化系列（下苇甸皮影）之一 活动内容： 1. 学员之间相互交流关于下苇甸皮影的知识。 2. 教师讲解皮影的制作方法并示范要点。 3. 学员根据查找到的皮影图片，自己制作一个皮影人物蝶翅画作品。
第十二次活动	6 月 3 日	非物质文化系列（下苇甸皮影）之二 活动内容： 1. 学员合作，把一个寓言故事或古诗、儿歌等用蝶翅画表现。 2. 用速写形式画出草图，再进行蝶翅制作。
第十三次活动	6 月 10 日	非物质文化系列（琉璃渠琉璃）之一 活动内容： 1. 引导学员对已经掌握的琉璃文化知识相互交流。 2. 选择琉璃瓦当进行相关知识讲解并示范制作方法。 3. 学员体验瓦当的蝶翅画制作。
第十四次活动	6 月 24 日	非物质文化系列（琉璃渠琉璃）之二 活动内容： 1. 继续学习瓦当的制作方法。 2. 自主选择制作其他琉璃瓦件 3. 学员合作以琉璃渠为主题将已完成作品组合创作一幅蝶翅画作品。
第十五次活动	7 月 1 日	活动拓展： 蝶翅画——北京的胡同文化之一 活动内容： 根据前期实践活动来表现老北京胡同文化内容，从衣、食、住、行等内容当中任意选取一点进行自主创作。

续表

具体计划安排		
周次	时间	授课内容
第十六次活动	7 月 8 日	活动拓展 蝶翅画——北京的胡同文化之二 活动内容： 以前期什刹海写生老北京的胡同民居为主，鼓励学员自主进行创意表现，学员合作完成一幅作品。
备注：由于学员的接受能力、学习情况不同，所以在实施活动过程中，我会根据学员具体的学习情况掌握课时和内容的恰当安排，让每一位学员都能够在可接受的、兴趣十足的学习中成长。		

七、课题研究的方法

课题的研究过程主要采用探究法、实践法、文献法、分析法等。边学习，边实践，边研究，边总结，在实践中验证理论，在理论中提升实践，总结成果。

（一）讨论法

1. 在课题团队中应用讨论法

课题团队在研究过程中，随时针对课题的研究问题进行讨论分析，完善解决，同时将个人的经验、获得的新知识、个人的疑问，互相分享，充分讨论，解决难题，攻克难关，增强了团队解决问题的能力与凝聚力。尤其是在如何丰富蝶翅画制作及表现形式方面，团队每个人都通过自身的思考，查找资料提出了很多建议，极大促进了课题研究的深入。

2. 实践时在学生中应用讨论法

在学生实践过程中，通过讨论法的运用，以小组为单位，能有效地团结协作，解决共性问题，凸显个性创作。特别是在蝶翅画内容设计环节，因为蝶翅画的内容既要突出个人特色又有传统制作技法元素的融入，需要对蝶翅画的认识及艺术创作的个性表现，并进行必要的图案设计，构图设计等方面的讨论。学生通过讨论，彼此启迪，解决个人出现的创作难题，能有效地选择自己喜欢的制作内容，并灵活运用传统制作技能，更有效地培养了学生的思维发散能力、口语表达能力，团结协作精神。充分调动每一位学员的积极性、探索性、创造性，有利于活动的开展和活动的实效性。

（二）实践法

每周两个小时的实践活动，不仅包含学生动手制作蝶画、学习基本制作技能的过程，同时还有和蝶翅画相关的实践活动等。由浅入深，循序渐进，学生在实践中不断提升专业水平以及情感认知。根据需要我们与本区蝶翅画专家合作，取得制作技能及原材料的支持，极大提升了教师的专业水平。

（三）文献法

根据本课题的研究方向，从蝴蝶画的种类、蝶翅画的历史发展、制作方法、蝴蝶画装饰材料及工具等方面搜集文献，对搜集到的文献进行比较和借鉴，通过检索、收集、鉴别，为课题提供有力的论证及研究资料。同时，对原有文献加以重新组合、升华，从而找出事物间的新联系、新规律、形成新观点，创造出新理论。

（四）分析法

针对社团学生（1～6 年级）进行课程难易程度的可接受能力分析，从中发现在制作蝶翅画时，低年级学生在作品内容上更关注趣味性和自己喜欢的卡通形象，表现技法上侧重于拼贴，更能够表现出儿童的想象力和创造力；高年级的学生侧重于技法提升和探究，内容上和低年级学生一样喜欢生活中常见的形象和想象出的情景，在制作技能与思维广度上与低年级孩子有一定的差异。针对此问题，阚秋影老师及时调整教学方法，使学生都能够有效学习。

八、课题研究的基本过程

（一）开题论证阶段（2016.7～2017.1）

1. 确定课题研究方向，组建课题组，讨论并制定研究计划。
2. 请有关专家对课题组成员开展研究方法和相关理论的培训。
3. 撰写开题报告，举行会议开题。

（二）实践研究阶段（2017.2～2019.7）

本阶段主要是进行课题的方向研究，评估可行性，完善各个阶段。课题组在前期基础研究的前提下强化理论总结、成果转化、升华与推广，由一般的理论研究走向深刻的教学实践。

第一阶段（2017.2～2018.7）：蝶翅画基本技能的学习

本阶段主要是在少年宫蝶翅画社团开展，社团学员面向全区中小学生考核选拔，由小学二年级至初中生组成。蝶翅画课程的安排主要有两部分：首先是利用本区的蝴蝶园，以蝴蝶为主题开展系列社会实践活动，组织学生参观蝴蝶展，了解蝴蝶生长的几个阶段，了解蝴蝶标本，体验蝶翅画制作所需的蝶翅制作过程等，以此让学生对蝶翅有初步的认识，由蝴蝶短暂的一生而引发制作蝶翅画的意义及价值，并激发学生学习兴趣。二是基础知识与技能的培养，主要是通过课堂小组活动。聘请我区蝶翅画专家邓秀梅老师对社团教师和学生做关于我国蝶翅画发展的历史、艺术特点等方面讲解，之后，培训、指导学生学习基本的制作技能，如：蝶翅花纹与外形的巧妙运用，制作的方法和步骤，粘贴的技能技巧等。掌握蝶翅画的拼贴技法（即运用蝶翅的外形和颜色进行巧妙地组合成画），以及剪贴与拼贴相结合的方法。结合生活中常见的花花草草及小动物做基础的练习，并引导学员要敢于表现自己的认识，用自己的眼睛观察制作技巧，实现从学会制作过程到把想到的东西制作出来。

第二阶段（2018.8～2019.1）：蝶翅画制作深入探究学习

在掌握了蝶翅画基本技能的基础上，本阶段在制作形式及表现内容上做深入探究，实践与传统国画的构图、表现形式相结合，借鉴装饰画、油画的表现形式，结合学生喜欢的卡通动漫形象等，在保留原有传统蝶翅画制作技能的基础上尝试不同的表现方法，以及贴近生活实际、学生喜欢的内容。在材料上综合运用一些其他材料如花、树枝、布、废旧纸张等综合材料，创作贴近学生生活的蝶翅画作品，让学生通过多种尝试，自己去认识、发掘生活中的美，并用自己所学来表现这种美，实践美。在展示形式上也从最初的平面化，逐步探究形成立体化的多种展示途径，使蝶翅画更能够服务生活，培养学生学习兴趣，促进蝶翅画与时俱进的发展。如：在磁盘内粘贴，扇面上粘贴，制作成书签、贺卡等，从多角度继承和弘扬蝶翅画这一传统文化，并促进学生综合美术技能的提升。

第三阶段（2019.2～2019.7）：蝶翅画主题创作学习

本阶段在前期掌握基本蝶翅画制作技能和多种表现形式和内容基础上，进行进一步系统化的组合创作。结合我区地域文化建立独具特色的蝶翅画课程体系，以“京西画廊”为主题，以表现家乡的自然风光、历史、民俗、艺术、吃穿住行等各方面为主要内容。首先从地域文化中筛选出具有代表性的、适合学生发展需求及艺术表现的内容，通过开展社会实践活动、写生活动、实地参观考察、查找文献、搜集图片等多种活动，和学生一起探究具体的创作内容，将学生分组，布置每组要完成的内容，教师提供指导。如：“下苇甸的皮影艺术”探究怎样用蝶翅表现影人，表现出我国非物质文化遗产“西路皮影”的艺术情境。还有传承了一千多年的“琉璃渠的琉璃烧造”技艺，我们怎样表现琉璃瓦件和琉璃烧造艺人工作的样子呢？也有“永定河畔赞家乡新貌”“重走京西古道”等等一系列的京西文化。最后以蝶翅画为表现中心，将学生的情感与实践相结合，让学生独立思考、解决问题，实现课题研究中的重要目的。

第四阶段：蝶翅画综合材料制作的探索（2019.9～2020.1）

本阶段重点是拓展蝶翅画的表现内容，尝试利用一些生活中随处可见的材料进行综合创作，并尝试将平面化作品转变为立体化作品，并与生活实际更加契合，体现艺术源于生活服务于生活的创作理念。地域文化有一定的代表性，也是学生熟悉的生活，从中找到与蝶翅画的结合点，能够让学生感兴趣。但是学生的兴趣虽易引起却也不太稳定，所以就要不断地调整活动的内容和形式保持新鲜感，让兴趣变成乐趣。因此我们围绕蝶翅画的课程，从实施形式、创作方法、制作技巧、材料应用等各方面不断调整，通过不同的体验和探究学习来使学生理解蝶翅画的知识，提升技能，学会主动思考，使活动取得良好的效果。如：结合树叶、花、树枝等大自然随处可见的材料，与蝶翅画组合创作作品；利用扇子、盘子、陶器、纸伞等实物进行蝶翅画创作，借助这些物品将蝶翅画生活化、装饰化，更加充满趣味性、创新性，从而扩展了课题研究的内容，体现了课题组在课题实施过程中不断思考、深入探究、与时俱进的研究态度。由此不断激发学生持续学习的兴趣，引导学生的创造精神，充分发挥学习的主动性及个性思维。

（三）成果总结阶段（2020. 2～2020. 7）

1. 课题组成员将各阶段所总结的成果再进行整理、分析、研究、反思、总结，建立切实可行的、科学的、系统化的课程体系和授课形式与方法，形成少年宫特色课程，并逐步推广到中小学校和社区。

2. 进行成果展览。在门头沟区少年宫和门头沟区蝴蝶园将师生优秀作品展出，同时借助北京市学生金帆书画院这一平台，参加其举办的展览、展示等活动，让更多的人来了解蝶翅画这一优秀的传统文化。

3. 相关课题组教师撰写论文，整理资料，申请结题，做好结题相关工作。

4. 编撰完成《蝶翅画》教材并印刷，更好地宣传和交流对蝶翅画文化的理解与感悟、推广与实践。

九、课题研究的成果

课题成果既是对项目过程的检验与促进，也是对教师和学生发展的激励，从而推动课题建设的发展和更进一步的探究，并使课程能够持续下去。因此成果的总结是回顾更是展望，具体总结如下。

（一）在蝶翅画的传承与发展上与时俱进

美术教育面临两大主题——继承与发展，每一位教师都在以自己的方式应对这两个问题。蝶翅画传承了近千年，形成了自己独特的艺术符号，这也就是在蝶翅画课题研究课程实践中，需要继承的它所积淀下来的有价值观念、形式、方法和规范。所以，在活动过程中着重引导学生认识传统蝶翅画的价值，认识一些美的法则，如对立和统一、对比与和谐、对称与均衡等，培养学生审美能力。但是由于不同时代、民族、年龄、阶层而体现出的审美及规范的差异，就需要在认可古典美价值的同时，立足于我们所生活的时代，创作出属于我们时代并能够运用于未来的新的贡献，即前面提到的新的观念、形式、方法和规范。所以，在继承蝶翅画传统形式的基础上，阚秋影老师通过内容、形式、材料等鼓励学生尝试不同表现，充分发挥想象力，大胆表现自己的情感和思想，不断探索新的形式。如：在团扇上进行粘贴设计，在立体的陶器上设计纹样，结合大自然的花草表现瓶花等等。把传统与现代进行巧妙的融合，找到其中的关联性，使创新的美被逐步认同，实现审美与创新的统一，从而使传统在创新中与时俱进，更好地传承和发扬。

（二）蝶翅画课程体系的确立及推广

历时近 5 年的课题研究，在课题团队的共同努力以及市级专家的指导下，总结出了适合中小学生学习蝶翅画的教学体系，从制作技法到表现内容、呈现成果形式，都紧紧围绕学员核心素养的提升目标。所有初步接触蝶翅画的学生都充满惊奇，跃跃欲试，同学们能够很快掌握基本的粘贴技法，逐步了解蝶翅画的价值所在。在研究期间，师生的作品多次走进市级展览馆，现场交流讲解制作方法，赢得广大专家和学生的肯定和喜爱，说明蝶翅画艺术获得了人们的关注和认可。为了更好宣传这门传统文化，我们面向学校开展了调研，积极开展和校内的合作、交流，将蝶翅画教学引入“课后一小时”校园活动当中；借助学生假期开展的服务社区的社会实践活动，带领学生将蝶翅画艺术带到社区，把制作蝶翅画的方法教给老人和孩子们；同时借助北京市金帆书画院搭建的平台进行展示、交流、展览、比赛等活动，让更多人了解和关注蝶翅画。作为市级骨干教师在市级学习实践平台发布课程并多次做现场研究观摩课；在“八一”建军节开展蝶翅画的实践活动并且把完成的作品送给部队那些“最可爱的人”；通过少年宫的精品社团建设，普及培训，走进学校、走进社区、展览展示、社会实践等多种学习形式，使蝶翅画的课程辐射范围更加广泛。蝶翅画社团是少年宫着力打造的精品社团，蝶翅画的内容和形式以及成果已被少年宫重点推广。教师多次在市教研活动中做蝶翅画的介绍，相关的论文、案例在国家级、市级评比中取得优异成绩，并面向全市做研究课，学员也多次在市级展评中现场展示、指导活动现场学生制作，在中国与斯里兰卡文化周活动中与斯里兰卡艺术家现场交流制作，并将蝶翅画作品作为国内外文化交流礼物赠送给斯里兰卡、尼泊尔、俄罗斯等国友人，有力弘扬了我国的优秀传统文化艺术。在今后的实施过程中，会不断总结、创新，促进蝶翅画课题品牌化，更好促进蝶翅画的传承。

（三）编写教材

陆游诗句有言：“纸上得来终觉浅，绝知此事要躬行。”这句说的是要想得到事情的真谛，必须要亲身实践。在编写教材过程中，对这句话有了更加深刻的体会。教材是教师课题研究成果的呈现形式之一，是教师对课题教学实践的总结，是教师课题研究理念的表达，是教师专业提升的重要途径之一，它使课题研究更加具体化，更加具有实际意义。教材对课题的推广、学生的系统规范学习、教师的参考借鉴，都具有重要价值。编写教材过程中，主要从以下几点思考：一是有利于学生个性化需求和自主选择；二是体现教育价值，给教师引领的空间，给学生留思考和探究的空间，体现以学生为本的教育理念；三是体现适应性与实效性，能够适合学校、社区等的需求。2020 年 7 月，《蝶翅画》教材整理编撰完成，教材实用性强，趣味性强，适合学生学习特点。图文并茂，步骤示范、启发引导等内容，让家长、学生和老师都能够参考学习，并引发进一步的思考和实践。教材的编写对于更好地宣传和相互交流起到了很大的作用，对蝶翅画文化的理解与感悟、推广与实践起到了促进作用。

（四）促进教师和学生的成长与提升

1. 教师教学研究能力和自身发展的提升

第一是教研能力的提升。课题研究促进了教师的成长，在实践中总结经验，逐步提高了课程建设的意识，在不知不觉中提高了自己的教育素养和研究能力、组织能力与教学能力，向研究型的教育者转变。所有参与此次项目建设的老师对于项目管理都有了较深刻的认识和理解，论文撰写与编辑教材能力、活动课程设计与实施能力、培养学生核心素养的教育能力等各方面水平都有了显著的提高，推动校外课程建设更加系统化、专业化、科学化。教师在课题研究中通过对地域文化的筛选整理、教材的编写、教学实践等，不断成长、感悟，在实践中总结经验，逐步提高了课程建设的意识，并将其运用到日常的教学中，提高了自己的教育素养和研究能力、组织能力与教学能力，向研究型的教育者转变。在教学中注重把蝶翅画技能融入实践活动当中，改变了知识技能与主题思想教育脱离的现象，使蝶翅画活动更丰富、更具特色，更有计划、有目的、系统、科学地开展，作为一名校外教育工作者，拓展了自身校外美术教育的视角，使课程资源更丰富，形成了别具特色的校外美术课程。

第二是协作能力的提升。不同学科、不同部门的老师们为了同一个课题走到一起，在专业上有无法相互理解的地方，在此情况下，老师们能够发挥各自所长，从课题研究体系入手，找到大家的共融点、契合点、激发点，并取得一致的研究方案。之后再根据研究需要，分别进行实践与研究，在此过程中保持及时的沟通和交流，随时调整和完善课题方案。在这一过程中每位教师既要做好自己负责的工作，同时要与其他老师的观念碰撞融合，促进课题的发展。因此通过课题研究，老师们汲取了别人适合自己的营养，又能在研究中发现问题、研究问题、解决问题、验证问题，并且在不断的反思中促进自身的学习，培养了优秀的学习品质。

第三是自身发展与成绩的提升。自蝶翅画项目开展以来，门头沟区少年宫画院被评为北京市中小学生金帆书画院画院，阚秋影老师负责的“蝶呓坊”社团在2018年全国优秀艺术实践工作坊评比中获得由中国教育部颁发的一等奖及北京市优秀艺术实践工作坊评比一等奖。阚秋影老师被评为市级骨干教师、北京市校外兼职教研员、区级十大魅力教师、区级优秀教师、门头沟区事业单位首批记功奖励获奖人员等。作为市级骨干教师将蝶翅画课程发布于市级学习实践平台面向全市并做了现场研究课，介绍蝶翅画课程体系，获得全市各学校参加研究课老师的一致好评，促进蝶翅画这一传统艺术让更多的人知晓，有利于其传承和发展。《蝶翅画》被区教委推荐参与全区重点项目评选，阚秋影老师被门头沟区教育委员会推荐到区委参加区级优秀人才评选，促进项目的深入建设并拓宽影响范围，推动了教师向专业化不断发展。2018、2019年蝶翅画作为全市优质项目多次面向全市作介绍展示和编写教材经验介绍，获得专家的认可和老师们的好评。阚秋影老师所编撰教材获得市级一等奖并出版，并作为北京市“三个一”优质项目、编写教材经验分享，在北京市校外教育研讨会上发言。2018年7月作为中方代表带领学生到尼泊尔、斯里兰卡参加中斯文化交流，学生作品在两地展出，并为当地的学生上课，为促进中斯文化交流，弘扬蝶翅画艺术做出自己的贡献。在此期间撰写论文《挖掘本土资源，拓宽美术教学题材》刊登于《门头沟校外教育》；论文《校外教育普及与提高的主要问题及应对策略》刊登于《门头沟教育》；案例《蝶舞京西》获得北京市校外教师基本功二等奖，区级一等奖；案例《蝶舞太平——蝶翅画小组活动》在第三届全国未成年人校外教育兴趣小组活动“新理念、新模式”研讨会征文中获得全国三等奖；2018年5月参加了主题为“艺术与科学”的北京市中小学生金帆书画院作品展；蝶翅画社团在“崇

德尚艺 绘美生活”2018 北京市学生金帆书画院艺术工作坊展示活动中突出贡献奖；《蝶舞京西》在 2018 年北京市校外教育“三个一”征文交流中获得三等奖。2018 年 6 月在中国和斯里兰卡文化周活动期间同学们和斯里兰卡的非遗艺术家们交流，并赠送了自己制作的蝶翅画和国画作品；2019 年社团学员作为区教委学生代表之一参加中俄文化交流，将自己精心制作的蝶翅画作品《大熊猫》送给外国友人，让外国小朋友也感受我国传统文化的魅力。阚秋影老师辅导“蝶呓坊”学生累计获奖达百余人次。作为课题核心组成员之一的杨琪老师被评为宫级骨干教师，并在此期间取得研究生学历，撰写的论文及案例、参加的各类专业比赛都取得优异成绩，她所辅导的学生作品在北京市校外艺术节大赛中获得多个金奖。杨帆老师撰写的论文获得北京市一等奖，主持的课题多次在北京市校外教学研讨大会中交流汇报（见课题成果汇总表）。杨盈老师负责的《门头沟区校外教育》杂志获得社会一致好评，具有一定的影响力。

2. 对学生核心素养的提升

首先，以实践活动为中心，培养学员主动探究、归纳总结的能力。实践活动是学员自主提升认知的重要途径，校外教育的教师掌握着课程开发的主体位置，能够根据学生发展开展实践活动。教师提前设置好活动计划，有针对性地实施相关活动，如组织学生写生、参观、与艺人交流等。在开展《皮影》的实践活动时，学生了解皮影的历史，体验制作、表演，和老一辈艺术家交流，就会自觉地归纳相关的知识，兴趣所至，金石为开，由此学员会对皮影进行更深入的探究，在创作蝶翅画作品时也就有了更深刻的情感表现，艺术的综合素养得以提升。

第二，以自主创作为依托，提升学员艺术素养和动手动脑的能力。校外美术教育除了注重培养学员的兴趣爱好，在技能上也根据学员发展需求更专业化，并以此为目标注重学员在美术素养和创作能力上的提升。如在《京西古道》案例中，活动分为三个阶段实施：重走古道——感受千年商旅之路，了解古道的历史；描绘古道——画古道的自然风光，深入体会古道的意义；蝶翅画创作——进一步主观提炼创作，再现古道当年的繁华情境。每一个环节重点不同，却是递进的。学生们紧紧围绕京西古道这一具有千年历史的商旅之路，去探究和发现其历史，将每一个内容主观化，并用画笔和蝶翅画形式表现自己对古道的了解和情感。这一系列动手动脑的过程既促进学生兴趣的提升、综合能力培养，又使学生的自主创作能力得到充分发挥。

第三，以服务社会为目标，促进学员积极情感、艺术传承的能力。艺术来源于生活，服务生活。让学员懂得用自己所学的知识回馈社会，服务他人是自己的责任和义务，也是美术教育的重要内容。所以，在开展蝶翅画实践活动时，注重让学员自己去观察、体会、理解活动中的人和事。通过问卷调查、访谈、自我评价等多种形式总结和反思：我能够为艺术的传承做些什么？我的作品会有什么作用？教师要有目的地进行引导，让学生获得积极的情感认知。如在“八一”建军节当天开展蝶翅画实践活动时，同学们把制作完成的作品送到了部队官兵的手中，并参观了军营，这一过程对学生来说会有最深刻的积极感受，潜移默化中提升了艺术的传承能力。

第四，以学生发展为主，搭建展现自我的平台。学生通过蝶翅画学习，综合的美术素养得到提升，熟练掌握了蝶翅画的制作技能，并能够联系现实生活，结合其他学科知识，自觉运用学过的蝶翅画制作技法，来表现生活中自己喜欢的事物和情景。通过展览、展示、比赛、社会实践等活动，学生获得了自我表现的机会，促进了自身个性与创造性的发展，以及合作、反思等能力。通过社团开展的丰富多彩的实践活动，学生了解了很多地域文化知识，拓宽了艺术视野。综合的美术技能训练也提升了学生的专业发展，社团的学员在校内、校外的各级各类美术比赛、活动中取得了好成绩，并获得现场展示的机会，吸引了观展的小朋友们参与进来，书画院的同学们热情耐心地指导，有力弘扬了蝶翅画这一传统艺术。社团学员在校内举办个人展览，参与国际交流。学生的实践能力、主体发展意识以及基于美术的表现能力都得到了良好的发展，学生综合素养得到很大的提升，学生在掌握制作蝶翅画技能的同时，也拓展相关知识，如对蝶翅画所必需的蝴蝶的了解，学员以手抄报和速写的形式掌握蝴蝶相关知识，并提升速写技能。

十、课题研究的反思

作为教师要学会深度反思。反思是一种能力，是一种策略，是一种有效的学习方式，更是一种学习品质。反思教学中的收获：为什么成功，总结经验。还要反思失败的地方：为什么失败，原因何在。之后就是反思如何改进，有什么策略，有什么方法。课题的建设不是一朝一夕之功或者一成不变，作为教育者就是在实践中不断总结，不断创新。要在实践中不断学习，对自己的教育教学进行研究、反思，对已有的知识与经验进行重组，适应新的变革。同时作为课题研究小组在研究过程中能够精诚合作，深入钻研，敢于创新，才能够不断推动课题的发展并取得更大的成绩。

（一）表现内容及形式上的继承与发展

石涛主张“笔墨当随时代”。一门技艺与艺术的发展在继承与发展中不断进步，学生的需求不断发展，蝶翅画的内容、形式也随之进步。蝶翅画的表现内容主要是借鉴了中国传统国画的构图形式及内容，随着时代发展尤其是在实施教学过程中，这种传统、单一的表现内容无法吸引学生持久的兴趣。所以在传承这一项艺术过程中，我着重从学生的心理和审美角度出发，在传承传统蝶翅画技能的基础上融入现代的、儿童喜欢的内容，从表现学生喜爱的动画形象，贴近生活的人物、事物、自然风光、人文历史、传统文化、特色建筑等几个大的方面开展活动。在蝶翅画表现内容、制作技法、艺术表现的载体上也不断创新，使作品的展现形式更丰富、立体化、实用化。在形式上由最传统的平面粘贴载体开始，也尝试用立体的表现形式来激发学生兴趣，拓展蝶翅画与生活的联系，如在团扇上、磁盘上、家具摆件上进行蝶翅画创作。将蝶翅画的传统技法与现代的表现内容相结合，与实际生活结合，延伸艺术课堂，创作出能够表现时代发展、体现教学思维多元化、激发学生学习兴趣、符合学生年龄特点及审美的作品，只有这样，才能够让蝶翅画这一优秀艺术传承和发扬下去。这也就要求教师不断提升自己的教学研究水平，创新教学方法，促进自己的专业化成长。

（二）探索有效的教学策略

在课题研究中，提升学生的核心素养是研究的重点，而核心素养是渗透在具体的教学活动和实践活动中的，所以要求教师具备主动运用教学策略的意识和能力。课程实施中要加强顶层设计的意识，强化课程实施的系统谋划，关注教学的完整过程，以有效的教学策略加强教学活动的调控和教学方法的执行，启迪学生的创意思维，以保证学生学习的实际收获。所以课题研究教师要善思、善学、善用，多学习、多交流、多反思。善于从各种教育资源中汲取有益的内容，向专家、同行们多请教，积极探索整合教育资源，才能够不断提升自己，使课题研究获得实际意义。

（三）突破原材料的取材局限性

蝶翅画材取于蝴蝶之翅，是利用蝶翅的天生丽质、绢绸丝绒般的质感、不同角度泛出的光泽和自然天成的图案纹理，经过精心构思和巧妙拼贴而成的画。少年宫美术社团开展蝶翅画教学的蝶翅来源主要是借助我区“花露蝴蝶园”的丰厚资源。蝴蝶园采用人工饲养蝴蝶，主要是一些常见的菜粉蝶、绿带翠凤蝶、金斑蝶等。随着课程的深入，对蝶翅的颜色和种类有了更多的需求，我区蝴蝶园的蝶翅无法完全满足需要，所以在向外界寻求原材料时存在蝶翅价格过高和环保、爱护动物的问题，在一定程度上限制了教学中创作的丰富性。针对此问题，阚秋影老师着重从学生的需求与兴趣出发，和同学们一起探究，到大自然和生活中寻找一些能够和蝶翅画结合的材料，如花瓣、树叶、布、糖纸、树枝等，运用综合材料制作蝶翅画。这不仅丰富活动内容，也极大地激发了学生的兴趣和探究热情。引导学生从实际生活中发现美，这也是对蝶翅画这一传统艺术的创新。

（四）不同学段学员的个体差异性及梯队建设

社团成立之初，学员是由低、中、高年级学生组成，目的是使社团建设的梯队更加科学合理，持续稳定。对于低、中年级学员，随心所欲的拼贴组合方法以及趣味性强的制作方法和内容更易于接受，也更乐于去创作。而高年级的学生在注重趣味性的同时，主动去分析蝶翅画还有哪些技法，能够通过蝶翅的多样粘贴技巧把自己的想法更好地实现，关注其艺术性的表达，同时也注重蝶翅画相关的知识拓展。所以，为了让低年级学生不掉队，关注到每一位学生的成长，实践中，让学生分组学习，每一组分别由低、中、高三个年级学员组成，在学习程度上也是兼顾高低组合，这样不仅有助于学习互帮互促，也培养了学生团结协作的能力和积极向上的情感价值观。教师在对每个学员的课程安排上也会深入探究方法与内容的合理性，达到学生认知、理解和接受的目的，由此让学生循序渐进，主观上热爱蝶翅画艺术。

综上，一个课题研究的真正价值在于对每位教师不断提出挑战，让我们不断审视自己是否能够站在应有的高度审视自己的教学，审视自己的工作领域，已有的积累和能力是否能够应对时代的发展和学生的需求。所以，加强自身修养，提升专业能力是毋庸置疑的！

参考文献

［1］尹少淳．美术核心素养大家谈［M］．长沙：湖南美术出版社，2018.

［2］尹少淳．尹少淳谈美术教育［M］．北京：人民美术出版社，2016.

［3］李力加．名师如何练就名课（美术卷）［M］．重庆：西南师范大学出版社，2010.

ARTICLE 3

以区域革命文化资源为载体在校外教育活动中加强理想信念教育的研究

课题负责人　杨　帆

核心组成员　李长军　李晓霞　高雁忠　韩金军　全月强

负责人单位　门头沟区少年宫

成 果 形 式　研究报告　工作报告

开题报告

一、课题研究的背景

（一）选题缘由

中共中央国务院《关于进一步加强和改进未成年人思想道德建设的若干意见》提出：充分利用和整合各种德育资源，采用未成年人喜闻乐见、生动活泼的教学方式，面向中小学生，开展未成年人道德实践活动，使未成年人在自觉参与中思想感情得到熏陶，精神生活得到充实，道德境界得到升华。《关于培育和践行社会主义核心价值观的意见》中明确提出：要拓展青少年培育和践行社会主义核心价值观的有效途径。习近平总书记在解读中国梦时明确指出：把我国 56 个民族、13 亿多人紧紧凝聚在一起的，是我们共同经历的非凡奋斗，是我们共同创造的美好家园，是我们共同培育的民族精神，而贯穿其中的、最重要的是我们共同坚守的理想信念。习总书记在庆祝中国共产党成立 95 周年大会上强调：面向未来，面对挑战，全党同志一定要不忘初心、继续前进。坚定的理想信念是实现中国梦的精神支柱。

门头沟是革命老区，有着丰富的红色教育资源，这些文化资源的形象性、感染性、亲近性、内涵深厚性是使学生坚定共产主义理想信念最生动的教材。充分挖掘和利用这些优质资源，对学生进行红色文化教育，有助于社会主义核心价值观的践行。随着计算机互联网络和通信等信息技术的日益发展，社会中人们的生活方式、工作方式、学习方式以至生产方式等都在发生显著的变化。我们组织学生利用微视频、微电影等现代技术手段，采取参与和体验的形式，让学生了解家乡的革命文化资源，从而引导他们树立坚定的理想信念。

（二）研究意义

1. 以区域革命文化资源为载体，在校外教育活动中加强理想信念教育是青少年健康成长的需要

多媒体、互联网的广泛发展，给人们的生活带来巨大的变化，打开电视、电脑，世界就在你的身边，全球经济、文化等方面的交流越来越快。随之而来的是新的观念、东西方文化互相冲击，不同价值观念、思维方式、生活方式的传播，使传统的理想信念受到严峻挑战，导致青少年理想信念的缺失。利用微视频、微电影，挖掘和整合区域革命文化资源，开展丰富而有意义的校外教育活动，培育和坚定青少年的理想信念，使他们健康快乐地成长。

2. 以区域革命文化资源为载体，在校外教育活动中加强理想信念教育是重振民族精神的需要

当前，一些人对党的优良传统、革命精神、理想信念认识存在很大偏差。一是过时论，认为那是革命战争年代的产物，不合时宜，把其视为“明日黄花”，“劝君莫奏前朝曲”；二是无用论，认为那都是虚的，有没有无关系，只有“钱”才是“硬通货”。在对青少年培育和践行社会主义核心价值观教育的过程中，我们要充分利用区域优势，利用微视频、微电影，深入挖掘和整合这些资源，组织青少年参加形式多样的校外活动，加强校外实践活动的育人作用，对学生进行理想信念教育，使区域革命文化资源成为重振民族精神的重要阵地。

3. 以区域革命文化资源为载体，在校外教育活动中加强理想信念教育是把教育还原于生活的需要

随着北京市义务教育阶段中小学生课外活动计划、乡村少年宫、乡镇校外活动站建设、高参小、开放型实践课程及中小学生社会大课堂等一系列改革政策的组织实施，教育资源供给需要更加多元化，更加关注学生课外的实践体验，因此必须把理想信念植根于青少年课外的实践活动中，放手让青少年走出校门，走进革命文化资源，让学生利用微视频、微电影等，通过调查、参观、考察、访问及实践等，进行个体的体

验，使青少年在社会这个大课堂中，学习社会规范，吸收文化成果，体验社会角色，在创造中产生新价值、新观念，发现真、善、美，发现生命的意义。

二、文献综述

我们通过检索的大量文献发现，在运用革命文化资源这方面，最突出的特点是实践性。从国际教育发展趋势看，众多国家和地区越来越重视本民族精神的继承和弘扬。实践已经证明，在学校道德教育中，越是重视民族精神的培养与教育，该国的学校道德教育的成效就越大。这些成功的经验值得我们学习和借鉴。

全国各地区教育工作者针对资源特色和青少年特点，积极探索新时期理想信念教育的新方法、新策略。如北京市开展的社会大课堂工作、综合社会实践活动及“四个一”活动等，运用社会资源，建立社会实践基地，进行了“一地多能”的试验，在整体性、实践性、针对性及多样性上取得了成功的经验。南京市教委组织的主题教育活动“捧四方热土，祭三十万亡灵”、江西萍乡的“寻先驱足迹，扬革命传统”、黑龙江开展的“北大荒精神”和“大庆精神”主题教育活动、广西百色的基地教育活动等教育了一代又一代青少年，弘扬了时代的主旋律，培养了大批有志青年。

门头沟区自1994年起，利用区域独特资源优势，以六个教育基地为依托，结合功能定位，整合周边资源，打造中小学生综合教育实践基地“体验圈”。其中红色体验区是以斋堂革命传统教育基地为中心，辐射周边的12处战斗遗址、5处惨案遗址、8处政府及军事机关旧址，着力打造“读红书、唱红歌、踏红旅”红色体验区。主要开设《红色的土地》《延续先辈的梦》《民族的脊梁》《古村的诉说》《长城的证明》等地方课程及相应的实践体验活动。

通过查阅相关资料，我们发现目前利用区域革命文化资源、加强理想信念教育的研究，基本都是以建基地、开展主题教育活动、参观考察为主要形式，凸显的是教育性和实践性。我们的研究是在已有的基础上，利用现代媒体这种新途径，在学生拍摄微视频、微电影的过程中，熏染学生坚定的社会主义理想与信念。

三、研究设计

（一）研究目标和研究假设

1. 通过实地拍摄微视频，了解革命文化资源的内涵，培养学生的核心价值观。

2. 通过拍摄微电影，深化革命文化资源的内涵，树立坚定的理想信念。

（二）研究内容

成立“小微”社团，以现代媒体为主要途径，以微视频、微电影为具体方法，通过让学生实地参观、设计拍摄方案、撰写文字脚本、拍摄和剪辑微视频微电影，引导学生学会利用现代媒体技术、利用区域资源，做有理想、有信念、爱家、爱国的一代新人。

（三）研究方法

1. 文献研究法：在研究的起始阶段，从文献研究入手，全面了解国内外同类课题的研究趋势，并在课题进程中，随时查阅文献，了解教育发展的形势与研究状况，全面把握研究方向，找准切入点。

2. 调查研究法：采用调查法，对我区革命资源进行调查、检索、收集、追寻、发现，掌握基本情况，了解目前革命资源的分布情况，为课题的顺利开展提供支撑。

3. 行动研究法：在相关材料准备成熟的基础上，有效利用微视频、微电影，引导学生学会利用区域资源，总结实施过程中存在的问题。

四、研究的重点和难点

研究重点：现代媒体技术的运用

研究难点：拍摄方案的设计与撰写

五、研究的实施计划及人员分工

（一）课题安排研究

序号	研究阶段（起止时间）	主要研究工作及成果名称	成果形式	承担人
1	准备阶段 2016.6～2016.12	1. 文献检索，制定方案 2. 成立课题组	课题研究方案	李长军 杨帆
2	研究阶段 2017.1～2017.12	1. 撰写开题报告，召开开题会 2. 调查我区革命文化资源的分布情况	开题报告	李长军 杨帆 韩金军
3	研究阶段 2018.1～2018.12	1. 实地拍摄微视频，了解革命文化资源的内涵 2. 课题中期汇报	微视频集 中期报告	李晓霞 高雁忠 杨帆
4	研究阶段 2019.1～2019.12	通过拍摄微电影，深化革命文化资源的内涵	微电影集	李长军 李晓霞 全月强
5	结题阶段 2020.1～2020.6	撰写结题报告，召开结题会	工作报告 研究报告	李长军 杨帆

（二）人员分工

1. 课题档案收集：韩金军

2. 课题会议组织：李长军

3. 课题经费使用：高雁忠

4. 课题分项研究负责人：

（1）《以区域革命文化资源为载体，在校外教育活动中加强理想信念教育的研究》工作报告 李长军

（2）《以区域革命文化资源为载体，在校外教育活动中加强理想信

念教育的研究》研究报告 杨帆

（3）微视频拍摄 李晓霞

（4）微电影拍摄 高雁忠

六、预期研究成果

序号	完成时间	最终成果名称	成果形式	承担人
1	2020.6	《以区域革命文化资源为载体，在校外教育活动中加强理想信念教育的研究》工作报告	工作报告	李长军
2	2020.6	《以区域革命文化资源为载体，在校外教育活动中加强理想信念教育的研究》研究报告	研究报告	杨帆

工作报告

门头沟是革命老区，有着丰富的红色教育资源，这些文化资源的形象性、感染性、亲近性、内涵深厚性是使学生坚定共产主义理想信念最生动的教材。充分挖掘和利用这些优质资源，对学生进行红色文化教育，有助于社会主义核心价值观的践行。随着计算机互联网络和通信等信息技术的日益发展，社会中人们的生活方式、工作方式、学习方式以至生产方式等都在发生显著的变化。我们组织学生利用微视频、微电影等现代技术手段，采取参与和体验的形式，让学生了解家乡的革命文化资源，从而引导他们树立坚定的理想信念。

一、精心组织，扎实准备

（一）思想重视

门头沟区少年宫是全区唯一一所公办校外教育机构，肩负全区开展青少年儿童群文、社会实践活动，加强校内外教育融合，促进青少年儿童全面发展的重要职能。在选择课题的时候，进行了全面的思考，结合工作职能及培训要求，确定了《以区域革命文化资源为载体，在校外教育活动中加强理想信念教育的研究》作为本次科研的研究课题，并按照上级的统一要求，对此项课题研究的目的、意义、理论依据及实施步骤等方面进行了深入论证，认真填写并上报了课题论证书和课题申报书。

（二）组织保障

课题通过审批后，课题负责人组织课题主要负责人召开了第一次工作会，成立了课题研究小组，选拔部分优秀教师为组员，明确各自的研究职责。课题组成立之后，组织课题组全体成员召开了课题开题会，在会上宣读并讲解了本次课题的课题报告，通报了课题组成员的具体职责，确保每位课题组成员都能了解本次课题研究的意义和自己在本次课题研究中的职责。

（三）准备全面

课题组成员从文献研究入手，通过查阅相关的资料，全面了解国内外同类课题的研究趋势，了解教育发展的形势与研究状况，全面把握研究方向，找准课题切入点。结合文献研究结果及我区的区域资源特点，确定了“以区域革命文化资源为载体，在校外教育活动中加强理想信念教育”的课题研究方案。

二、稳步推进，重在落实

精心的准备是基础，课题研究各环节的落实是课题研究能否成功的关键。本次课题在课题组的精心组织和监督下，各主要阶段的工作基本都落到了实处，确保了此次课题研究的实效性。

（一）第一阶段研究实施：2017 年 1 月至 12 月

1. 调查我区革命文化资源的分布情况

课题组分析了我区革命文化资源的分布情况，全面、准确地掌握了区域革命文化资源分布情况。随后，课题组成员进行实地调研，对我区革命资源进行调查、检索、收集、追寻、发现，了解目前革命资源的分布情况。通过调查研究，发现我区革命文化资源主要集中在斋堂地区，为课题的顺利开展提供支撑。

2. 撰写开题报告，召开开题会

课题组成员按照研究方案，依据查阅到的相关文献资料，撰写开题报告。

（二）第二阶段研究实施：2018 年 1 月至 12 月

1. 主题讲座

课题组邀请门头沟区档案馆党史负责人、斋堂革命教育基地教师、

王家山惨案见证人等进行专题讲座。通过革命史专题讲座，使学生了解门头沟区的革命历史，了解门头沟在革命战争时期的特殊地位和贡献。

2. 实践活动

指导学生撰写文字脚本，带领学生分别走进斋堂爱国主义教育基地、宛平县委青白口村革命史展馆、宛平县人民八年抗战为国牺牲烈士纪念园、马栏冀热察挺进军司令部旧址陈列馆、北京市国耻纪念地——王家山惨案遗址等红色革命教育基地。引导学生有效利用现代信息技术，拍摄照片、视频等资料。通过实地走访，对学生进行红色文化教育，将理论知识与实践相结合，践行社会主义核心价值观。

3. 视频整理

指导学生剪辑相关视频资料，指导学生利用现代媒体技术，记录区域革命历史，引导学生做有理想、有信念、爱家、爱国的一代新人。

（三）研究中期总结：2019 年 1 月至 4 月

此阶段课题组成员将前一阶段研究和实施情况进行了简单整理，召开中期总结交流会，完善下一阶段研究措施的细节落实。

（四）第二阶段研究实施：2019 年 5 月至 12 月

1. 专业培训

通过中期交流，发现在第一阶段研究实施阶段，学生在拍摄方法和技巧上有所欠缺。课题组邀请教育信息中心教师进行拍摄技巧专业指导，提高学生的专业技能。

2. 实践活动

指导学生撰写文字脚本，带领学生分别走进京西山区中共第一党支部，引导学生有效利用现代信息技术，拍摄照片、视频等资料。通过实地走访，对学生进行红色文化教育，将理论知识与实践相结合，践行社会主义核心价值观。

3. 视频整理

指导学生剪辑相关视频资料，指导学生利用现代媒体技术，记录区域革命历史，引导学生做有理想、有信念、爱家、爱国的一代新人。

（五）课题结题：2020 年 1 月至 6 月

此阶段，课题组教师对课题的研究资料进行整理汇总，对研究结果进行分析，撰写课题研究报告和课题研究工作总结报告。

三、完善推广，深化教研

本次课题研究极大地提高了课题组教师研究教学的积极性，虽是“摸着石头过河”，但通过课题研究增强了教师的自信心，丰富了教师的工作经验，提升了教师的工作能力。教师在课题的研究中得到了成长，并准备将研究的成果落实到教育教学工作的各项实践中，深化科研成果对各项工作的促进作用。

当然，本次课题研究工作也暴露出了一些问题，如工作系统性不足，部分工作不够细致，教师专业能力不强等。在今后的科研工作中，我们一定会继续发扬本次科研工作中的优点，克服工作中暴露出来的不足，力争使教育科研工作取得更大成功！

结题报告

一、课题研究的背景

中共中央国务院《关于进一步加强和改进未成年人思想道德建设的若干意见》提出：充分利用和整合各种德育资源，采用未成年人喜闻乐见、生动活泼的教学方式，面向中小学生，开展未成年人道德实践活动，使未成年人在自觉参与中思想感情得到熏陶，精神生活得到充实，道德境界得到升华。《关于培育和践行社会主义核心价值观的意见》中明确提出：要拓展青少年培育和践行社会主义核心价值观的有效途径。

门头沟是革命老区，有着丰富的红色教育资源，这些文化资源的形象性、感染性、亲近性、内涵深厚性是使学生坚定共产主义理想信念最生动的教材。充分挖掘和利用这些优质资源，对学生进行红色文化教育，有助于社会主义核心价值观的践行。随着计算机互联网络和通信等信息技术的日益发展，社会中人们的生活方式、工作方式、学习方式以至生产方式等都在发生显著的变化。课题组组织学生利用视频、微电影等现代技术手段，采取参与和体验的形式，让学生了解家乡的革命文化资源，从而引导他们树立坚定的理想信念。

（一）以区域革命文化资源为载体，在校外教育活动中加强理想信念教育是青少年健康成长的需要

多媒体、互联网的广泛发展，给人们的生活带来巨大的变化，打开电视、电脑，世界就在你的身边，全球经济、文化等方面的交流加快。随之而来的是新的观念、东西方文化互相冲击，不同价值观念、思维方式、生活方式的传播，使传统的理想信念受到严峻挑战，导致青少年理想信念的缺失。利用微视频、微电影，挖掘和整合区域革命文化资源，开展丰富而有意义的校外教育活动，培育和坚定青少年的理想信念，使

他们健康快乐地成长。

（二）以区域革命文化资源为载体，在校外教育活动中加强理想信念教育是重振民族精神的需要

当前，一些人对党的优良传统、革命精神、理想信念认识存在很大偏差。一是过时论，认为那是革命战争年代的产物，不合时宜，把其视为“明日黄花”“劝君莫奏前朝曲”；二是无用论，认为那都是虚的，有没有无关系，只有“钱”才是“硬通货”。在对青少年培育和践行社会主义核心价值观及深入开展“三爱”教育的过程中，我们要充分利用区域优势，利用微视频、微电影，深入挖掘和整合这些资源，组织青少年参加形式多样的校外活动，加强校外实践活动的育人作用，对学生进行理想信念教育，使区域革命文化资源成为重振民族精神的重要阵地。

（三）以区域革命文化资源为载体，在校外教育活动中加强理想信念教育是把教育还原于生活的需要

随着北京市义务教育阶段中小学生课外活动计划、乡村少年宫、乡镇校外活动站建设、高参小、开放型实践课程及中小学生社会大课堂等一系列改革政策的组织实施，教育资源供给需要更加多元化，更加关注学生课外的实践体验，因此必须把理想信念植根于青少年课外的实践活动中，放手让青少年走出校门，走进革命文化资源，让学生利用微视频、微电影，通过调查、参观、考察、访问及实践等，进行个体的体验，使青少年在社会这个大课堂中，学习社会规范，吸收文化成果，体验社会角色，在创造中产生新价值、新观念，发现真、善、美，发现生命的意义。

二、研究概述

（一）研究目标与内容

1. 研究目标

通过实地拍摄微视频及微电影，使学生了解革命文化资源的内涵，

培养学生的核心价值观，树立坚定的理想信念，是本课题研究的核心目标。

革命文化是中国共产党领导人民在长期的新民主主义革命和社会主义革命实践中，以马克思主义为指导，结合中国实际和时代特征，所创造和体现出的信念、态度、价值观、历史、遗存等物质和精神财富的总和。革命文化和中华优秀传统文化、社会主义先进文化一起，共同构成了中华文化的重要组成。党的十八大以来，习近平总书记高度重视革命文化和革命文化教育的重要意义。新时代用好用活革命文化资源无疑是重要的实践路径。

民族精神是一个民族赖以生存和发展的精神支撑。中华传统美德和民族精神铸造了我们的灵魂，成为中华民族发展壮大的精神源泉。当前社会存在一些对学生的思想道德造成很大负面影响的混乱舆论和风气，造成青少年主观上对革命传统有认同和肯定，但现实生活中出现知行分离的现象，这需要充分发挥革命传统教育的作用来净化。而学生身边的、家乡的红色资源的开发利用，会增加青少年学生的情感认同，起到事半功倍的效果。

门头沟是一个革命老区，而在其区域内的斋堂川更是抗战时期平西抗日根据地的中心和摇篮，有着丰富的红色教育资源。充分挖掘和利用这些优质资源对学生进行红色文化教育，有助于社会主义核心价值观的践行。

革命传统教育是不能强加给学生的，要把革命传统教育与继承和发扬中国优秀传统文化相结合，有效利用区域资源，通过让学生走进革命遗迹、了解革命先辈的英雄事迹，运用现代技术手段，让学生通过调查、参观、考察、访问及实践等，进行个体的体验，把抽象的革命传统教育变成看得见、摸得着、做得到的具体要求，使学生在体验中不断实现自我教育、自我提升和自我超越。

2. 研究内容

成立“小微”社团，以现代媒体为主要途径，以微视频、微电影为具体方法，通过让学生实地参观、设计拍摄方案、撰写文字脚本、拍摄和剪辑微视频及微电影，引导学生学会利用现代媒体技术及利用区域资源，做有理想、有信念、爱家乡、爱国的一代新人。

（二）研究方法与过程

1. 前期准备：2016 年 6 月至 12 月

（1）成立课题组，明确职责

此阶段，组建成立课题组，选拔部分优秀教师为组员，明确各自的研究职责。

（2）查阅整理研究文献

课题组成员从文献研究入手，通过查阅相关的资料，全面了解国内外同类课题的研究趋势，了解教育发展的形势与研究状况，全面把握研究方向，找准课题切入点。

（3）确定研究方案

课题组成员结合文献研究结果及我区的区域资源特点，确定了以区域革命文化资源为载体，在校外教育活动中加强理想信念教育的研究方案。

2. 第一阶段研究实施：2017 年 1 月至 12 月

（1）调查我区革命文化资源的分布情况

课题组分析资料，全面、准确地掌握了区域革命文化资源分布情况。随后，课题组成员进行实地调研，对我区革命资源进行调查、检索、收集、追寻、发现，实地了解目前革命资源的分布情况。通过调查研究，发现我区革命文化资源主要集中在斋堂地区，为课题的顺利开展提供支撑。

（2）撰写开题报告，召开开题会

课题组成员按照研究方案，依据查阅到的相关文献资料，撰写开题报告。

3. 第二阶段研究实施：2018 年 1 月至 12 月

（1）主题讲座

课题组邀请门头沟区档案馆党史负责人、斋堂革命教育基地教师、王家山惨案见证人等进行专题讲座。通过革命史专题讲座，使学生了解门头沟区的革命历史，了解门头沟在革命战争时期的特殊地位和贡献。

（2）实践活动

指导学生撰写文字脚本，带领学生分别走进斋堂爱国主义教育基地、宛平县委青白口村革命史展馆、宛平县人民八年抗战为国牺牲烈士纪念园、马栏冀热察挺进军司令部旧址陈列馆、北京市国耻纪念地——王家山惨案遗址等红色革命教育基地。引导学生有效利用现代信息技术，拍摄照片、视频等资料。通过实地走访，对学生进行红色文化教育，将理论知识与实践相结合，践行社会主义核心价值观。

（3）视频整理

指导学生剪辑相关视频资料，指导学生利用现代媒体技术，记录区域革命历史，引导学生做有理想、有信念、爱家、爱国的一代新人。

4. 研究中期总结：2019 年 1 月至 4 月

此阶段课题组成员将前一阶段研究和实施情况进行了简单整理，召开中期总结交流会，完善下一阶段研究措施的细节落实。

5. 第二阶段研究实施：2019 年 5 月至 12 月

（1）专业培训

通过中期交流，发现在第一阶段研究实施阶段，学生在拍摄方法和技巧方面有所欠缺。课题组的邀请教育信息中心教师进行拍摄技巧专业指导，提高学生的摄影能力。

（2）实践活动

指导学生撰写文字脚本，带领学生分别走进京西山区中共第一党支部，引导学生有效利用现代信息技术，拍摄照片、视频等资料。通过实地走访，对学生进行红色文化教育，将理论知识与实践相结合，践行社会主义核心价值观。

（3）视频整理

指导学生剪辑相关视频资料，指导学生利用现代媒体技术，记录区域革命历史，引导学生做有理想、有信念、爱家、爱国的一代新人。

6. 课题结题：2020 年 1 月至 6 月

此阶段，课题组教师对课题的研究资料进行整理汇总，对研究结果进行分析，撰写课题研究报告和课题研究工作报告。

三、研究结果

（一）以斋堂革命教育基地为中心，深入梳理区域革命文化教育资源

课题组核心成员通过查阅相关历史资料及实地走访，发现门头沟区现存革命斗争遗迹、遗址达百余处。近几年来通过对红色旅游资源的不断挖掘，区内众多的红色教育基地、红色旅游景点建设已经初步形成体系，丰富的红色文化不断得到补充，日益完善。目前，已经建成以斋堂爱国主义教育基地、宛平县委青白口村革命史展馆、宛平县人民八年抗战为国牺牲烈士纪念园、马栏冀热察挺进军司令部旧址陈列馆、北京市国耻纪念地——王家山惨案遗址、京西山区中共第一党支部等为代表的一批革命传统教育基地，使革命传统教育和爱国主义教育得以广泛开展。

通过走访，课题组发现门头沟区的革命文化教育资源尤其以斋堂川地区数量为多。斋堂镇是北京著名的红色文化名镇，抗战时期是平西抗日根据地的中心和摇篮，是我党开辟平北、坚持冀东、发展冀热察游击战争的坚强后盾，是插在北平日伪统治中心的一把尖刀，在华北乃至全国的抗战中发挥了重大作用。北京斋堂爱国主义教育基地于 2005 年 4 月正式挂牌成立，是以大、中、小学校学生为主要对象的革命传统教育基地，是青少年成长的加油站。同时，斋堂教育基地也是各级党、团组织及社会各界人士开展爱国主义教育，弘扬伟大民族精神，凝聚民族力量，增强民族自尊心、自信心和自豪感，陶冶情操，净化思想的极好土壤和教材，也是红色旅游接待的良好场所。

通过调研与研究，课题组确定了以斋堂中小学革命传统教育基地为中心、向周边革命教育资源辐射的研究路线，形成革命教育研究实践网络。

（二）通过实地拍摄，走访区域革命文化资源，加强理想信念教育

教育是民族振兴、社会进步的重要基石，是功在当代、利在千秋的德政工程。培养什么人，是教育的首要问题。培养德智体美劳全面发展的社会主义建设者和接班人，这意味着，教育工作培养的人，必须是拥护中国共产党领导和我国社会主义制度、立志为中国特色社会主义奋斗终生的有用人才，必须是树立共产主义远大理想和中国特色社会主义共同理想的有志之才。坚定理想信念，筑牢精神底座，解决好世界观、人生观、价值观的问题，正是教育的职责所在、使命所系。只有青少年一代肩负起民族复兴的时代重任，我们中华民族才能屹立于民族之林！

作为教育工作者，帮助学生认识党的光辉历程、知晓党的基本理论、明白党的奋斗目标，让真理照耀青少年的成长道路，引导他们树立坚定信念，为实现中国梦而努力学习奋斗，是我们的使命。理想信念从来不是“空对空”，而是“实打实”的，这一点在青少年教育中更加凸显。现在的青少年都是“00 后”的新少年、新群体、新新人类，对理想信念的教育更需要形象化。通过走访革命资源，把理想信念教育融入学生的日常学习活动中，用具体的革命历史事件、革命英雄人物打动少年儿童的心灵，使他们懂得理想信念是思想行动的支撑；运用学生熟悉的多媒体手段精准把握吸引他们的兴趣点，引导他们用眼睛去看，用耳朵去听，用脚步去丈量，用心去感受，把思想性、知识性、娱乐性、时尚性有机结合，在他们心中播下理想信念的种子，把有意义的事情做得有意思。

四、讨论与建议

（一）结论与意义

1. 以区域革命文化资源为载体，在校外教育活动中加强理想信念教育有利于激发青年的爱国情怀

通过深入走访区域内的革命文化资源，了解革命文化的发展历程，青少年可以深刻认识到历史和人民选择中国共产党、选择社会主义制度的缘由，明确马克思为什么是对的，中国共产党为什么能，中国特色社会主义为什么行这三个议题，进而激发他们的爱国热情，培养青年一代勇于担当、艰苦奋斗、努力拼搏的高贵品质。一方面，国无精神不强，中国精神是以爱国主义为核心的民族精神和以改革开放为核心的时代精神。中国精神是中国人的脊梁，弘扬革命传统文化，中华民族的脊梁会更结实。在这个过程中，进一步激发了新一代青年学子的爱国热情，使其尽其所能履行以中华民族伟大复兴为己任的时代责任和使命。另一方面，革命文化是培育爱国主义精神的关键载体，爱国主义彰显着民族自尊心、自信心和自豪感，是中华民族站起来、富起来和强起来的精神核心之一。

2. 以区域革命文化资源为载体，在校外教育活动中加强理想信念教育有利于扩宽培育青少年核心价值观的路径

自媒体时代下，人人都是信息的传播者和接受者。在校外教育这个教育阵地充分利用信息媒介，可以更好地开展和培育核心价值观，以革命文化引领和塑造青少年。一是信息技术具有广泛性。随着社会经济的快速发展，信息技术已经覆盖了学生生活的每个角落，大多数

青少年都有接收到信息的媒介，如手机、平板等。以区域革命文化资源为载体，在校外教育活动中加强理想信念教育时，校外教师可以利用信息媒介传授知识。二是信息技术具有记忆性。信息技术可以将一些影像、图片、文字等保存下来，将最原始的画面、资料如实地保留，一代代地传递下去，使青少年身临其境去感受前人的革命精神，让这种红色基因深深地融入后继者的血液，不断继承并发扬。三是信息技术教育具有多样性。微电影、微视频拍摄等教育形式多样，内容丰富，效果更佳。通过影像与声音共同传递抽象的文化内涵，能充分调动学生的主观能动性。

3. 以区域革命文化资源为载体，在校外教育活动中加强理想信念教育有利于扩宽培养青少年自主的信念选择能力

在当今社会多元化价值观并存的情况下，通过实践教育活动，让学生明确认识需要什么样的信念，如何选定信念，帮助他们在多种思想意识和价值观念中进行比较、鉴别和选择，通过他们自己的独立思考，形成自己的观念，树立自己的理想，确立自己的信念。

（二）问题及展望

1. 研究中的问题

（1）工作不够系统

在最初的研究计划中，课题组想要组织学生参加校外的短期夏令营式培训。但在沟通与协调的过程中，这个方案没能落实，只能根据少年宫及学生的实际情况，组织学生参加一天或半天的活动，使得研究工作的系统性和连贯性不足，活动稍显零碎，学生收获不够丰富。

（2）部分工作不够细致

此次课题的研究工作主要是组织学生参加各种活动，这就需要提前做好充分的沟通和细致的准备工作。但有些活动沟通不够到位，细节设计关注度不够，导致一些活动前前后后多次更改，耗时较长。

2. 建议

针对此次课题研究中出现的问题，结合整个课题的实施过程，我们提出了如下改进意见。

（1）建立健全工作机制

在研究活动落实的过程中，我们需要专门人员负责工作机制的建立工作，提前制定工作落实的详细流程、沟通机制等，并随时修改健全工作机制。

（2）重视档案管理工作

过程性资料是课题研究的重要依据，因此要有专人完成资料收集和整理的工作，详细跟踪，完善档案管理。

（3）加强课题组教师培训

活动的设计和实施都需要课题组相关教师亲身参与，因此需要加强对相关教师的培训，提升教师的业务能力，具体培训内容可以根据活动要求确定。

（4）组建立体教育网络，实现家庭、学校、校外三位一体

在本课题的实施过程中，更加关注学生的体验与获得，忽视了家庭及学校的教育作用。因此，应该在工作的初始阶段将家庭、学校纳入研究实施过程中，构建学校、家庭、校外三位一体教育网络。

ARTICLE 4

少年宫舞蹈社团活动创新研究

课题负责人　高　卉

核心组成员　尤利娜　张晶雪　郭雪莲

负责人单位　北京市门头沟区少年宫

成 果 形 式　舞蹈社团创新剧目集　舞蹈教材　研究报告

开题报告

一、课题研究的背景

（一）选题缘由

《2016 年国家教育改革和发展规划纲要》提到：把改革创新作为教育发展的强大动力，教育要发展，根本靠改革。要以体制机制改革为重点，鼓励地方和学校大胆探索和试验，加快重要领域和关键环节改革步伐。“十三五”期间，北京市将在全市校外教育机构中开展校外教育“供给侧”改革，即“三个一”活动：培育一批创新项目、建设一批特色项目、发展一批精品项目。该活动将实现三个目标：通过培育一批创新项目，丰富校外活动供给内容，切实满足广大中小学生个性化学习需求；通过建设一批特色项目，创新校外教育供给形式，充分展示校外教育活动项目改革的丰硕成果；通过发展一批精品项目，提高校外教育供给侧质量，促进校外教育机构改革、发展。本课题的研究是基于国家教育改革方针政策，以北京市校外教育“三个一”活动计划为研究契机，把改革创新作为教育发展的强大动力。

门头沟区少年宫小百花艺术团成立于 2013 年 9 月，是门头沟区区教委及少年宫全力打造的品牌社团。自建团以来，曾多次参加市、区级的演出，参与了很多有意义的社会实践和公益活动，不仅让学生积累了丰富的舞台表演实践经验，还扩宽了眼界，增长了才干。在专家、教师及学生的共同努力下，社团建设不断在成长、成熟。课题组成员带领的舞蹈分团在 2015 年北京市阳光少年艺术节比赛中分获一、二等奖，还曾在国家大剧院的舞台上崭露头角，获得了很好的声誉和社会影响力，为本课题进行系统深入的研究，奠定了良好的基础。

（二）研究意义

1. 社团创新活动是培养学生核心素养的重要途径之一

“核心素养”是当前教育研究的热点问题，强调的不是知识和技能，而是获取知识的能力。“核心素养”这一新概念的提出，是致力于提升学生人格和能力的教育改革优化体系，它不是要替代基本素养和综合素质，而是对二者的优化整合。通过本课题的研究，有助于培养青少年的实践创新能力、团结协作意识、吃苦耐劳精神，帮助青少年树立正确的价值观、科学的思维方式和优良的品格等，核心培养学生适应个人终身发展和社会发展所需要的“关键”能力。

2. 基于培养学生核心素养的社团创新活动是校外教育向校内延伸的平台

在全新的教育变革和发展趋势下，校外教育机构也迫切需要创新和发展。校外教育是基础教育的重要组成部分，互为支撑，各有优势，不可或缺。校外机构致力于发展培养学生核心素养的各项活动，尤其是发展社团建设，既是校外教育机构改革发展的需要，也是当代青少年群体的发展需求。加强校外教育机构与中小学的合作，促进校内外教育资源共享，形成强有力的教育合力，是有效培养青少年核心素养的需要。本课题的研究能更好地促进校外社团与学校教学有效互补、紧密相连，打造高水平、有影响的社团品牌，必然是展示本地区校外教育活动水准的重要平台，更是激发学校教育全面发展的内在动力。与此同时通过研究优化社团质量，打造社团品牌，有助于少年宫自身品质的提升。

3. 基于培养学生核心素养的社团创新活动研究为其他校外机构提供参考借鉴

一方面通过检索，仅找到几篇有关的校外教育核心素养培养的文章与报道，目前网上能搜寻到有关校外教育机构对于“核心素养培养”的论文和课题研究寥寥无几。如新闻报道《不忘初心、继续前行——2016 年度华东校外教育学术研讨，暨“基于核心素养的校外课程建设”

研修活动在厦门举行》《数百教育界人士齐聚西安，聚焦核心素养与校外兴趣活动》，文章有《以培养学生核心素养为导向的课堂教学——校外培训心得》（海口市第二十小学叶春霞）。另一方面，本课题的研究也为校外教育机构舞蹈社团的建设与发展提供经验借鉴，越来越多的少年宫建立起社团，越来越多的校外教育工作者投入到社团的实践与研究中。校外教育中的舞蹈社团建设如何顺应新课改发展的需要，拓展时代赋予的巨大发展空间，如何最大限度地满足广大青少年的核心素养发展的多样性，充分发挥其辐射、引领、指导作用。对于这些问题，本课题的研究都有一定的借鉴作用。

由此可见，本课题的研究能对其他校外教育机构基于培养青少年“核心素养”的研究提供参考和借鉴，具有现实性和前瞻性。

二、文献综述

纵观当前青少年核心素养培养的国内外研究现状，我们可以看到：“核心素养”不仅成为近年来教育研究的热点问题，也成为很多国家教育的基本价值取向，核心素养研究的兴起和发展与时代进步、社会变革密切相关，是教育变革与发展的国际趋势。例如，在美国，对核心素养的关注起源于注重知识创新的高新企业团队，这些企业从用人所遇到的问题反馈到教育中，指出基础教育要注重培养学生的哪些能力和素质，他们称之为“技能”。这些技能不是简单、具体的，而是在21世纪里必需的生存技能，是当今社会每个人都应该掌握的内容。在日本，从2009年起，日本国立教育政策研究所启动了为期5年的“教育课程编制基础研究”，它关注“社会变化的主要动向以及如何有效地培养学生适应今后社会生活的素质与能力，从而为将来的课程开发与编制提供参考和基础性依据”。在新加坡，2010年3月，教育部颁布了新加坡学生的“21世纪素养”框架，学校所有学科的教学，就是为了培育这些素养，最后培养出充满自信的人、能主动学习的人、积极奉献的人、心系祖国的公民。

我国对青少年“核心素养”的关注始于2014年3月教育部印发的

《关于全国深化课程改革，落实立德树人根本任务的意见》中，研究提出各学段学生发展核心素养体系，明确学生应具备的适应终身发展和社会发展需要的必备品格和关键能力，突出强调个人修养、社会关爱、家园情怀，更加注重自我发展、合作参与、创新实践等。“核心素养”被置于深化课程改革，落实立德树人目标的基础地位，也对我们的教育要培养什么样的人提出了要求。目前校内教育机构对“核心素养”比较关注，通过检索，有很多相关的课题研究和文章发表。如《基于高中生核心素养培养的生物学科素养的思考》《立足学生核心素养的课程领导力探索与实践》《浅析如何培育职中学生的核心素养》《基于学生“核心素养”的教育形态》《用教育的理想和智慧“孵化”学生的核心素养》《我国学生的核心素养及其培育》等等。如《基于核心素养培养的小学语文作业设计研究》《基于核心素养培养为核心的高中政治教学分析》《基于核心素养培养的基础教育课程标准建设》（何玉海，上海师范大学高等教育研究所）《基于学生核心素养培养的小学阅读教学研究》（福建省教育科学“十三五”规划 2016 年度课题）《基于核心素养培养的探究式教学》（孙桂瑾，《吉林教育》2016 年 41 期）等。而校外教育机构关注的多是强调“少年儿童的全面发展”，对“核心素养”的研究较少。舞蹈书籍《素质教育舞蹈文集》《舞蹈：作为艺术教育》《素质教育舞蹈》正是一系列打破传统舞蹈教育模式的普及型舞蹈美育丛书，书中提到创建真正“面向全体学生”的新型舞蹈课程体系，建设和课堂实践紧紧围绕学生核心素养能力的培养，即观察模仿能力、即兴表现能力、交流合作能力、创造求新能力、综合融化能力。

以上文献资料在不同程度上为本课题提供了宝贵的理论知识。通过对文献综述的研究和编写不难看出，本课题的研究基础是“站在巨人的肩膀上看世界”，通过借鉴已有的经验成果来进行课题研究。

三、研究设计

（一）研究目标和研究假设

《基于青少年核心素养培养的舞蹈社团活动创新研究》是顺应当前

教育改革发展的大趋势，从学校对于学生核心素养培养的成功经验或是其他校外教育机构社团建设创新的案例中获得启发，以门头沟区少年宫小百花舞蹈社团为载体，利用社团建设已经积累的相关经验，对社团活动进行的深化研究。本课题的研究，一方面通过创新舞蹈社团活动形式和内容培养学生志趣高雅的艺术素养，陶冶学生的情操，提高审美能力，通过创新社会实践活动整合资源，发展学生的感知能力和形象思维能力，培养学生的创新精神和解决问题的能力，并引导学生通过参加舞蹈社团活动形成社会共同的价值观，使学生认识自己的位置，认识自己的生存状态，认识生命中最熟悉的东西，体验生命中的创造和表现的乐趣，从而形成健康的心理和积极向上的生活理念；另一方面通过本课题的研究过程促进少年宫舞蹈师资力量的建设，培养一支有一定艺术品位、鉴别能力和水平的舞蹈教师队伍，进而促进少年宫品位的提升，用高雅的艺术打造独特的社团文化。

（二）研究内容

本课题“基于青少年核心素养培养的舞蹈社团活动创新研究”重点是：如何通过活动创新研究来培养学生的核心素养？核心素养的培养是在潜移默化中形成，那么社团活动的形式和内容如何贯通核心素养的培养就成了首先要解决的问题。学生来社团参加活动，激发舞蹈学习兴趣、提升舞蹈技能是一方面，更重要的是通过参加社团活动，培养社会责任感、创新精神和实践能力。本课题的研究内容以培养学生能够适应终身发展和社会发展需要的必备品格和关键能力为宗旨，通过创新社团活动的形式、内容以及开展创新型社会实践活动为手段，重点培养学生的社会责任、审美情趣和实践创新能力。

1. 创新活动形式和内容，培养学生的核心素养

首先，转变教师角色，通过改变原有的教学理念和方式，发挥学生的主观能动性，培养学生的核心素养。教师的地位由传统课堂教学中以教师为中心的主体地位，转变为教育课堂教学活动中的组织者、设计者、指导者与参与者。教师不再是高高在上的位置，而是发挥

引领指导作用，让学生成为活动的主人，掌握活动学习的基本过程、技能和方法，养成良好的思维习惯；教师激励学生积极参与的精神，培养学生自主探究合作的能力，使他们形成初步的创新精神和实践能力。

其次，转变教学行为，改变程式化的活动模式，通过模仿、即兴、剧目创编等新活动形式来培养学生的核心素养。创新活动形式离不开创新活动内容，“模仿”是让学生从生活中提炼形象素材，充分利用自己的肢体能力去体现表达出模仿的形象；“即兴”是通过随机播放的音乐让学生不由自主地跟随主体意识去舞蹈，换句话说就是自由的舞动；“剧目创编”是指创编题材新颖、立意清晰、贴近生活、符合学生视角的舞蹈作品。“模仿”“即兴”“剧目创编”这三项本课题研究的创新活动形式和内容，又是如何培养学生核心素养的？首先，活动以小组为单位，有利于培养学生个体处理与他人（家庭）、集体、社会、自然关系等方面的情感态度和行为表现，提高社会责任感；其次，舞蹈是一门特殊的艺术门类，独特的肢体表达方式让青少年生出更多的思考和感悟，在活动中提升审美情趣。正如雕塑艺术家罗丹所言：“生活中不是缺少美，而是缺少发现美的眼睛。”美不是空谈，而是要去体验、去感受、去欣赏；本课题的创新活动研究，就是要培养学生正确的审美能力。最后，艺术来源于生活但高于生活，“模仿”“即兴”这两项活动形式均需要青少年勤于实践、敢于创新。

2. 创新社会实践活动，培养学生的核心素养

门头沟区小百花舞蹈社团已初具规模，社会实践活动如何创新，成为我们研究的重要内容。就社会实践活动形式的多样性来讲，如何开发形式新颖且活动内容有益于学生核心素养培养的实践活动就显得尤为重要；就社会实践活动内容的重要性来讲，如何开展符合少儿审美视角且具有一定普适性教育意义的实践活动就变得迫在眉睫。少年宫小百花舞蹈社团将把舞蹈展演、出访交流、优秀节目进社区服务社会等优质实践活动作为重点，来培养青少年所需要的“必备”品格与“关键”能力。

实现社团活动创新构想如下。

（1）搭建展示平台，创新实践途径。学生的发展成长，离不开发展平台和发展机遇，先决条件是筑巢育才、时空平衡，在机制创新中，探索学生发展之路。青少年宫的艺术教育是社会化教育，注重社会实践，通过各种比赛、演出和社会活动，为学生搭建展示平台，激励、巩固艺术培训的成果，提高广大青少年的艺术技能，满足广大青少年爱表现的欲望，加强青少年之间的交流、切磋，这不仅能够提高他们的交往能力，还有助于促进学生的创新意识和实践能力。

（2）整合社会资源，创新实践内容。有效整合社会资源，为广大青少年搭建学习艺术和展示艺术才能的舞台。少年宫长期以活泼健康的活动、丰富多彩的教学形式和社会实践，在师资培训、师资管理、部门规划、活动组织、积极争取政府和社会各界以及家长的协助等方面，积累了涉及各个年龄段需求的丰富经验。在青少年艺术教育过程中，少年宫形成了面向市场整合资源的良好机制，使社会上的各种资源为青少年艺术教育服务。在全党重视，政府主导，共青团、教育、工会、妇联、文化、科协、关工委、财政、发改委等部门齐抓共管，企业和民间人士积极参与的良好格局下，充分利用好社会资源这个大平台，在社会教育理念的指导下，经过创新，使实践内容符合青少年身心特点、艺术教育规律。这些实践内容不仅增长了青少年的见识，扩宽了眼界，而且提升了青少年创新、参与、合作、交往的意识和能力。

（三）研究方法

1. 文献法：搜集优秀的教学案例。
2. 访谈法：对相关专家进行访谈，了解当前教育领域的动态。
3. 行动研究法：实践活动，获得直接的经验和体会。
4. 经验总结法：对实施的成果进行总结、归纳等。

四、研究的重点和难点

（一）研究重点

1. 结合本宫学生实际，积极探寻创新的活动形式和内容，推进核心素养教育在实践活动中培养学生主体性的发展。

2. 了解核心素养的基本内涵，创新社会实践活动，促进学生全面发展，有效提升学生的创新能力及表现力。

3. 认识核心素养的本质，探索中小学生创新能力的发展规律及表现特点，构建创新教育模式，提高校外教育核心素养教育质量和教育科研水平。

（二）研究难点

1. 教师的研究意识及科研能力需不断加强，提升课题研究水平。

2. 学生固有的学习方式和思维习惯影响课题实践效果，需要学生不断丰富生活经验，转变学习观念。

3. 校外机构在素质教育方面研究较多，但在核心素养培养的创新方面研究较少，可参考借鉴的相关材料有限，该课题需要不断探索积极实践。

五、研究的实施计划及人员分工

2016. 3～2016. 12	准备阶段：学习相关理论，确定研究课题，组建课题组，制订相应的研究方案和实施计划，明确分工。进行国内外的研究现状文献综述。	文献综述	高 卉 尤利娜 张晶雪 莫甘雨
2017. 1～2017. 12	1. 开题、分工，搜集优秀的校外社团活动案例，进行个案研究 2. 创新活动形式和内容的研究，教师设计社团活动，并进行实践 3. 教材编写第一阶段 4. 剧目创作第一阶段	开题、课题研究、教材编写、剧目创作	高 卉 尤利娜 张晶雪 莫甘雨

续表

2018. 1 ~ 2018. 7	1. 课题中期汇报（理论研究成果、创新剧目展示）。完成后进行展示，分析设计和实施中存在的问题，加以修正 2. 创新社会实践活动的研究，教师设计社团活动，并进行实践 3. 教材编写第二阶段，课题负责人指导、系统整理过程资料，总结研究经验、成果 4. 剧目创作第二阶段	课题研究、教材编写、剧目创作	高 卉 尤利娜 张晶雪 莫甘雨
2018. 9 ~ 2018. 12	完成课题研究报告；完成教材编写；编写论文；整合《舞蹈社团创新剧目集》；召开结题会	研究报告、论文集、剧目集、教材	高 卉 尤利娜 张晶雪 莫甘雨

六、预期研究成果

（一）视频资料：《舞蹈社团创新剧目集》

（二）研究报告：《基于青少年核心素养培养的舞蹈社团活动创新研究》

（三）教材学材：《舞蹈教材》

参考文献

[1] 曹月. 浅析如何在青少年活动中心开展校外教育活动 [J]. 中国科技投资，2012（21）.

[2] 徐建生. 关于青少年宫开展校外教育活动的几点思考 [J]，素质教育论坛，2007（4）.

[3]《门头沟校外教育》1114 – L0092 号

[4] 褚宏启，张咏梅，田一. 我国学生的核心素养及其培育 [J]. 中

小学管理，2015（09）.

[5] 陈丽. 艺术教育浅议 [J]. 江西社会科学，2001（09）.23－26.

[6] 李静捷. 校外艺术教育对培养青少年审美素质的作用 [J]. 吉林教育，2009（06）：83.

[7] 姜文，楚守涛. 对校外少儿艺术教育的反思 [J]. 黄河之声，2010（11）：104－105.

[8] 邵朝友，周文叶，崔允漷. 基于核心素养的课程标准研制：国际经验与启示 [J]. 全球教育展望，2015（08）.

[9] 夕浪. 从素质到核心素养——关于“培养什么样人”的进一步追问 [J]. 教育科学研究，2014（3）：5－11.

[10] 施久铭. 什么是核心素养——为了培养全面发展的人 [J]. 人民教育，2014（10）：13－15.

[11] 吕艺生. 素质教育舞蹈文集 [C]，上海：上海音乐出版社，2015.

[12] 吕艺生. 舞蹈：作为素质教育 [M]. 上海：上海音乐出版社，2015.

[13] 吕艺生. 素质教育舞蹈 [C]. 上海：上海音乐出版社，2015.

工作报告

一、研究的目标与主要内容

本课题根据2014年教育部印发的《关于全面深化课程改革落实立德树人根本任务的意见》，以及《2016年国家教育改革和发展规划纲要》，以北京市校外教育“三个一”活动计划为研究契机，针对门头沟区少年宫“小百花”舞蹈社团活动项目，创新活动形式及活动内容，细化项目实施的步骤和手段，进一步形成科学、系统，具有时代特点的课程体系及方案，完善舞蹈教学活动项目及社团管理机制，从而深化校外教育供给侧改革，促进少年宫舞蹈师资力量的建设，培养学生适应个人终身发展和社会发展所需要的“关键”能力，提高少年宫舞蹈社团整体水平，提升我区校外舞蹈教育教学活动质量。

二、组织工作

根据门头沟区少年宫舞蹈社团的特点组建了课题组，由舞蹈组组长高卉担任课题负责人，核心教师共四名（一名教师2018年因工作调动未参与后续课题）。在课题的研究过程中，舞蹈社团长期聘请北京舞蹈学院、中央民族大学、京西民间艺术团等舞蹈专业专家以及北京市校外教育研究室等理论研究方面的专家进行指导，同时也邀请了一些校内外同仁帮助课题建设出谋划策。我们的课题得到了区教委及少年宫领导的高度重视和大力支持，为课题的顺利实施提供制度保证和物质支持。针对课题研究的目的，课题组制定出了详细的目标、内容与实施路线，为接下来课题的实施谋篇布局。

三、研究过程

第一阶段：组建课题组，学习相关理论，确定研究课题，制订研究方案和实施计划，明确分工，进行国内外的研究现状文献综述（2016.3~2016.12）

此阶段一是参加了少年宫的课题研究动员培训会，聆听专家对于课题申报的详细解读。学习《北京市课外、校外教育“十三五”科研规划课题选题指南》和《北京市课外、校外教育“十三五”科研规划课题管理办法》，提升教师对于课题申报与撰写的了解和认识。二是以舞体组为单位组建课题组，明确人员及分工。通过小组讨论研究，理清研究思路，明确课题内容及方向，并在朱凤海主任的指导下制定了课题研究方案和计划，完成课题项目申报。三是课题组成员查找国内外相关资料，了解当前教育在校外教育舞蹈社团方面的相关资料，为后续课题的开展做准备。

第二阶段：开展课题研究，细化内容及实施步骤，教材编写第一阶段，剧目创作第一阶段（2017.1~2017.12）

此阶段根据校外教育理论专家对课题可行性的评估及反馈，为我们课题的实施提供理论指导。课题组对国内优秀的校外社团活动案例进行分析讨论，对活动的内容、形式及实施步骤进行细化，课程体系初步形成。舞蹈宫本教材进行框架研讨及筛选，舞蹈社团创作剧目初步成型，由课题组成员及社团学生编创的三个节目参加北京市校外教育阳光少年艺术节比赛。其中剧目《暖暖的企鹅》是最具代表性的主题编创作品，成为课题研究实践过程中积累经验、拓展思路的重点实践探究内容。《小百花舞蹈团》完成北京市“三个一”项目申报。

第三阶段：课题中期汇报，教材编写第二阶段，剧目创作第二阶段（2018.1~2018.12）

通过小组讨论、课题负责人指导、系统整理过程资料，分析前期在具体实施中存在的问题，总结经验，不断修正和完善后续课题工作。舞蹈宫本教材、太平鼓宫本教材完成初步框架，进入到校对审核阶段。

2018 年课题组将三个参赛作品进行展示，新作品开始构思并做元素提炼的工作。课题组成员通过“三个一”活动项目的推进、撰写活动案例、参加基本功大赛以及撰写论文，对课题的研究过程不断予以验证和强化。

第四阶段：完成课题研究报告；完成教材编写；编写论文；整合《舞蹈社团创新剧目集》；召开结题会（2019. 1 ~2019. 12）

全面梳理研究过程，归纳研究成果，集体探讨，查找研究的问题与不足。在这期间由于莫甘雨老师的人事调动，课题组成员由开题的四人减少到三人，但课题组尽量保证课题的顺利实施，减少影响。出版了《小百花舞蹈初级教材》《舞蹈中级教材》《舞蹈高级教材》《太平鼓宫本教材》，完成了《舞蹈社团制度建设的思考》《浅谈少儿舞蹈创作》相关论文。完成《舞蹈社团创新剧目集》，其中共收录了近四年课题组教师与学生共同编创的舞蹈作品七个。通过结题，帮助我们总结了近四年的工作成果，反思了不足，通过舞蹈社团活动，获得了大量宝贵的经验和成绩。

四、重点活动（大事记）

活动时间	活动内容及奖项	项目组成员
2014—2016	少年宫小百花舞蹈团赴韩参加“中韩青少年国际交流活动”	全体成员
2015	指导大峪一小参赛作品《牙牙与泡泡》获得北京市中小学生艺术节展演金奖	高　卉
2015	少年宫小百花舞蹈团参赛作品《青稞熟了》获 2015 年北京市阳光少年艺术节比赛金奖	张晶雪
2015	少年宫小百花舞蹈团参赛作品《图们江畔果实香》《鱼戏》获 2015 年北京市阳光少年艺术节比赛银奖	高　卉 莫甘雨
2016	参赛作品《古扎丽古丽》获 2016 年“舞动北京”门头沟区分赛区一等奖	高　卉

续表

活动时间	活动内容及奖项	项目组成员
2016. 6	参加门头沟区少年宫“百花吐蕊．艺海筑梦”欢庆六一文艺演出	全体成员
2017	参赛作品《鼓．乡情》《暖暖的企鹅》《少女萨吾尔登》分别荣获 2017 年北京市阳光少年艺术节比赛银奖	高　卉 张晶雪
2017	指导大峪二小参赛作品《田野里的身影》获得北京市中小学生艺术节展演金奖	高　卉
2018	参赛作品《鼓．乡情》获 2018 年“舞动北京”市级二等奖	高　卉
2016、2018	少年宫小百花舞蹈团参加国家大剧院市民春晚活动	全体成员
	编写的《舞蹈宫本教材初级、中级、高级》获市级三等奖	全体成员
2017	撰写的文章《浅谈少儿舞蹈的创作》发表在《北京教育》周刊	高　卉
2018	编写的《太平鼓宫本教材》获市级一等奖	尤利娜
2018	论文《舞蹈社团制度建设的思考》获北京市“京美杯”比赛三等奖	张晶雪
2018	论文《舞蹈兴趣小组渗透传统文化的探索》获北京市“京美杯”比赛三等奖	尤利娜
2018	参加北京市校外教育机构教师基本功展评活动，获得市级二等奖、区级一等奖	张晶雪
2018	参加北京市校外教育机构教师基本功展评活动，获得市级三等奖、区级二等奖	尤利娜
2018. 9	参加北京市首届农民丰收节开幕式	尤利娜
2018. 12	参加门头沟区少年宫“静听花开”社团建设优秀成果展	全体成员
2019. 5	在北京市校外教研室组织的“优秀教材经验总结交流”大会中发言	尤利娜

续表

活动时间	活动内容及奖项	项目组成员
2019.7	小百花舞蹈团赴天津华夏未来参加“友好交流夏令营”活动	高　卉
2019.8	少年宫小百花舞蹈团赴德参加“德国汉堡文化艺术交流”活动	全体成员
2019.11	参赛作品《洗啊洗》《小鸟音符》荣获2019年北京市阳光少年艺术节比赛银奖	高　卉 张晶雪
2019.11	参赛作品《印象琉璃》荣获2019年北京市阳光少年艺术节比赛铜奖	高　卉
2019.12	少年宫小百花太平鼓舞蹈团参加“北京市第三十届乡村大舞台文艺展演”	尤利娜
2019	精品项目《小百花舞蹈团》荣获北京市校外教育“三个一”优质项目	全体人员
2019	精品项目《小百花舞蹈团》荣获门头沟区校外教育“三个一”优质项目一等奖	全体人员
2019	剧目《暖暖的企鹅》荣获第十六届北京舞蹈大赛表演、创作优秀奖	高　卉

五、成绩与效果

门头沟区少年宫舞蹈社团创新活动研究，促进了教师教育教学水平与科研水平的提升。在校外教育供给侧改革的进程中，通过活动的推进，聘请专家以及筹备项目，深化了课题组教师对于教育综合改革的理解和认识，通过小组讨论、教学研究，推动了教师基本功水平、教材课程研发能力、教科研能力。课题组秉承着理论指导实践、实践反促进理论的原则，使得课题在实施过程中收到了学生及家长的欢迎和认同。教师在对社团创新活动的具体实践中不断探索、不断反思，从专业型教师向专家型教师发展。

在创新活动实践研究中，学生们变成了活动的主体，“以学生为本”运用体验、探究、合作的方法努力给学生创造创新的环境，提高学生自主学习的能力。学生们了解了舞蹈创编基本知识，掌握创编技法并在实践活动中运用娴熟。通过编创，学生们传承舞蹈文化，提升专业素质，开发想象，在模仿、体验、探究的过程中得到了全面发展；树立了正确的价值观、科学的思维方式和优良的品格；提升了民族自豪感，文化认同感以及审美情趣。

课题组编辑的舞蹈宫本教材以及作品集填补了门头沟区少年宫舞蹈教材的空白。初级、中级、高级组舞蹈教材针对少年宫社团学生的实际水平，更加突出时代性与校外教育特色，大大提升了舞蹈教学质量，得到了家长们的一致认可。舞蹈作品原创数量大幅增加，舞蹈社团作品集中收录了近五年课题组教师带领舞蹈社团的学生共同创作的舞蹈作品，内容涵盖藏族舞蹈、朝鲜族舞蹈、蒙古族舞蹈、当代舞以及太平鼓，是门头沟区少年宫舞蹈社团发展的重要成果之一。舞蹈社团参加市级、区级各类演出近四十场，千龙网、北京广播电台、门头沟区电视台均对少年宫舞蹈社团进行了报道，大大提升了舞蹈社团的知名度与影响力。

随着少年宫舞蹈社团的不断发展壮大，小百花舞蹈社团已成为门头沟区校外教育一张靓丽的名片。社团人数由 2015 年的 30 人增加至 2019 年四个社团 140 余人，大大扩充了我区舞蹈艺术人才储备，提升了我区舞蹈艺术水平。这些社团的学生都在各自学校承担着舞蹈社团的主力工作，促进了校外教育向学校教育的辐射引领。

在接下来的工作中，将总结经验，分析不足，以课题研究为依托，进一步推动教师教育教学能力、教材研发能力、舞蹈作品编创能力，提升学生核心素养，为创造更加公平优质的教育环境贡献自己的力量。

结题报告

一、课题提出的背景

《少年宫舞蹈社团活动创新研究》根据2014年教育部研制印发的《关于全面深化课程改革落实立德树人根本任务的意见》《2016年国家教育改革和发展规划纲要》以及北京市校外教育“三个一”优质项目评价作为理论依据，针对少年宫舞蹈社团学生的特点进行课题研究。门头沟区少年宫小百花舞蹈团成立于2014年9月，是区教委及少年宫全力打造的品牌社团，社团学生均为7～12岁儿童，这个年龄阶段的孩子特点是活泼好动、想象力丰富、喜欢编故事，对舞蹈表演有着很高的兴趣。正是基于这样的特点，我们申报了“少年宫舞蹈社团活动创新研究”的课题，不断探寻学生活动创新新方法，帮助学生充分发挥想象力，大胆投入编创实践，参与舞蹈编创全过程。

二、课题研究的意义

“十三五”期间，北京市将在全市校外教育机构中开展校外教育“供给侧”改革，即“三个一”活动：培育一批创新项目，建设一批特色项目，发展一批精品项目。该活动将实现三个目标：通过培育一批创新项目，丰富校外活动供给内容，切实满足广大中小学生个性化学习需求；通过建设一批特色项目，创新校外教育供给形式，充分展示校外教育活动项目改革的丰硕成果；通过发展一批精品项目，提高校外教育供给侧质量，促进校外教育机构改革、发展。本课题的研究是基于国家教育改革方针政策，以北京市校外教育“三个一”活动计划为研究契机，把改革创新作为教育发展的强大动力，将少年宫舞蹈社团打造成一个精品项目，在“小百花舞蹈团”精品项目的依托下进行课题深入研究。少年宫舞蹈社团活动的创新研究以践行社会主义核心价值观为导向，紧紧围绕立德树人的根本任务，坚持活动育人、实践育人，坚持兴趣培养和个性化教育。本项目的研究有助于培养青少年在舞蹈社团活动中提升实践创新能力、团结协作意识、吃苦耐劳精神，帮助青少年树立正确的价值观、科学的思维方式和优良的品格等，核心培养学生适应个人终身发展和社会发展所需要的“关键”能力。

三、课题研究的理论依据

本项目的研究正是基于国家当前的教育改革方针政策，以北京市校外教育“三个一”活动计划为研究契机，把创新作为教育发展的强大动力，创新社团活动，培养学生的创新能力。少年宫舞蹈社团活动的创新研究，是顺应当前教育改革发展的大趋势，从学校对于社团活动创新的成功经验或是其他校外教育机构社团建设创新的案例中获得启发，以门头沟区少年宫小百花舞蹈社团为载体，利用社团建设已经积累的相关经验，对社团活动的创新进行深化研究。

根据已有的研究资料分析，我们不难看出：不管是校内还是校外，对于青少年综合素质的培养，一直都很关注，但是社团的建设只有不断地创新活动理念、形式和内容，才能更好为青少年的发展而服务。纵观当前少年宫舞蹈社团的发展情况，如在剧目创作上，在实践活动的设计上，更多的还是以教师为主导的编创和组织，学生只是参与者和实施者的角色。本项目的研究亮点就在于，如何突破惯有的社团活动模式，转变教师的角色，激发学生的主体意识，创新活动的内容和形式，把编创和活动设计的主导性让给学生，重点培养学生良好的思维习惯，激励学生积极参与的精神，培养自主探究合作的能力，形成初步的创新精神和实践能力，进一步打造少年宫舞蹈社团精品项目。

四、课题研究的目标

《少年宫舞蹈社团活动的创新研究》课题的目标以立德树人为根本任务，探寻活动创新方法、提升创新实践能力；搭建多样活动平台、践行社会主义核心价值观；加强团结协作意识，培养艺术鉴赏情趣；夯实舞蹈功底，弘扬中华文化。课题目标贯穿活动育人理念，突出学生核心素养特别是三大核心能力认知、创新、合作能力的培养。与此同时以少年宫舞蹈社团创新活动研究为切入点，不断促进少年宫舞蹈师资力量的建设。

五、 课题研究的队伍

课题研究核心教师三人，均在编在岗，其中两名毕业于北京舞蹈学院，具有硕士研究生学历。课题组具有丰富的教学及带团经验，平均年龄 32 岁，团结协作，充满活力。同时，少年宫非常重视对教师专业素质的培养，建团以来，课题组成员长期聘请北京舞蹈学院民族民间舞系潘志涛教授、北京舞蹈学院编导系肖苏华教授、中央民族大学舞蹈学院马云霞教授、京西民间艺术团首批非遗传承人贾丽霞为指导专家。课题组重视对教师专业素质的培养，定期举办讲座，并邀请舞蹈演员现场指导授课，每年定期组织 1 ~ 2 次短期培训，不断提高教师专业水平。

六、 课题研究的主要内容

本课题依托“小百花舞蹈团”精品项目，以学生为中心，创设四个舞蹈分团，关注学生创造力实践力的提升，培养学生创新精神和审美情趣的发展，设定了舞种动作元素与创编技法活动相结合的课程体系。课程建设以立德育人为宗旨，共分为元素和创编两个模块，元素模块包括古典舞、民族民间舞和非遗京西太平鼓；创编模块包括模仿、即兴和小组创编。元素是基础，创编是提升，两个模块相互融合，不可分割。

（一）舞蹈社团创新活动途径的研究

研究少年宫舞蹈社团创新活动的途径，形成符合校外教育机构舞蹈社团发展且具有一定教育性、前瞻性、科学性和实用性特征的舞蹈社团活动。通过改变活动思维、创新活动形式和内容，让学生成为活动的主人，培养创新精神和实践能力。在活动过程中通过教师有目标的提问，一步一步地开发学生自主学习与思考的能力。作为舞蹈教师应紧扣舞蹈学科的特点，根据教学目标、活动性质、学生实际情况，巧妙提出问题，引发学生自主思考，随着问题的不断深入，激发学生的创新思维能力。

（二）舞蹈社团创新活动形式和内容的研究

1. 创新活动形式和内容，开发“元素＋创编”课程体系

<table>
<tr><th>课程类别</th><th>课程分目标</th><th colspan="2">课程内容</th><th>课程实施对象</th><th>课时</th><th>对应教材</th></tr>
<tr><td rowspan="6">元素</td><td rowspan="6">了解中国古典舞、民族民间舞和非遗京西太平鼓的历史背景、舞种特征；掌握舞蹈的基本技能。以学生为中心，采用模仿、体验、探究的方法提高学生自主学习的能力，促进学生的全面发展。提升民族自豪感，热爱中国文化；了解民族的艺术瑰宝，培养学生良好的爱国情操和审美情趣。</td><td rowspan="2">古典舞</td><td>基训</td><td rowspan="2">向日葵分团
小荷花分团</td><td rowspan="2">二十课时</td><td rowspan="4">《舞蹈》初级、中级、高级</td></tr>
<tr><td>身韵</td></tr>
<tr><td rowspan="2">民族民间舞</td><td>东北秧歌
胶州秧歌
云南花灯</td><td>向日葵分团
小兰花分团</td><td>十课时</td></tr>
<tr><td>藏族
蒙古族
维吾尔族
朝鲜族</td><td>向日葵分团
小兰花分团</td><td>三十课时</td></tr>
<tr><td rowspan="2">非遗京西太平鼓</td><td>基础知识</td><td rowspan="2">太平鼓分团</td><td rowspan="2">一百二十课时（三年）</td><td rowspan="2">《太平鼓宫本教材》</td></tr>
<tr><td>基本动作与套路打法</td></tr>
</table>

续表

<table>
<tr><th>课程类别</th><th>课程分目标</th><th colspan="2">课程内容</th><th>课程实施对象</th><th>课时</th><th>对应教材</th></tr>
<tr><td rowspan="9">创编</td><td rowspan="9">了解舞蹈创编基本知识，掌握创编技法并在实践活动中运用娴熟。“以学生为本”，运用体验、探究、合作的方法，努力给学生创造创新的环境，关注学生创造力、实践力的提升。培养学生的实践创新能力，树立正确的价值观、科学的思维方式和优良的品格。</td><td rowspan="3">模仿</td><td>动物模仿</td><td rowspan="3">四个分团</td><td rowspan="3">三十课时</td><td rowspan="9">《舞蹈手册》（正在编写中）</td></tr>
<tr><td>植物模仿</td></tr>
<tr><td>人物模仿</td></tr>
<tr><td rowspan="2">即兴</td><td>环境即兴</td><td rowspan="2">四个分团</td><td rowspan="2">三十课时</td></tr>
<tr><td>音乐即兴</td></tr>
<tr><td rowspan="4">小组创编</td><td>动机</td><td rowspan="4">四个分团</td><td rowspan="4">六十课时</td></tr>
<tr><td>舞句</td></tr>
<tr><td>舞段</td></tr>
<tr><td>舞蹈作品</td></tr>
</table>

通过课程体系表可以看出，分团每学期的学习内容涉及元素和创编两个模块，其中元素占课程总量的30%，创编占70%，数据显示，元素是基础，创编是提升，二者密切相关不可分割。

元素模块覆盖四个分团的内容不同，其中三个分团元素模块包括古典舞和民族民间舞。古典舞涵盖基训和古典舞身韵；民族民间舞涵盖东北秧歌、胶州秧歌、云南花灯以及少数民族藏蒙维朝四大民族的舞蹈。原创教材《舞蹈》从易到难分为初级、中级、高级，涉及多种舞蹈元素。太平鼓分团元素学习针对非遗京西太平鼓，原创教材《太平鼓宫本教材》详细记录了非遗传承京西太平鼓的基础知识和动作套路。

四个分团均融入创编模块的内容，其中模仿包括动物、植物、人物模仿；即兴包括音乐即兴和环境即兴；小组创编按照舞蹈单位从小到大分为动机、舞句、舞段和舞蹈作品。项目组核心成员在实践中不断完善的《舞蹈手册》，集舞蹈元素和创编一体，将成为教师与学生共用的教材，该教材弥补了我区舞蹈创编类教材的空缺，一经出版将区域推广使用，引领本区舞蹈创编课程建设。

创编模块是课程建设的重点：改变活动思维、创新活动形式和内容，让学生成为活动的主人。“模仿”“即兴”“小组创编”这三种创新活动形式是个循序渐进的过程。第一阶段“模仿”是让学生在生活中提炼形象素材，结合舞蹈元素利用肢体体现出模仿的形象；第二阶段“即兴”是通过随机播放的音乐或指定的范围让学生不由自主地跟随主体意识去舞蹈，换句话说就是自由的舞动；第三阶段“小组创编”创新程度较高，是指创编题材新颖、立意清晰、贴近生活、符合学生视角的舞蹈作品。融合舞蹈元素创新活动形式和内容，开发“主题式创编”，是项目的亮点。“主题”的筛选过程本身就对树立学生正确的社会主义核心价值观起着重要作用，确定积极、和谐、能发扬中华民族优良历史传统的主题是活动关键。

2. 创新活动形式和内容，开展“自导自演的实践活动”

鼓励学生自主编创演出，活动内容设计、舞蹈动作与队形编排、服装道具的具体落实情况等活动细则均由学生自我承担与完成，教师仅进行活动指导与监督。以学生创编的剧目《暖暖的企鹅》为例，教师先通过命题的形式确定了“希望”的主题和“企鹅”的形象，学生们通过已有的记忆，搜索企鹅的形象进行“模仿”，从生活动作中提炼元素变化发展，加入主题情绪形成独有的舞蹈动作；接下来教师将准备好的音乐进行播放，学生根据音乐的调性和感觉“即兴”，最后分小组根据“希望”的主题，创编符合企鹅形象的舞蹈动作。请大家通过短视频来感受学生在创编过程中运用“企鹅蛋”去升华主题的想法。视频中的“企鹅蛋”代表新生，引申为希望，在暴风雨过后破壳而出的小企鹅就是新的生命，象征着新的希望。

3. 创新活动形式和内容传承民族文化，采用“走出去”“请进来”的创新模式

“走出去”是让学生走出少年宫，去民族文化氛围浓郁的地区去采风；“请进来”是将民间老艺人邀请进少年宫，将民族舞蹈艺术瑰

宝传承给广大青少年。通过“走出去”与“请进来”的创新活动模式传承民族文化，丰富学生的舞蹈知识量，进而更好地推动社团的创新活动。

（三）舞蹈社团创新活动评价标准的研究

本课题通过对舞蹈社团活动创新的研究，制定一套符合少年宫舞蹈社团发展切实可行的评价标准。在每一次活动后，根据学生的实际反馈不断调整教育教学内容，做好课后总结与反思，不断探索更加适合学生的创编内容与提示方法，真正激发学生学习探索的兴趣，做到兴趣与教学结合起来，将被动灌输转变为主动探索。提升学生创编实践的积极性，通过创编活动，帮助学生了解世界、认识世界，不仅开发想象力与创造力，了解创编技法与舞蹈内容，还增强了创编实践能力以及处理信息的能力。

中国学生发展核心素养提出培养学生的实践创新能力，在教学实践中，教师不断探寻社团活动创新方法，培养学生适应个人终身发展和社会发展所需要的创新实践能力、团结协作意识以及审美情趣。每次实践编创，从活动内容设计、舞蹈动作与队形编排、服装道具的具体落实情况等活动细则均由学生自我承担与完成，教师通过创设情境，用丰富的具有发散性的主题启发引领学生，引导学生开发想象、勇于编创、乐于表现，帮助学生在创造与合作中，学习掌握舞蹈编创的基本方法与手段，使他们以积极、饱满的情绪参与学习的全过程，学会艺术编创的基本方法，最终完成舞蹈编创活动。

七、课题研究的方法

（一）调查研究法

本课题的研究过程中，使用调查研究法考察了解少年宫舞蹈社团活动的客观情况并直接获取有关材料，并对这些材料进行分析研究，从而更好地探索舞蹈社团创新活动的途径和评价标准。

（二）行动研究法

本课题的研究过程中，使用行动研究法，探索开展形式多样的社团活动，在自然、真实的环境中，按照一定的操作程序，综合运用多种研究方法与技术，以解决舞蹈社团创新活动为首要目标，进行舞蹈社团创新活动形式和内容的研究。

（三）文献研究法

本课题的研究过程中，使用文献法，通过调查与少年宫舞蹈社团创新研究相关的文献来获得资料，从而全面地、准确地了解掌握所要研究的相关问题。通过文献研究能了解少年宫舞蹈社团活动创新研究的历史和现状，帮助课题组成员确定研究课题，并能得到与课题相关的比较资料，有助于了解课题研究的全过程。

八、课题研究的过程

第一阶段：组建课题组，学习相关理论，确定研究课题，制订研究方案和实施计划，明确分工，进行国内外的研究现状文献综述（2016. 3 ~2016. 12）

此阶段一是参加了少年宫的课题研究动员培训会，聆听了专家对于课题申报的详细解读。学习《北京市课外、校外教育“十三五”科研规划课题选题指南》和《北京市课外、校外教育“十三五”科研规划课题管理办法》，提升教师对于课题申报与撰写的了解和认识；二是以舞体组为单位组建课题组，明确人员及分工，通过小组讨论研究，理清研究思路，明确课题内容及方向，并在朱凤海主任的指导下制定了课题研究方案和计划，完成课题项目申报；三是课题组成员查找国内外相关资料，了解当前教育在校外教育舞蹈社团方面的相关资料，为后续课题的开展做准备。

第二阶段：开展课题研究，细化内容及实施步骤，教材编写第一阶段，剧目创作第一阶段（2017. 1 ~2017. 12）

此阶段根据校外教育理论专家对课题可行性的评估及反馈，为我们课题的实施提供理论指导。课题组针对国内优秀的校外社团活动案例进行分析讨论，对活动的内容、形式及实施步骤进行细化，课程体系初步形成。舞蹈宫本教材进行框架研讨及筛选，舞蹈社团创作剧目初步成型，由课题组成员及社团学生编创的三个节目参加北京市校外教育阳光少年艺术节比赛。《小百花舞蹈团》完成北京市“三个一”项目申报。

第三阶段：课题中期汇报，教材编写第二阶段，剧目创作第二阶段（2018.1～2018.12）

通过小组讨论、课题负责人指导、系统整理过程资料，分析前期在具体实施中存在的问题，总结经验，不断修正和完善后续课题工作。舞蹈宫本教材完成初步框架，进入到校对审核阶段。2018年课题组的三个节目进行展示，新作品开始构思并做元素提炼的工作。课题组成员通过“三个一”活动项目的推进、撰写活动案例、参加基本功大赛以及撰写论文，对课题的研究过程不断予以验证和强化。

第四阶段：完成课题研究报告；完成教材编写；编写论文；整合《舞蹈社团创新剧目集》；召开结题会（2019.1～2019.12）

全面梳理研究过程，归纳研究成果，集体探讨，查找研究的问题与不足。在这期间由于莫甘雨老师的人事调动，课题组成员由开题的四人减少到三人，但课题组尽量保证课题的顺利实施，减少影响。出版了《小百花舞蹈初级教材》《舞蹈中级教材》《舞蹈高级教材》，完成了《舞蹈社团制度建设的思考》《浅谈少儿舞蹈创作》相关论文。完成《舞蹈社团创新剧目集》，其中共收录了近四年课题组教师与学生共同编创的舞蹈作品七个。通过结题，我们总结了近四年的工作成果，反思了不足；通过舞蹈社团活动，获得了大量宝贵的经验和成绩。

九、课题研究的成果

（一）学生收获

通过舞蹈团的系统培养，学员的舞蹈专业素养得到了显著提升，社会发展所需要的创新实践能力、团结协作意识以及审美情趣也得到了很大的提高，为学生的终身学习与发展奠定了坚实的基础。舞蹈团学生在各自的学校均为文艺骨干力量，承担着本学校舞蹈展演交流的任务。学生通过舞蹈团活动提升创新实践能力、团结协作意识以及审美情趣，增强个人自信心；舞蹈素养飞速提升，三年创编剧目九个，扎实的舞蹈功底，使得舞蹈团学生成为校、区级舞蹈特长生。大部分学生分别被评为市、区、校级三好，多名学生获得“红领巾奖章”等荣誉称号。

《青稞熟了》获 2015 年北京市阳光少年艺术节比赛金奖，《图们江畔果实香》《鱼戏》获 2015 年北京市阳光少年艺术节比赛银奖；《鼓·乡情》《暖暖的企鹅》《少女萨吾尔登》分别获 2017 年北京市阳光少年艺术节比赛银奖，《小鸟 音符》《洗呀洗》《印象琉璃》在 2019 年北京市阳光少年艺术节比赛获两个银奖一个铜奖；《古扎丽古丽》获 2016 年“舞动北京”门头沟分赛区一等奖；《鼓·乡情》获 2018 年“舞动北京”市级二等奖；《暖暖的企鹅》荣获第十六届北京市舞蹈大赛少儿组创作优秀奖、表演优秀奖。小百花舞蹈团 2014、2015、2016 年赴韩参加中韩青少年国际交流，2016 年、2018 年在国家大剧院参加北京市民新春晚会，此外，参与市区级演出交流二十余次。学生通过演出展示开阔了眼界，提升了专业水平。

（二）教师发展

“以学生为本”的教育观念，促进了教师队伍的飞速发展，舞蹈组教师成为少年宫核心力量，理论素养与专业素养稳步提升。在基本功能力的提升方面，舞蹈组教师获 2018 年教师基本功展评市级二等奖一个，三等奖一个；获区级一等奖一个，二等奖一个。在教科研能力的提升方面，教材《太平鼓宫本教材》荣获市级一等奖，教材《舞蹈》中级、高级荣获市级三等奖，《少年宫舞蹈社团活动创新研究》在申报北京市课外、校外“十三五”科研规划课题时准予立项。在学术能力的提升方面，多篇论文分获“京美杯”奖项，《浅谈少儿舞蹈的创作》于 2017 年发表于《北京教育》。在综合能力的提升方面，张晶雪老师作为门头沟区人大代表、政协代表参政议政，高卉老师作为区代表参加北京市委宣传部组织的“百姓宣讲团”活动，荣获优秀宣讲员称号。

在刚刚落幕的北京市课外、校外“三个一”优质项目评比中，课题组成员申报的《小百花舞蹈团》项目荣获北京市课外校外“三个一”优质项目。课题组成员始终将课题研究与项目建设紧密结合。

（三）机构、学校发展

随着少年宫舞蹈社团的不断发展壮大，社团人数已增加至140人，小百花舞蹈社团成为门头沟区校外教育一张靓丽的名片。社团专业水平的提升推动了课堂教学的不断完善，课堂教学反过来促进了社团的发展，学生舞蹈素养的增强以及专业水平的提升促进了少年宫综合实力以及核心竞争力的提升。舞蹈团专业水平提高，改善了学科教学质量和办学水平；项目建设提升了少年宫的综合实力、核心竞争力；项目的发展成效惠及全区三十多所学校，项目组成员带领门头沟区大峪一小、大峪二小舞蹈团荣获市级金奖三个。这些成效进而推动整个门头沟区舞蹈专业的发展。

（四）社会影响

家长认可度高，年培训人数在2000人次。门头沟区电视台、北京广播电台、千龙网均对小百花舞蹈团进行了报道。作为门头沟区公办校外机构，参与市区级演出交流二十余次。连续三年赴韩参加中韩青少年国际交流。

十、课题研究存在的主要问题和今后的设想

本课题的研究亮点即开发少年宫舞蹈社团活动的途径，形成符合校外教育机构舞蹈社团发展且具有一定教育性、前瞻性、科学性和实用性特征的舞蹈社团活动。通过改变活动思维、创新活动形式和内容，让学生成为活动的主人，培养创新精神和实践能力。作为舞蹈教师应紧扣舞蹈学科的特点，根据教学目标、活动性质、学生实际情况，巧妙提出问题，引发学生自主思考，随着问题的不断深入，激发学生的创新思维能

力。在项目实施过程中也发现一些问题有待进一步研究提升。创新能力的培养要面向所有学生，注重开发并珍惜每个学生创新的巨大潜能，在舞蹈社团活动的过程中积极地加以开发和利用，使每一名学生都感到创新是自己能做到并能做好的事情，使创新成为学生生活中的动力和快乐的源泉。在今后的社团活动中，不断以“舞蹈社团活动创新研究”为核心，通过不同的创新活动形式激发学生的学习兴趣，提升学生的核心素养，促进学生全面发展，真正发挥少年宫的教学优势，“以活动促成长”。

ARTICLE 5

八节气美术资源开发的实践研究

课题负责人　乌日娜

核心组成员　李长军　郭雪莲　杨　帆　杨　盈

负责人单位　北京市门头沟区少年宫

成 果 形 式　结题报告　教材

开题报告

一、课题研究的背景

（一）选题缘由

二十四节气是世界非物质文化遗产，是中国的传统文化，是民族的生命。没有文化，就没有民族。博大精深的中国传统文化是各地的文化传统在长期历史过程中逐渐融合而成的，它蕴涵着民族精神、民族气节和审美意识。由于各地方文化产生的地理环境、社会历史条件和发展演变过程的不同，各地方的文化传统在保持共性的同时，具有各自的个性特色。我们选择“八节气”开发校外美术教育资源的目的，一是让学员了解认识民族文化，增强民族自信；二是通过“八节气”美术教育资源的利用和实践，把艺术教育和创作还原于生活；三是拓展校外教育小组活动、社团活动的育人形式。

（二）研究意义

1. “八节气”美术教育资源具有形象性，有利于学生认识非遗文化

“八节气”产生于生活，源于人们对生活的观察，具有形象性。美术教育与艺术创作都来源于生活，将具有代表性的八节气引入美术教学活动当中，引导学生主动探究和思考，通过学习，了解节气的物候、气候、民俗等相关知识。通过长期的学习与积累，对中国非遗文化有自己理解和认识。

2. “八节气”美术教育资源具有稳定性，有利于学生传承非遗文化

中国有五千年的悠久历史，经过漫长的实践和经验积累，目前存留的中国优秀传统文化具有极强的稳定性。这些中华民族共同认可的民族精神、价值理念、思想智慧和道德规范，从古至今皆为人们所认识、接受和传承。在美术教育教学的实践中，将八节气的知识与美术教育相结合的方法，更有利于非遗文化的传承与发展。

3. “八节气”美术教育资源具有实践性，有助于学生提升文化自信

将中国传统文化资源与艺术教育教学实践相结合是传统文化传承和发展的方向，也是艺术教育事业的创新实践和综合扩展。八节气美术开发的实践研究既是美术教育教学实践过程，同时也是传统文化传承与发展的过程，从学生对传统文化基础知识的学习到对传统文化知识的自我感悟和认知，学生的教学实践不断地被认可；通过引导学生在艺术实践中表达非遗文化，不断地增强他们的文化自信。

二、文献综述

20 世纪 80 年代末 90 年代初，著名学者季羡林就提出过“21 世纪是中国文化的世纪”。当我们从“追赶时代”迈入“引领时代”，文化自信已经成为一种国家信念。中华文化的风骨与魂魄，理应插上歌声的翅膀，飞得更高，传得更远，闪耀于世界。教育者和被教育者都不能忽视传统文化。

中国的二十四节气产生于春秋，完全确立于秦汉年间。二十四节气是古人智慧的结晶，现在也是民族文化的重要组成部分，具有不容磨灭的文化价值。作为中国人特有的时间知识体系，二十四节气不仅深刻影响着人们的思维方式和行为习惯，而且鲜明地体现了人与自然和谐相处的能力，所以，二十四节气是中华民族文化认同的重要载体。另一方面，二十四节气所带给我们的不只是对生产生活的指导意义，还有人类应该敬畏自然、亲近自然、尊重自然、保护自然的积极态度，这种文化价值是永远无法磨灭的。

本课题“八节气”指的是：春分、秋分、夏至、冬至、立春、立夏、立秋、立冬。“八节气”确立于春秋战国时期，战国后期的《吕氏春秋》中出现了日夜分、夏至、冬至、立春、立夏、立秋、立冬等称呼。其中，除了日夜分指代春分和秋分两个节气，其他叫法已经跟后来完全一致。选取“八节气”为媒介开发美术资源，是因为它们在温度、色彩、气候等方面有着明显差别，是影响人民生产和生活最具代表的节气，既有自然科学、社会科学又有传统文化和艺术文化。

在CNKI检索的大量文献中我们发现：二十四节气早在公元600年前就已经传到了日本，其绘画大师大田垣晴子将二十四节气、七十二物候绘画成为《四时绘：二十四节气风物录》，融审美性与可行性于一体，影响着他们的生活，但在教育领域研究很少。在我国对二十四节气的研究还是比较多的，如刘魁力等编写了《二十四节气民俗》，董玉学编写了《二十四节气》，这些文献都是二十四节气科学实践的经验总结，既有民生、民俗又有科学、艺术、传统文化。

笔者在CNKI输入“二十四节气”合并“美术教育”关键词，没有发现有人进行系统研究，说明进行此项研究很有必要也很有教育价值；我们不能让二十四节气在我们的手中丢失。目前有很多学校在语文、地理、历史等学科开展了主题活动，如二十四节气与地理、二十四节气中的古诗词等，他们有计划、有方案，开展的形式也是丰富多彩的，学生也乐于参与。因此，此课题的价值就是要填补美术教育在此方面的缺失。

三、研究设计

（一）研究目标和研究假设

我们选择“八节气”开发校外美术教育资源的目的，一是让学员了解认识民族文化，增强民族自信；二是通过“八节气”美术教育资源的利用和实践，把艺术教育和创作还原于生活；三是拓展校外教育小组活动、社团活动教育形式。

本课题的研究拉开了少年宫构建美术课程体系的序幕，能够丰富校外教育的活动内容。

（二）研究内容

1. “八节气”美术资源的筛选、整理，建构美术资源体系的研究

传统文化教育是中华根的教育，前源流水，百代流淌，不可遗忘。“八节气”不仅是非物质文化遗产，而且美术资源十分丰富广泛，本着

贴近生活现实需要的原则，筛选、整理“八节气”中的美术教育资源，建构资源体系。下表即是研究的主要内容。

节气名称	可利用的资源	与文化的融合	实践的方法
立春	农村生产生活资源 物候资源 民风资源 民间手工艺资源 色彩资源 陶艺资源 建筑资源	农耕文化 生态文化 民俗文化 艺术文化 技艺文化 建筑文化	采风 写生 手工制作 插画 绘画 陶艺制作 蝶翅画制作 创意制作
立夏			
立秋			
立冬			
春分			
秋分			
夏至			
冬至			

2. 开发“八节气”美术宫本教材的研究

在筛选、整理“八节气”中美术教育资源，建构资源体系的基础上，按照校外美术小组活动和社团活动的需求，逐步开发《八节气的笔墨意趣》《八节气与工艺美术》《八节气的色彩表现》三本教材，预计每本教材 8 ~ 10 课，并在编制的过程中开展教学实践。

3. “八节气”美术宫本教材的实践研究

在以资源为载体进行教育时，我们要立足于解决现行教育中存在的知行脱节的问题，借鉴中外历史上进行“活动教学”的理论与实践成果，构建以活动为中介的教育过程，设计和创设具有教育性、艺术性、探索性、创造性的活动形式，形成能促进学生认知、情感、行为等全面和谐主动发展的新型教育模式。

（三）研究方法

1. 文献研究法：梳理、挖掘与节气相关的文化和内涵，整理相关资料，为本课题研究提供理论支撑。

2. 实践研究法：在美术教学活动中开展八节气系列课程，从学生接受程度、参与程度、八节气内容与美术课程结合的紧密程度等方面进行反思，完善教材内容。

四、研究的重点和难点

重点：结合教育教学实践活动，开发“八节气”美术教育资源。

难点：将搜索到的大量资料转化为能够提高学生核心素养和学科素养的美术课程。

五、 研究的实施计划及人员分工

序号	研究阶段（起止时间）	主要研究工作及成果名称	成果形式	承担人
1	准备阶段 2017. 10 ~ 2018. 4	1. 检索文献，学习相关理论 2. 成立课题组，制定研究方案 3. 撰写开题申报书	课题研究方案 开题申报书	乌日娜
2	研究阶段 2018. 4 ~ 2018. 9	1. 挖掘、筛选八节气美术资源 2. 开发美术资源并进行教学实践	开题报告	核心组成员
3	研究阶段 2018. 9 ~ 2020. 6	1. 编写八节气系列教材 2. 进行课题中期总结	中期汇报	核心组成员
4	结题阶段 2020. 7 ~ 2020. 9	撰写结题报告，召开结题会议，总结课题	结题报告	乌日娜

六、预期研究成果

序号	完成时间	预期研究成果	成果形式	承担人
1	2020. 9	《八节气美术资源开发的实践研究》	研究报告	乌日娜
2	2020. 6	《八节气的笔墨意趣》 《八节气与工艺美术》 《八节气的色彩表现》	教材	核心组成员

工作报告

2017年10月，课题组成立，组织申报课题《八节气美术资源开发的实践研究》，2018年10月，课题成功立项，经过两年的研究，在课题组成员的共同努力下，已完成了该课题的预期研究任务，现将研究工作汇报如下。

一、课题组成员及分工

<table>
<tr><th></th><th>姓名</th><th>学历</th><th>特长</th><th>课题组内分工</th></tr>
<tr><td>课题负责人</td><td>乌日娜</td><td>研究生</td><td>课程开发
少儿美术教育</td><td>1. 课题总负责，确定研究方向
2. 构建项目课程体系
3. 编写教材
4. 撰写论文
5. 实施教学活动</td></tr>
<tr><td rowspan="4">课题组成员</td><td>李长军</td><td>本科</td><td>组织能力
管理能力
德育教育</td><td>1. 研究大的方针政策
2. 制定课题管理制度
3. 文献检索
4. 制定研究方案</td></tr>
<tr><td>郭雪莲</td><td>本科</td><td>组织能力
管理能力
德育教育</td><td>1. 挖掘、筛选八节气美术资源
2. 组织、开展教研活动</td></tr>
<tr><td>杨帆</td><td>本科</td><td>教研能力
管理能力</td><td>1. 组织、开展教研活动
2. 指导教学活动</td></tr>
<tr><td>杨盈</td><td>本科</td><td>教研能力
管理能力</td><td>1. 编写教材
2. 管理学生档案
3. 撰写结题报告</td></tr>
</table>

二、课题研究过程

（一）课题准备阶段（2017.10～2018.4）

1. 成立课题研究组，提出研究问题。2015年起成立项目组，组织、开展《二十四节气传承美术体验活动》项目，在少年宫常规培训班和美术社团里开展二十四节气相关课程。为加强项目的科研性，成立课题组，以二十四节气中最重要的八个节气为代表，也就是“四时八节”，进行美术资源的开发研究，重点开发宫本教材。

2. 进行文献检索，学习相关内容。课题组成员共同进行文献检索，学习二十四节气的相关理论。文献检索分为两部分内容，第一部分是检索节气相关内容，包括节气的气候、物候、民俗等相关内容；第二部分是从课程入手，查找节气相关课程，以及能够与节气内容相结合的课程，进行标注和整理，草拟研究方案，理清研究思路，撰写开题申报书。

3. 召开专题会议，明确分工。课题组成员共有五人，各有优势，分工明确。小组成员共同制定课题研究日程和相关计划与规章制度，为课题运行提供组织保障、经济支持和人员保障。

（二）课题研究阶段（2018.4～2018.9）

1. 制定实施计划。课题组明确研究目标、研究内容、研究难度、研究范围等内容，制定实施计划，并按照计划开展研究工作。

2. 修订研究措施、方案，调整课题组成员的具体分工。本课题预期的成果是编写三本宫本教材，为了确保教材的可行性及普适性，课题组决定在少年宫的长训班和美术社团同步开展相关课程，依据学生学习情况，调整教材编写内容。课题组成员在此过程中以学生活动为重要参考，修改研究方案，调整分工，开展教研活动，增加论文撰写工作。

3. 挖掘、筛选八节气美术资源。课题组成员对搜集到的大量内容进行筛选，最终确定从传统的国画、现代表现的色彩和手工艺三个方面出发，编写教材。

（三）课题深入研究阶段（2018.9～2020.6）

1. 按计划定期召开课题工作总结会。课题组成员对自己研究的个例进行分析、交流工作经验，进行总结反思工作，撰写研究论文。

2. 编写八节气系列教材。针对不同教材的特点，将每个教材分为几个不同的板块，搜集教材中需要的大量图片，整理教师示范和学生作品，完善教材。

3. 对课题结题工作进行分工。整理材料，为课题的结题工作做准备。

（四）课题结题阶段（2020.7～2020.9）

1. 校对教材，整理研究成果。课题组共编写三本原创教材，分别是《八节气的笔墨意趣》《八节气与工艺美术》《八节气的色彩表现》。三本教材都完成了初步的编写，课题组成员共同整理、校对教材，做好最后的收尾工作。课题组对相关论文和案例，以及在市区的获奖情况进行了汇总。

2. 撰写课题研究报告。根据课题研究情况，从研究意义、研究方法、研究内容、研究成果等方面出发，总结研究的创新点，撰写结题报告。

3. 召开有关专题研讨会，展示成果。课题组成员组织召开结题会议，总结课题研究情况，针对课题成果进行研讨，对教材编写思路、教材内容等方面进行分析，提出建议。分享结题报告，全方面展示课题研究情况。

三、课题研究工作大事记

日期	地点	工作内容（含学习、会议、调研、资料整理、论文撰写等）
2017.10.11	305 教室	召开会议，成立项目组，确定课题选题方向，确定学习内容为二十四节气相关内容。

续表

日期	地点	工作内容（含学习、会议、调研、资料整理、论文撰写等）
2017. 12. 15	305 教室	分享、总结学习成果，制定研究方向以及具体分工。
2018. 3. 22	305 教室	整理资料，确定论文撰写方向，将八节气美术资源结合美术学科的特点进行梳理。
2018. 9. 19	307 教室	召开教研会议，对课题中的教案、论文和教材进行研究和修改。
2019. 3. 22	307 教室	召开会议，结合课程进展，分享教材编写情况，进行中期总结。
2019. 4. 3	蟹岛	主持的项目“二十四节气传承美术体验活动”获得北京市校外“三个一”优质项目，项目建设得到了市级专家的认可，为课题的继续推进奠定了良好的基础。
2019. 11. 2	少年宫	聘请市级专家周立奇、周放、吕鹏指导课题研究方法和思路。
2020. 6. 3	网络	课题组开网络会议，总结课题建设情况、教材编写情况，指出教材改进要点，安排总结工作。
2020. 9. 2	305 教室	召开结题会议，共同修改结题报告，总结教材编写过程中遇到的问题，总结课题。

结题报告

在信息化时代的背景下，美术发生了翻天覆地的变化，数字艺术在美术表现形式中占据一席之地，传统与现代的碰撞愈发激烈。如何在美术教学活动中将传统文化转化成有意义的视觉图像，进而引导学生进行新形式表达，是值得探讨的课题。

本课题是北京市“三个一”优质项目《二十四节气传承美术体验活动》之下的科研课题，以二十四节气中最具有代表性的八个节气，分别是春分、秋分、夏至、冬至、立春、立夏、立秋、立冬，结合美术教育教学实践进行深入研究，开发美术资源。

一、本课题核心概念的界定，国内外研究现状述评

（一）核心概念界定

二十四节气是指干支历中表示季节、物候、气候变化以及确立“十二月建”的特定节令。本课题“八节气”指的是：春分、秋分、夏至、冬至、立春、立夏、立秋、立冬。“八节气”确立于春秋战国时期，战国后期的《吕氏春秋》中出现了日夜分、夏至、冬至、立春、立夏、立秋、立冬等称呼。其中，除了春分和秋分两个节气，其他叫法已经跟后来完全一致。选取“八节气”为媒介开发美术资源，是因为如果按照四个季度划分，时间跨度显得太长，不足以精细地反映出大自然及社会民俗的变化；如果按照二十四节气，则时间跨度又显得太短，不足以区分两个节气之间的不同；而八节之间的时间约为45天左右，处于北纬35°～40°地带的北京，在温度、色彩、气候等方面各节均有着明显差别。“八节气”是影响人民生产和生活最具代表的节气，其中既有自然科学、社会科学的因素，又有传统文化和艺术文化的因素。

（二）国内外研究现状述评

我国有很多研究二十四节气文化的著作，如刘魁力等编写的《二十四节气民俗》、董玉学编写的《二十四节气》等。这些著述中既有民生、民俗，又有科学、艺术、传统文化内容。

二十四节气传入日本后，绘画大师大田垣晴子将二十四节气、七十二物候绘画成为《四时绘：二十四节气风物录》，融审美与形象于一体，影响着他们的生活。

目前很多学校在语文、地理、历史等学科开展了主题活动，如二十四节气与地理、二十四节气中的古诗词等，他们有计划、有方案，活动的形式丰富多彩，学生也乐于参与。

二、研究意义

第一，“八节气”美术教育资源辨识性较强，特征较明显，有利于学生认识非遗文化。

二十四节气文化是我国非物质文化遗产，是中国优秀文化的重要组成部分，蕴含着民族精神、民族气节和审美意识。2016 年，联合国教科文组织已将“二十四节气”列入世界人类非物质文化遗产代表作名录，随即掀起了“过节”热潮，2019 年故宫博物院宣传教育部编写图书《哇！故宫的二十四节气》，以开放视角展现了传统文化的魅力，彰显了二十四节气文化的当代力量。学生通过网络平台、校内学习、家庭活动等多种途径，逐渐认识到二十四节气的内涵。二十四节气产生于生活，源于人们对生活的观察，也影响着人们的生活，具有形象性。

第二，“八节气”具有丰富的内涵，适合深入的、长期的挖掘。“八节气”本身具有丰富的、可开发的资源，加上中国幅员辽阔，即使同一个节气，不同地区的气候、物候和民间风俗都各有特色。将节气资源与地域资源结合开发美术资源，内容丰富且特色明显。

第三，“八节气”美术教育资源具有实践性，能充分激发学生感受美、欣赏美和创造美的能力。美术教育与艺术创作都来源于生活，节气内涵无论从阴晴云雨这样的气候上，还是从鸟语花香这样的物候上，甚至于夏至吃面的习俗中，都极具画面感。很多画家都用自己的方法表现对节气的所见所感，如画家刘金贵、江宏伟都是运用中国画的形式创作二十四节气系列作品，所以将多种美术表现形式结合节气内涵开发教育资源具有实践性。一年之中的节气贯穿于学生的学习过程之中，学生能切实地感受到大自然的变化。将具有代表性的八节气引入到美术教学活动当中，引导学生主动探究和思考，通过学习，了解节气的物候、气候、民俗等相关知识。学生通过长期的学习与积累，加深了对中国非遗文化的理解和认识，加深了对生活的感知，主动地发现美，运用美术的媒介将自己的感受表达出来，创作属于自己的节气作品。

三、研究目标

探索将传统文化转化成有意义的视觉形象，进而转化成美术教育资源的模式和途径。

以节气为内容构建“八节气”课程体系，根据学生学情编写原创教材，丰富少年宫课程体系。

在教育教学实践中落实美术学科核心素养，以学生发展为中心，开展教学实践。

四、课题研究的方法

文献研究法：梳理、挖掘与节气相关的文化和内涵，整理相关资料，为本课题研究提供理论支持。

实践研究法：在美术教学活动中开展八节气系列课程，从学生接受程度、参与程度、八节气内容与美术课程结合的紧密程度等方面进行反思，完善教材内容。

五、研究内容

（一）“八节气”美术资源的筛选、整理，建构美术资源体系的研究

传统文化教育是中华根的教育，前源流水，百代流淌，不可遗忘。“八节气”不仅是非物质文化遗产，而且美术资源十分丰富广泛，本着贴近生活现实需要的原则，筛选、整理“八节气”中的美术教育资源，建构资源体系。

1. 收集与整理

收集与整理资料是建构二十四节气美术教育课程的第一步。通过搜索网络引擎和阅读大量的参考文献，从节气由来、气候特点、风俗活动、风俗食物、农事活动等方面出发进行资料的搜集，全面了解二十四节气。在此过程中重点研究与节气相关的气候特点和动植物的活动。以清明为例，节气清明与节日清明是同一天，对于资料的搜集可以从两方面出发，既要了解节日的起源和习俗，又要对节气的气候、物候和农事活动做全面的了解。重点要研究清明时节气候特征给自然带来的变化，如天气特点和植物生长特点等，并将获得的资料进行整理，在此基础上进行美术教育课程内容设定的探索。

<table>
<tr><th>节气名称</th><th>与文化的融合</th><th>实践的方法</th></tr>
<tr><td>立春</td><td rowspan="8">农耕文化
生态文化
民俗文化
艺术文化
技艺文化
建筑文化</td><td rowspan="8">采风
写生
中国画
插画
油画
插花艺术
陶艺制作
蝶翅画制作
创意制作</td></tr>
<tr><td>立夏</td></tr>
<tr><td>立秋</td></tr>
<tr><td>立冬</td></tr>
<tr><td>春分</td></tr>
<tr><td>秋分</td></tr>
<tr><td>夏至</td></tr>
<tr><td>冬至</td></tr>
</table>

2. 整合与提炼

将所搜集到的资料进行整合与提炼是建构二十四节气美术教育课程

的中心环节。如何将大量的资料转化为适合学生学习、能够培养学生审美能力与创新能力、能够培养学生核心素养的美术课程是本环节的主要工作。所以在课程设置上既要考虑到文化性的知识渗透，体现节气的特点，又要在激发学生学习兴趣的基础上让学生在绘画技法上有所提高和收获。在课程设置方面，知识性的渗透要全面，让学生了解节气相关的知识，培养学生热爱传统文化的情感。绘画的题材，选择与节气相关的一个知识点即可。还是以清明为例，知识性的渗透可以从节日清明与节气清明出发，通过多种教学手法，让学生了解节日的起源等内容。绘画的题材可以灵活多变，清明时节的气候特点是雨水比较大，那么从气候特点出发，我们可以以“清明时节雨纷纷”这个下雨的场景为创作主题，表现下雨的场景；清明时节恰逢春笋和竹子茁壮成长，所以也可以以春笋和竹子为绘画内容，进行课程设定；清明时节又有踏青的习俗，那么也可以以伙伴们结伴出行去踏青为表现内容，进行课程设定。

节气	时间点	习俗	动植物	课程内容设定
立春	2月3~5日	1. 鞭春牛（春耕开始立春的仪式） 2. 吃春卷，吃春饼	1. 迎春花鹅黄色的花瓣，百花之中，它开花最早，所以被叫做迎春花	1. 迎春花的画法 2. 画春牛
春分	3月20~21日	1. 放风筝 2. 春分竖蛋	1. 海棠花开放 2. 燕子	1. 海棠花的画法 2. 燕子的画法 3. 风筝的制作手工
立夏	5月5~6日	1. 立夏称人的习俗，立夏这天称重就不会因为天气逐渐炎热而消瘦。 2. 立夏煮蛋	1. 芍药五月花神 2. 农田卫士青蛙 3. 灌溉施肥，阳光相对充足，植物生长繁茂，是农作物成长的关键时期 4. 雨后蚯蚓从土里爬出来	1. 青蛙的画法 2. 画彩蛋

续表

节气	时间点	习俗	动植物	课程内容设定
夏至	6 月 21 ~ 22 日	1. 夏至吃面 2. 正午测量影子 3. 观北斗星	1. 杏成熟 2. 石榴花 3. 鹿角	1. 石榴花的画法
立秋	8 月 8 ~ 9 日	1. 七夕节，又名乞巧节 2. 称重，与立夏做对比 3. 贴秋膘	1. 向日葵盛开 2. 桃子成熟	1. 向日葵的画法 2. 桃子的画法
秋分	9 月 22 ~ 23 日	1. 中秋节，农历八月十五嫦娥奔月的故事 2. 五禽戏，华佗	1. 石榴 2. 梨子	1. 石榴的画法 2. 兔子的画法 3. 模仿五禽戏
立冬	11 月 7 ~ 8 日	1. 补冬	1. 青蛙和蛇，动物藏起来开始冬眠了 2. 梅兰竹菊四君子。冬寒兰立冬前后开放。君子，兰友，兰谊，兰章	1. 兰的画法 2. 冬眠的青蛙
冬至	12 月 21 ~ 23 日	1. 冬至吃饺子，纪念张仲景 2. 祭祖 3. 九九图	1. 山茶花 2. 四不像	1. 饺子的画法 2. 认识九九图

（二）开发“八节气”美术宫本教材的研究

第一，在筛选、整理“八节气”美术教育资源，形成教材大纲。建构资源体系的基础上，按照校外美术小组活动和社团活动需求，逐步开发教材《八节气的笔墨意趣》《八节气的手工艺制作》和《八节气的色彩表现》。其中前两本教材是以单独课程的形式出现，每个节气之间的活动内容都结合各自节气，但是没有前后逻辑的衔接。在第三本《八节气的色彩表现》中，则是以大单元课的形式进行编写，每次活动前后逻辑紧密，学生主动性强，活动更加开放，充分调动学生的学习积极性。每本教材的主题设计大纲如下。

八节气的笔墨意趣		
节气	课程名称	主题内容
立春	立春——春天在哪里	以小燕子为内容的主题创作
春分	春分——玉兰花开	以玉兰花为内容的主题创作
立夏	立夏——蛙声一片	以青蛙为内容的主题创作
夏至	夏至——一起来吃面	以面条为内容的主题创作
立秋	立秋——盛开的向日葵	运用墨、色结合的绘画形式，通过小组合作的方式完成向日葵作品
秋分	秋分——多子多福大石榴	学会画不同形态、有前后遮挡关系的石榴，并进行主题创作
立冬	立冬——幽香的兰花	学会运用笔锋的提按画盛开的兰花，并加入节气的其他特点进行创作
冬至	冬至——九九消寒图	学会画个性化的、梅花图式的九九消寒图

八节气的手工艺制作		
节气	课程名称	主题内容
立春	立春花争艳	设计并运用衍纸工具完成花卉作品
春分	春分风筝飞	设计并制作一个风筝作品
立夏	立夏芍药香	完成芍药花插花作品

续表

八节气的手工艺制作		
节气	课程名称	主题内容
夏至	夏至荷花开	用超轻黏土捏制荷花形态，进行创作
立秋	立秋向阳开	用不织布完成向日葵贴画作品
秋分	秋分菊花美	用石膏版画的形式完成以菊花为主题的作品
立冬	立冬雪花飘	创作剪纸雪花作品，用于室内装饰
冬至	冬至心儿暖	用扎染技巧制作围巾

八节气的色彩表达		
章节	课程名称	主题内容
1	色彩基础	学习色环、色相、明度、纯度等知识，学会调色方法
2	节气知识梳理与色彩采集	学生以小组为单位，完成节气知识梳理表，小组成员选择心中最具代表的节气画面，进行色彩采集
3	名作赏析与色彩采集	学习名家表达相关节气印象与画面的作品，并对名作进行色彩采集
4	节气作品创作	选择自己喜欢的节气 ，进行色彩创作
5	采集色彩在创作的二次运用	概括自己作品的图形，并按照名家色彩或节气意象色彩进行二次创作，增强对色彩的敏感程度。

第二，教材以学生获得为目标，突出学生学习的主动性。每一次课都从感受节气、学习节气知识、学习名家名作、了解绘画步骤、完成主题创作、拓展相关知识等几个方面出发，进行编写。由于三本教材依托的是三种美术工具材料，表达形式也不同，所以每本教材也有所不同。如《八节气与工艺美术》的编写思路是运用不同的手工艺形式表现不同的节气，每个节气了解、认识、体验一种手工艺，不仅丰富了学生的体验，也拓展了学生的视野。每一次课都分为六版块，分别是我的任务、我要了解的小知识、我来观察、我需要的工具材料、我能参考的步骤和我的作品。例如第二课《春分风筝飞》的教材如下。

课题：春分风筝飞

我的任务：设计并制作一个风筝作品。

我要了解的小知识：

风筝是中国传统民间艺术，由古代劳动人民发明于中国东周春秋时期的产物，东汉期间，蔡伦改进造纸术后，坊间开始以纸做风筝，成为"纸鸢"。2006年5月20日，潍坊风筝制作技艺经国务院批准列入第一批国家级非物质文化遗产名录。

中国传统风筝，根据其形状和扎制结构，共分为串式、板式、软翅、硬翅、立体（桶式）五大类。

串式风筝 龙头蜈蚣

我来观察：

我最喜欢的风筝样式：

它表达的内容是：

它的寓意是：

软翅风筝 蝴蝶　板子风筝 龙凤葫芦　桶类风筝虎头鞋

我需要的工具材料

无纺布风筝面1张
竹条2根9(40cm长)
粗线、细线各一根
针 尺子 白乳胶

我能参考的步骤

第一步：

绘制风筝图案。

第二步：

取竖向竹条12cm处，横向竹条20cm处，用细线将其绑紧、打结，并用白乳胶将风筝骨架粘在无纺布上。

第三步：

用小纸条将四个角逐个粘牢；用针在风筝十字交叉处，紧贴骨架穿过去，再从对边穿回来，打一个活结；最后在线的末端打一个死结。

我来设计风筝图案

我设计的内容是：

它的寓意是：

我的思考

我能想到的其他制作方法：

我的作品：

（三）"八节气"美术宫本课程的实践研究

依据《中国学生发展核心素养》和美术学科素养，突出校外教育活动育人的本质特征，制定完整的教学计划，撰写合理有效的活动方案和学期总结。活动采取的教学方法是以创作统整的美术形式为主，以问题导向和任务驱动，通过主动探究、团队合作等学习过程，引导学生对知识、技能进行选择和获取，运用学到的知识完成美术创作作品。

活动通过确定主题内容－感受节气内涵－主动探究知识－创新表现节气－多元评价方法－复习巩固知识－拓展传承文化，由浅入深，循序渐进地达成活动育人目标。

1. 课程内容的指向性设计

教师通过对教育教学的理解，从美术学科核心素养的五个方面出发，进行课程内容的设计。课程内容设计框架如下：

二十四节气	体验	分析	表现
	身体感受 视觉感受 民俗参与	收集资料 整合资料 归纳资料	语言表达 文字表达 字体表达

续表

二十四节气	体验	分析	表现
美术教学	感受	迁移	创作
	收集美术相关资料并整理 名家美术作品 民间美术作品	分析名家美术作品 分析民间美术作品	美术作品 手工作品 文创产品
核心素养	吸收	理解	运用
	图像识读 文化理解	图像识读 审美判断 文化理解	创意实践 美术表现

2. 学生的多样化学习方法

在核心素养体系下，以培养“全面发展的人”为核心，从学生角度出发，研究“学”的方式，提倡以学生为主体的综合式探究学习。高质量、高水准的学习方式必然体现出自主性、合作性和探究性，强调小组合作。

（1）发现式学习。发现式学习是探究性学习的一种，有利于学生个性的发展，强调发现，重视学生的主观能动性。如二十四节气美术教学中，在课前预习的环节，引导学生关注大自然的变化，主动发现节气的气候、物候等变化，并用自己的方式进行记录，在课堂上与同学们分享成果，从而提高学生的主动观察能力。在名作赏析环节，引导学生从艺术风格、时代背景等方面进行分析，提高学生的分析能力。

（2）体验式学习。体验式学习方式是指从阅读、听讲、研究、实践中获得知识或技能的过程，这一过程注重学生的亲身体验。教师通过任何可用感官接触的媒质为道具，以学生为主题，创造出值得学生回忆的教学情境，加深学生的学习印象，从而提高学习效率。如在活动“冬至——九九消寒图”中，老师和学生都穿古代服饰、在教室墙上贴上印有古代窗子的展板，创设情境，带学生“穿越”回古代，在“窗子”上画有创意的《九九消寒图》。这充分激发了学生的学习热情，学生能够积极投入，学习效果显著。

（3）合作式学习。合作式学习通过小组形式来组织学生之间以及教师与学生之间进行讨论、交流和学习，使学生对学习内容有比较深刻的掌握和理解，提高学生的沟通交流能力。如在活动《立夏时节芍药开》中引导学生用小组合作长卷的形式，完成芍药花的写生作品。作品完成后，教师与同学们一起缓缓打开长卷，当长卷一边打开一边收起的时候，看到的是每个同学的个性和对芍药花的理解，当长卷全部打开的时候，看到的就是生机盎然的夏天。这一过程进一步加深了学生对活动主题的认识。

师生共同修改后的部分长卷作品

3. 多元的教学评价方法

美术核心素养的五个方面是一个整体，不能割裂开来，要在整个课程实施过程中综合看待学生的表现。2014 年美国新修订的《国家核心艺术标准》提出了“基石性评估模式”。基石性评估是让学生用已获得的知识和技能来达到最重要的业绩标准，以此起到固定课程的作用。在美术教学活动中，通过真实情境，引导学生学会运用学到的知识和技能。突出评价的整体性和综合性，从而提高学生的核心素养。

（1）综合考量，教师采用多元检测方法。从学生积极参与比率、学生艺术实践完成比率、学生自评、学生对节气和相关知识理解的比率、拓展任务完成的比率、学习任务单完成情况等方面进行评价，注重过程中点评，鼓励学生敢于创新、大胆表现，突出其艺术特点。

学生学习任务单

任务单（一）	1. 立夏节气是每年的几月几日？ a. 5 月 5 日左右 b. 6 月 21 日左右 c. 9 月 23 日左右 2. 立夏节气，都有哪些风俗活动呢？ a.　　b. c.　　d. 3. 你能说出立夏三候是什么吗？ a.　b.　c.

（2）创设情境，鼓励学生自我评价。通过现场场景或虚拟环境等方式展示学生作品，学生以语言或文字的形式发表鉴赏报告。学生参照根据目标制定的评价指标，对自己的学习态度、行为过程和结果进行自我反思和相互评价。

六、研究成果

课题促进了教师教育理念的转变，提高了教师的教学水平和教科研能力。课题组共编写三本教材、四篇论文和多个教学案例，具体成果如下。

序号	类型	成果名称	获奖与发表
1	教材	《二十四节气的笔墨意趣》	在北京市第六届校外教育活动资料评选中，荣获二等奖
2	教材	《八节气与工艺美术》	
3	教材	《八节气的色彩表达》	
4	论文	《将二十四节气引入美术教育课程的研究》	荣获第五届全国未成年人校外教育兴趣小组活动“新理念新模式”研讨活动征文三等奖，荣获北京市中小学第十届“京美杯”征文三等奖，在《门头沟校外教育》中发表

续表

序号	类型	成果名称	获奖与发表
5	论文	《关于构建“八节气”美术教育实践课程的思路》	荣获北京市中小学第十二届“京美杯”征文一等奖，在《门头沟校外教育》中发表
6	论文	《八节气古诗词在中国画教学中的可行性研究》	荣获北京市中小学第十一届“京美杯”征文三等奖，在2018年北京市校外教育“三个一”征文活动中，荣获三等奖，在《门头沟校外教育》中发表
7	论文	《在二十四节气美术教学中落实学科核心素养的实践研究》	荣获北京市课外、校外教育理论与实践研究会论文评选活动二等奖
8	案例	《冬至——九九消寒图》	荣获北京市中小学第十二届“京美杯”征文一等奖
9	案例	《立夏时节芍药开》	在第七届北京校外教育理论与实践研究征文评选活动中荣获一等奖，在《北京市校外教师基本功展评案例集》中发表
10	案例	《夏至——一起来吃面》	荣获北京市中小学美育改革创新优秀案例优秀奖，在2018年北京市校外教育“三个一”征文活动中荣获三等奖

七、课题反思

第一，应继续打造高水平专业教师队伍。二十四节气可结合的美术学科种类众多，愈是不断推进，愈是发现需要做的事情很多。少年宫强大的支撑与保障更加凸显出项目中专业教师资源的不足。在打造精品阶段，项目组应吸纳高水平的专业教师，并通过培训，提高组内教师的专业水平，为项目的发展提供动力。

第二，应提高教师教科研能力。课题组成员从论文、案例、教材三方面入手，进行教育教学研究，形成体系且研究深入。但是对于二十四节气内涵的研究、对美术学科以及教育大环境的研究都需要理论和研究方法的支撑，只有提高教师教科研能力才能让项目有更高的发展空间。

第三，应完善课程体系，建立二十四节气美术体系。目前课程体系主要是从美术的三个方面建设的，分别是中国画创作、手工艺制作和色彩表达，虽然相互之间有联系、有补充，但是逻辑关系没有十分严谨。在之后的构建过程中计划以绘画材料或者主题进行划分，从大美术观的角度构建课程体系。

第四，应更加突出学生主体地位，引导学生主动传承节气文化。学生通过学习能关注节气变化，说出节气相关知识，能自信、大胆地以节气为内容进行创作。提高了主动探究、团队合作、交流沟通、创新与创造等综合素养。但是学生对于节气内涵的学习与传承仍然被动，应在学生活动中增加学生的参与度，化被动为主动，建立学生的文化自信。

ARTICLE 6

在非遗教育中培养学生核心素养的课程开发与实施研究

课题负责人　李　毅

核心组成员　宋孝宁　彭丽明　许德彦　王海龙

负责人单位　北京市门头沟区琉璃渠中小学劳动艺术教育基地

成 果 形 式　结题报告　教学资源包　案例集　相关教材

开题报告

一、课题研究的背景

（一）选题缘由

北京市门头沟区琉璃渠中小学劳动艺术教育基地位于京西琉璃渠村，地处九龙山脚下，吮吸着永定河水之灵气，承载着千年古村落文化之底蕴，这个中国历史文化名村山清水秀，文化景点众多，是北京市现有的三个国家级历史文化名村之一；国家级非物质文化遗产——琉璃烧制技艺历史悠久，是对中小学生进行非物质文化遗产传承的校外教育难得的实践场所。深入挖掘地区优质教育资源，大力弘扬琉璃文化，充分发挥学生的主动性，把培养学生核心素养作为教育基地一切工作的出发点和落脚点，是我们教育系统无可替代、责无旁贷的责任和义务。

得天独厚的人文环境和极具特色的非物质文化遗产教育资源，为开展以“弘扬琉璃文化，体验琉璃工艺制作”为主题的综合实践活动课程提供了丰厚的教育资源、技术支持和优质的自然环境。走进琉璃渠基地，就像走进了琉璃文化博物馆，承载着传承地区历史文化的重任。

（二）研究意义

第一，有利于校外特色课程的进一步完善。琉璃烧制技艺在2007年被评为国家级非物质文化遗产。随着全球化趋势的加强和现代化进程的加快，我国的文化生态发生了巨大变化，非物质文化遗产受到越来越大的冲击。一些依靠口授和行为传承的文化遗产正在不断消失，许多传统技艺濒临消亡，我们的“琉璃烧造技艺”也面临着这样的境遇，琉璃生产线在不断萎缩，工厂在不断转产，传承人以及世代以琉璃烧制为业的专家面临后继乏人的尴尬境地。丰富的文化积淀、闲置的各样设备和场地、急于寻找传承人的琉璃大家、多处的古建遗址……这些为我们校外课程资源的开发提供了不可多得的机遇。

第二，有利于推动区域非遗文化的保护和推广。基地承担着全区中小学生的综合实践活动和全市的初中开放性科学实践活动课程，每年近10000人次的受众群体，成为文化宣传和推广的中坚力量，与非遗社会宣传比较，学校非遗教育的作用更大，意义更深远。

第三，有利于学生形成文化自觉。青少年处于文化启蒙、人格养成、世界观形成的关键阶段，非遗教育必须从娃娃抓起；另一方面，国民教育学校的文化教育资源丰富、完整，有进行系统全面传统文化教育以及与其他学科融合的教育和研究的最佳条件。而且，任何形式的社会宣传都不可能送达所有人，唯有通过一代代的学校教育，才能达及每一个公民，形成全社会、全民族的文化认同。

二、文献综述

（一）核心素养在本课题中的定位

教育部在《关于全面深化课程改革落实立德树人根本任务的意见》中提出构建各学段学生发展核心素养体系，明确学生应具备的适应终身发展和社会发展需要的必备品格和关键能力。学生发展核心素养的提出将有助于学科边界的软化以及“跨学科”的整合。加强对课程建设综合化发展趋势、学生学习体验、动手实践及创新意识的关注，将成为校外综合实践活动课程建设新的契机。在众多专家学者解读的文献中，本课题采用以北京师范大学林崇德教授为首席专家的学生核心素养研究课题组提出的框架，学生核心素养总框架的建构应包括以下内容：社会参与（公民道德、社会责任、国家认同、国际视野）；自主发展（身心健康、自我管理、学会学习、问题解决与创新）；文化修养（语言素养、数学素养、科技与信息素养、审美与人文素养）共三个领域十二项核心素养指标。核心素养成为一个统帅各国教育改革的上位概念，引领并拉动课程教材改革、教学方式变革、教师专业发展、教学质量评价等关键教育活动。把非物质文化遗产教育与培养学生核心素养有机地结合，并以课程化呈现给学生，我们认为还是一个新的课题。它既是校外教育与校内教育的有机结合，更是开发实施校外教育课程的重要途径。

（二）非遗文化——琉璃烧制技艺在课题中的定位

2007 年琉璃烧制技艺被北京市政府、北京市文化局列为“市级非物质文化遗产”；2008 年琉璃烧制技艺被中华人民共和国国务院、文化部列为“国家级非物质文化遗产”；2010 年琉璃烧制技艺被门头沟文化馆列为“北京市门头沟区非物质文化遗产保护传承基地”。作为非遗文化的琉璃到底为何物?《辞海》解释为：“琉璃是一种矿石质的有色半透明体材料。”在《自然科学史研究》第三卷上刊登的清华大学杨根等人撰写的《古代建筑琉璃色考略》中阐述为：“琉璃是一种不透明或半透明的低温釉，施于陶制瓦上烧成后，即为琉璃瓦。”成书于战国时期的《尚书 禹贡》中把琉璃称为“缪琳”，其本意指美玉、玻璃。著名的文物鉴定大师史树青先生认为：“琉璃在我国史籍中虽有各种不同的名称和写法，但其起源，多数人认为是希腊语及拉丁语的对音。”1981 年《文史》第十一辑《陆璃新解》一文中提出：“陆璃一词，古籍习见。诸家训释，未探本源。今依文字、声韵，结合出土文物，知陆璃即琉璃，引申为色彩光亮。”《汉语外来词词典》上说：“琉璃，一种有半透明度矿物质，可作为制造器物的材料，也指涂油的瓦（琉璃瓦）。”古人对于琉璃的概念比较宽泛，以至把天然水晶、宝石、玻璃、料器、琥珀等统称为琉璃，一直到现在，很多人仍然把工艺玻璃和料器称为“工艺琉璃”，其实它们与琉璃之间是有很大差别的。对于这个问题，李全庆、刘建业编写的《中国古建筑琉璃技术》一书中明确指出：“琉璃是一种用铝和钠的硅酸化合物，经高温烧成的釉质物。在古代曾写作流离、镏璃。它往往是琉璃、玻璃、料器、珐琅等物质的统称，同时还与其他陶质和瓷质器皿表面的各种釉质物相混称。后来，当琉璃大量地被应用在建筑中，并且有了固定配比的‘药材’和严格的烧制工艺的时候，它才专指以氧化铅、石英为主要原料的建筑陶釉。”明朝以后

“琉璃”改称“料器”。清康熙年间，皇帝命工部在北京琉璃厂设置御厂，供奉内廷，称“宫料”“御琉璃”。琉璃被誉为中国五大名器之首、佛家七宝之冠，自古以来一直是皇室专用，突出古代皇宫贵族身份和地位，对使用者有极其严格的等级要求，所以民间很少用。

琉璃传达中国深邃的文化底蕴，充分发挥其材质的光泽、多彩、柔媚、神秘的特性，具有独一性，更加造就了它的珍贵。

（三）国内外相关教材比较与分析

我们查阅了大量的资料，进行了大量的网络浏览，走访了众多民间艺人。皇家官式琉璃因造价高、工艺繁琐、核心工艺保密等原因，一般以家族或师徒口口相传为要，在生产生活中也多以谚语总结和传承，比如“黑低、黄中、翠高、绿要稳”“做活的不扎眼——串釉”“一九二九难进窑，三九四九夜里逃，五九六九井台走，七九八九昼夜行，九九八十一，全厂踩和泥”等等，而文字材料的系统教材鲜有露世，且流通量非常少，特别是在国外文献中我们没有发现。

现今，虽然陶瓷专业的高校和相关系院有陶瓷工艺、雕塑、美工设计等系列的课程，国内外介绍陶瓷的书籍也比较多，但这些课程教材多以制作技法和工艺流程为主，也有系统的介绍陶、瓷文化发展史，但涉及官式琉璃烧造工艺和制作工艺的非常之少。

2006 年 12 月由齐鸿浩先生撰写的《京西琉璃烧造艺术》一书，较为详尽地阐述了琉璃烧造沿革、琉璃烧造工艺流程、琉璃构件的种类及特点、京西琉璃烧造价值等，但作为教材或者说作为指导学生认识琉璃、动手体验琉璃制作工艺的资料而言，还是比较专业难懂。由北京民间文艺家协会编写的《北京琉璃文化》一书，通过概述、琉璃文化、文物古迹、教育、文化、民俗、水利文化、红色之旅等多方面介绍了琉璃村。1987 年由李全庆、刘建业编写的《中国古建筑琉璃技术》一书，以明清两代宫式建筑的做法为标准，记载琉璃构件从制坯、配料到烧制的全部工艺过程，并介绍了琉璃构件的组合和施工方法等。清初王久礼主编的《工程做法则例》更为详尽地记录了琉璃制作过程中的高低、大小、尺寸、格局以及吻兽、色泽装饰等。

这些书籍虽然较为详实地记录了琉璃的相关内容，但作为中、小学生使用的教材而言，要么晦涩难懂，要么专业性非常强，并不适合中、小学生了解和弘扬琉璃文化，不适合学生动手体验琉璃制作工艺和流程。

北京义务教育课程改革实验教材《美术》虽有介绍建筑、陶艺等相关内容，但对琉璃的历史及工艺涉及很少，相对官式琉璃制作工艺而言不够系统。

综合现有的文献资料，结合陶瓷制作技法与琉璃制作的相关性，我们从官式琉璃制作的工艺流程和烧成技法入手，以官式琉璃背后的历史、文化为基础，取其精华，去其糟粕，进行适合中、小学生们认知和动手实践的校外课程教材开发和实施。

三、研究设计

（一）研究目标和研究假设

通过传承非遗文化的实践活动构建相关的实施课程内容，从而培育学生的核心素养——社会参与、自主发展、文化修养的全面提升。

（二）研究内容

1. 开发特色校外课程，在非遗教育中培养学生的核心素养

要落实培养目标，需要依靠课程。核心素养成为当前许多国家教育改革的支柱性理念，对研制课程标准、开发教材与课程资源起着重要的推动作用。琉璃烧造于2007年认定为第二批国家级非物质文化遗产，但随着新建筑材料的大量出现，琉璃建筑材料市场面临消失，琉璃文化传承也面临着后继无人的局面。保护和传承悠久历史文化，传承非物质文化遗产技艺，成为我们的重要责任与使命。

2. 特色课程实施过程中的有效性实践研究

课程出现以后重要的是如何发挥出实效性，能走进孩子们的身心，能转化成发展的内因，这是我们关注和研究的重要内容。

（三）研究方法

本课题采用调研法、资料收集法、实践研究法进行研究。

四、研究的重点和难点

重点：特色课程中如何呈现非遗文化的核心内涵（琉璃制作工艺流程、琉璃纹饰的文化元素、琉璃纹饰的文化符号），是我们研究的重点。

难点：如何在实践过程中进行有效的评价和追踪，真正让受众收获社会参与、自主发展、文化修养等素养，是本课题研究的难点。

五、研究的实施计划、人员分工以及预期研究成果

主要阶段及成果				
序号	研究阶段（起止时间）	主要研究工作及成果名称	成果形式	承担人
1	调查阶段（2016 年 12 月至 2017 年 3 月）	调查本地区非物质文化遗产资源，包括琉璃制品厂发展历史，走访非遗传承人、本地区的老工匠、老艺人、全区部分中小学生，了解他们对琉璃文化知多少，了解学生对以往来基地参加综合实践活动的感受与体会。申报课题，请求立项。	课题申报报告	江克祥及课题组成员
2	思辨阶段及开题阶段（2017 年 4 月）	深入学习国家教育改革发展纲要等相关的教育理论，了解非物质文化遗产青少年教育与校外教育的契合点，理清核心素养与校外教育关系，展开分析，指导研究。	理清思路，形成共识	课题组成员
3	实施阶段（2017 年 5 月至 2019 年 7 月）	在理论指导下展开学习实践，实施研究。并请专家指导，以手记等形式展开中期研究成果。	撰写中期课题研究报告	课题组教师，李毅完成报告撰写

续表

主要阶段及成果				
序号	研究阶段（起止时间）	主要研究工作及成果名称	成果形式	承担人
4	结题阶段（2019年8月至12月）	总结反思，撰写结题报告，上交研究成果。	（1）调查报告一份 （2）研究随笔，案例，小论文若干篇 （3）结题报告一份 （4）反思随笔若干篇	课题组成员
最终研究成果				
	完成时间	最终成果名称		
1	2018年7月	《在非遗教育中培养学生核心素养课程的开发与实施研究》中期研究报告	江克祥	
2	2018年12月	中期成果汇报：核心组成员在《在非遗教育中培养学生核心素养课程的开发与实施研究》实施过程中的相关心得、论文交流	课题组成员	
3	2019年12月	《在非遗教育中培养学生核心素养课程的开发与实施研究》研究报告 《在非遗教育中培养学生核心素养课程的开发与实施研究》案例成果集，并印制成册 《在非遗教育中培养学生核心素养课程的开发与实施研究》教学资源包，含教学课件、教学视频、学生心得感悟分享视频等	课题组成员	

工作报告

琉璃渠基地课题组自课题《在非遗教育中培养学生核心素养课程体系的开发与实施研究》立项以来，我们课题组以课题研究为主旨，发扬求真务实、自主创新的精神，全体课题组成员紧紧围绕课题方案的研究内容、研究方法、研究目标开展了一系列的理论学习和实践探究，课题研究取得了较大的研究成果，拟申请结题验收，现将课题研究工作情况进行报告。

一、领导重视，成立机构，明确责任，全员参与

为使我们的《在非遗教育中培养学生核心素养课程体系的开发与实施研究》课题研究工作能够顺利开展，使课题研究走向规范化、科学化，基地将本课题研究作为重要事情来抓，成立课题研究领导小组。课题研究小组成员名单及分工如下。

主持人：李毅，负责统筹课题研究全局，指导课题开展工作，撰写课题研究方案及课题开题、结题报告。

副组长：宋孝宁，课题资料整理打印及日常课题工作开展管理。

组员：彭丽明、王维、许德彦、王海龙，根据课题研究内容进行课题研究与实践，课题研究活动主要设计，撰写相关论文，参加课题相关培训。

二、具体工作

（一）调查阶段（2016 年 6 月至 8 月）

调查本地区非物质文化遗产资源，包括琉璃制品厂发展历史，走访非遗传承人，本地区的老工匠、老艺人，全区部分中小学生。了解他们对琉璃文化知多少，了解学生对以往来基地参加综合实践活动的感受与

体会。确定课题研究方向，组建课题组，商议研究计划。

请有关专家对课题组成员开展研究方法和相关理论的培训。

撰写开题报告，开题。

（二）思辨阶段（2016 年 9 月）

深入学习国家教育改革发展纲要等相关的教育理论，了解非物质文化遗产青少年教育与校外教育的契合点，理清核心素养与校外教育关系，展开分析，指导研究。

（三）实施阶段（2016 年 10 月至 2020 年 9 月）

本阶段主要是进行课题的研究、评估、修正、完善阶段

本阶段，课题组在前期基础研究的前提下强化理论总结、成果转化、升华与推广，由一般的理论研究走向深刻的教学实践。

1. 发挥课题组成员特长，确定各自研究方向

课题组经过反复研讨和论证，根据课题组成员的特长确定了各自研究的主要方向。主持人李毅具有较强的教学创新意识与能力，更具有非常强的责任感，负责统领课题的新课开发与研究，比如组织教师参观培训，带领学生参观百年琉璃瓦厂，系统学习琉璃烧造技艺，带领团队备课和进行实验研究。王维老师具有高度的热情和创新意识，带领学生进行注浆课程的创作研究，并把教学经验上升为理论，形成说课与同仁分享。许德彦老师是一位资深老教师，与王海龙老师共同开发模印部分的教学内容。彭丽明老师年轻有工作热情，主要负责手捏、泥塑课程的研究。

2. 课题深入研究动员大会

2016 年 6 月举行课题研究讨论会暨课题研究进一步深入的动员大会，在这次会议上强化了课题研究的基本思路和整体框架，展示各部分课题研究的主要思路，对课题组成员进行了一次集中培训。

3. 课题实施、完善阶段（2016 年 10 月至 2020 年 2 月）

在理论指导下展开学习实践，实施研究，并请专家指导，开展课

题研究。

（1）开发特色校外课程，在非遗教育中培养学生的核心素养

基地经过前期的查阅资料，学习琉璃制作，设计开发三大类 12 项主题活动，这些活动涵盖了小学和初中学生，根据学生年龄特点和认知规律，基地将陶艺・琉璃文化课程分小学阶段、初中阶段、高中阶段，按照三个阶段编印了综合实践活动课程《琉璃、陶艺制作》教程。小学开发试验的课程有：手捏成型、软陶制作、瓷盘彩绘、模印成型课程，中学开发试验的课程有：拉坯成型、泥塑成型、丝网花手工制作、注浆成型。高中开发试验的课程有：泥板雕刻、拉坯成型、琉璃施釉等。

（2）实施特色校外课程，通过课程实施培养学生社会责任感

课程的实施主要以校外教育形式开展，通过北京市社会大课堂、北京市校外教育协会的“阳光少年”活动和中小学生“330 课外活动”，充分利用这些时间，面向全市中小学生以主题活动的形式来基地学习体验。学生在实践活动中认识、了解了琉璃，感受到琉璃的非凡意义，更为家乡有千年的琉璃窑火而自豪，激发学生爱家乡之情。

（四）结题阶段（2020 年 2 月至 9 月）

课题组成员将各阶段成果进行分析、研究、反思、总结，得出切实可行的授课方法，形成基地特色课程。

历经三年的课题实验，经过课题团队的钻研实践，摸索出了适合小学低年级与初中学生的教学方案，使学生来到基地，在有限时间内能够轻松、快乐地认识、了解琉璃知识，应用琉璃上的图案去创作具有琉璃文化意蕴的作品。本课程的内容、上课形式、评价方法等等已纳入基地课程改革内容，并将在今后的实施过程中不断总结和提炼，不断服务于深综改的课程服务体系。总结反思，撰写结题报告，上交研究成果。

结题报告

一、课题研究的背景

教育部在《关于全面深化课程改革落实立德树人根本任务的意见》中提出构建各学段学生发展核心素养体系，明确学生应具备的适应终身发展和社会发展需要的必备品格和关键能力。学生发展核心素养的提出将有助于学科边界的软化以及“跨学科”的整合。加强对课程建设综合化发展趋势、学生学习体验、动手实践及创新意识的关注，将成为校外综合实践活动课程建设新的契机。

自20世纪90年代以来，“核心素养”就成为全球范围内教育政策、教育实践、教育研究领域的重要议题，国际组织与许多国家或地区相继构建学生核心素养框架。以北京师范大学林崇德教授为首席专家的学生核心素养研究课题组认为，学生核心素养总框架的建构应包括社会参与（公民道德、社会责任、国家认同、国际视野）、自主发展（身心健康、自我管理、学会学习、问题解决与创新）、文化修养（语言素养、数学素养、科技与信息素养、审美与人文素养）三个领域十二项核心素养指标。核心素养成为一个统帅各国教育改革的上位概念，引领并拉动课程教材改革、教学方式变革、教师专业发展、教学质量评价等关键教育活动。把非物质文化遗产教育与培养学生核心素养有机地结合，并以课程化呈现给学生，我们认为还是一个新的课题。它既是校外教育与校内教育的有机结合，更是开发实施校外教育课程的重要途径。

琉璃渠中小学劳动艺术教育基地位于京西琉璃渠村，地处九龙山脚下，吮吸着永定河水之灵气，承载着千年古村落文化之底蕴。这个中国历史文化名村山清水秀，文化景点众多，是北京市现有的三个国家级历史文化名村之一；国家级非物质文化遗产——琉璃烧制技艺历史悠久，琉璃渠基地是对中小学生进行非物质文化遗产传承教育的校外教育场所。基地深入挖掘地区优质教育资源，大力弘扬琉璃文化，充分发挥学生的主动性，把培养学生核心素养作为教育基地一切工作的出发点和落脚点，取得了令人瞩目的教育效果，成为门头沟区教育一道靓丽的风景线。

得天独厚的人文环境和极具特色的非物质文化遗产教育资源，为开展以“弘扬琉璃文化，体验琉璃工艺制作”为主题的综合实践活动课程开发与实施提供了丰厚的教育资源、技术支持和优质的自然环境，走进琉璃渠基地，就像走进了琉璃文化博物馆，它承载着传承地区历史文化的重任。

二、课题研究的意义

基地把传统文化与课程有机结合，以课程化的形式实现非物质文化遗产青少年教育。把非物质文化遗产教育内容融入培养学生核心素养的大教育观，明确核心素养的要素指标，构建课程体系和评价体系，让学生在积累知识的同时形成文化自觉。把校外教育与校内教育有机结合，形成校内外立体的、多元化的教育体系。把课程开发与实施培育教师核心素养，提高校外教师综合素质相结合，在课程开发中更新教师课程理念，提高科研水平，培养复合型校外优秀教师。

三、课题研究的目标

本课程体系有实践性、开放性、生成性、自主性这样几个基本特性，实施有效校外教育，培育学生的社会主义核心价值观，培养学生的社会责任感、使命感。基地还要进一步研究、挖掘非遗文化与学生核心素养提升及校外教育的有机联系、相互影响，使基地课程更加科学有效。

四、课题研究的内容

（一）开发特色校外课程，在非遗教育中培养学生的核心素养

要落实培养目标，需要依靠课程。核心素养成为当前许多国家教育

改革的支柱性理念，对研制课程标准、开发教材与课程资源起着重要的推动作用。琉璃烧造于2007年被认定为第二批国家级非物质文化遗产，但随着新建筑材料的大量出现，琉璃建筑材料市场面临消失，琉璃文化传承也面临着后继无人的局面。保护和传承悠久历史文化，传承非物质文化遗产技艺，成为我们的重要责任与使命，也是利用地区资源对学生进行核心素养培养的重要途径。构建课程体系，围绕学生核心素养的培养，基地已开发了三大类15项主题活动，这些活动涵盖了小学和初中学生。根据学生年龄特点和认知规律，基地将陶艺·琉璃文化课程分为小学阶段、初中阶段、高中阶段，按照三个阶段编印了综合实践活动课程《琉璃、陶艺制作》教程。

（二）实施特色校外课程，通过课程实施培养学生社会责任感

核心素养的培育，要求改进教学方法。校外教育的特点由教师引导转向学生独立应用、说明和解释，发展批判性思维和问题解决能力。教师在教学过程中以学习者为中心，参照每个学生的知识和经验，满足他们独特的需要，使每个学生的能力都得到发展。琉璃文化内容主要是文化的传承和琉璃在历史上的重要意义、琉璃制作与中国陶瓷艺术制作的联系等，基地现在开发实施着十几门成熟课程，结合校外教育特点和基地资源特色，把现有校内课程整合到校外教育，在教学中把提升学生的核心素养作为教育的最终目标，这就需要我们不断探索校外教学的方法和理念，形成围绕核心素养的教学体系和课程体系。

课程的实施主要以校外教育形式开展，通过北京市社会大课堂、北京市校外教育协会的“阳光少年”活动和中小学生“330课外活动”，充分利用这些时间，面向全市中小学生以主题活动的形式来基地学习体验。课程资源主要有基地内和基地周边两部分，基地内有专业教师和专业教室，有琉璃文化园、琉璃文化墙、琉璃大道、琉璃展厅等，周边地区资源主要有官式琉璃烧造工厂和历史文物古迹。课程具体内容如下。

小学部分

主题一：琉璃生产工厂及琉璃园参观。有助于学生了解门头沟琉璃文化形成的历史、区域概况；知道琉璃作品制作的工艺流程；理解琉璃文化的丰富内涵，继承优秀民族文化传统；增强民族自豪感和自信心。以参观为载体，引领学生知道、学道、践行传统文化，启发学生文化自觉意识的形成。

主题二：成型工艺——模印。有助于学生了解琉璃建筑工件在制作流程中的成型方法，知道模印成型的必备设备及材料，体会劳动人民在生产生活中的总结和智慧提炼，促进团队合作意识的培养。

主题三：成型工艺——手捏。有助于锻炼学生的感统配合和空间设计、构思、审美能力的形成，掌握基本的操作手法，学会基本的操作技巧。

主题四：装饰工艺——彩绘。有助于学生了解琉璃生产的工艺流程，了解施釉的基本知识，用彩绘的方法表达作品的釉料色彩，为施釉奠定基础。

主题五：拓展延伸——软陶制作。有助于培养学生学习兴趣，采用材料替代的手段和手法，通过色彩搭配、成型手法的综合运用，培养学生变通理念和可持续发展思想，给孩子更广阔的创作发展空间。

中学部分

主题一：成型工艺——泥条盘注。有助于学生了解琉璃工艺操作流程，掌握泥条工艺的基本操作手法、粘接手法，形成基本操作技能。

主题二：成型工艺——拉坯。有助于学生了解琉璃工艺操作流程及工艺的历史，体验琉璃成型工艺中拉坯的制作方法，掌握拉坯工艺的基本操作要领和手法，随心所欲地制作圆滑润泽的器皿，形成基本技能。

主题三：成型工艺——注浆。有助于学生了解琉璃工艺操作流程及工艺的历史，体验琉璃成型工艺中注浆工艺的制作方法，掌握注浆成型的操作程序和技法，形成基本技能。

主题四：成型工艺——泥板创作。有助于学生了解琉璃制造工艺流程中的成型工艺，并在此基础上能有创造性地运用所学的技法和知识，开展作品创作。

主题五：装饰工艺——修坯与雕刻。有助于学生更精细化地完成作品，了解、体验琉璃图案在雕刻工艺方法中的运用，在雕刻中找到灵感，在创作中修身养性，提升艺术修养。

根据不同年级、不同学校的需求，我们采取“私人定制”的方法，设计活动，学生可以在我们的菜单中选择自己喜欢的、感兴趣的活动主题参加活动，基地给他们提供优质的教育内容和服务。

在教学评价上，对教师制定了《课程量化考核细则》，确立了活动课的课程目标、课程组织、教学内容、课程评价体系。基地制定了《琉璃渠中小学劳动艺术教育基地课程学习成绩评定办法》，每次课程通过学生自评、互评、小组评议、教师评议等形式对学生给出全方位的评价，以激励为主，肯定学生的成功，提出改进意见，激发学生的自信心和责任感，在实践中获得成功的体验。每年组织中小学生参与“走进琉璃之乡”主题征文活动，按照学生1%的比例收集，并进行审阅评议反馈给学校，对优秀征文给予表彰奖励，推出学生征文集，组织重返基地活动，极大地激发和调动了学生的学习热情和积极性，收到了良好的效果。

我们在教学改革中，需要倡导启发式、探究式、讨论式、参与式教学，激发学生的好奇心，培养学生的兴趣爱好，营造独立思考、自由探索、勇于创新的良好环境，让学生学会学习、合作学习、自主学习。

（三）提升教师素质是培育学生核心素养的关键

培育学生的核心素养，教师必须具备必要的专业素养。未来的校外教育机构应向专业化、信息化、社会化和国际化方向发展，这就要求校外教师不仅是一专多能，具有丰富的教育经验和专业技能，而且要有更高的综合素质，在培养学生核心素养的同时，也要提高自身的核心素养，首先要具备创新精神，具备先进的教育理念，具备较强的专业知识和实践能力。必须从能工巧匠的角色转变为学生校外教育的指导者、学生校外活动的组织者和管理者、校外教育的研究者。这种转变的核心就是要成为复合型的角色。我们的教师培训需要整体变革，根据学生核心素养培育的要求，重新建构教师培训的目标、课程、模式等。

（四）通过评价改革推进学生核心素养培育

核心素养所具有的整合性、跨学科性及可迁移性等特征，尤其是其所包含的大量隐性知识和态度层面的要素，给评价带来极大挑战。就我们而言，评价重点需要由分科知识的评价转向基于核心素养领域的评价，评价方法技术则要求多元化。当前需要重点关注的是：如何将学生核心素养评价体系的建构、实施，和当前的课程与教学体系、评价体系（含评价工具）、标准体系进行深度整合；如何全面提升针对核心素养指标的评价方法与技术，特别是对于复杂认知能力、态度与价值观的评价，以及网上测验的开发等。

上述问题是我们课题《在非遗教育中培养学生核心素养的课程体系开发与实施研究》中的重点关注的问题，也是课题研究的切入点。通过课题研究达到几个结合，也是我们最终的目标：把传统文化与基地课程有机结合，以课程化的形式实现非物质文化遗产青少年教育；把非物质文化遗产教育内容融入培养学生核心素养的大教育观，明确核心素养的要素指标，构建课程体系和评价体系，让学生在积累知识的同时形成文化自觉；把校外教育与校内教育有机结合，形成校内外立体的、多元化的教育体系；把课程开发实施与培育教师核心素养、提高校外教师综合素质相结合，在课程开发中更新教师课程理念，提高科研水平，培养复合型校外优秀教师。

五、课题研究的方法

在课题的开发与研究过程中采用讨论法、文献法、行动研究法、案例分析法等一系列研究方法，边学习，边实践，边讨论，边总结，在实践中获得理论，获得方法。

（一）讨论研究法

1. 在课题团队中应用讨论法

课题团队在研究过程中，将个人的经验、了解到的新知识、个人的困惑互相分享，充分讨论，解决难题，攻克难关，增强了团队解决问题的能力与凝聚力。

2. 在课题实施过程中应用讨论法

本课题在小学高年级和初中运用讨论法。在课题实施的研究阶段，通过讨论法的运用，能有效地团结协作，特别是在藏书票版面的设计环节，因为藏书票的图案内容既要突出个人特色又要融入部分琉璃图案元素，学生通过讨论，彼此启迪，加深对琉璃纹饰的理解，解决个人出现的创作难题，能有效选取自己感兴趣的部分来设计藏书票版面。这样的讨论，更有效地培养了学生的思维发散能力、口语表达能力，团结协作精神。

（二）文献研究法

通过广泛阅读国内外相关文献资料，研究建筑琉璃的发展现状与发展趋势，根据本课题的研究方向从中国古代建筑史，建筑装饰及藏书票的发展及制作方面搜集文献，对搜集到的文献进行比较和借鉴，加以提炼分析，为本课题提供有力的论证资料。对原有文献加以重新组合、升华，从而找出本课题研究内容间的新联系、新规律，形成新观点，创造出新理论。

（三）行动研究法

在课题开发的过程中，根据研究的需要与百年琉璃制品厂专家合作，为教师与学生讲解琉璃文化知识，传授琉璃烧造技艺。聘请特级教师为课题组成员培训开题报告与结题报告的撰写方法，做到理论与实践的真正融合。

（四）案例分析法

针对基地接待的小学四年级学生和初中一年级学生进行分年级段的案例研究与分析。通过对四年级不同区域学生的案例分析，认识到同一年级段的学生存在动手能力和思维广度上的差异，并针对这一情况及时调整教学方法，适合学情，使学生能够有效学习琉璃知识，真正动手实践。

通过对小学高年级和初中低年级学生的案例分析，更好地做到教学内容难易程度的把握，有针对性地为学生提供创作学案，为课题的顺利实施提供了有力保证。

六、课题研究的基本过程

调查阶段（2016 年 6 月至 8 月）：调查本地区非物质文化遗产资源，包括琉璃制品厂发展历史，走访非遗传承人、本地区的老工匠、老艺人、全区部分中小学生，了解他们对琉璃文化的知识，了解学生对以往来基地参加综合实践活动的感受与体会。申报课题，请求立项。

思辨阶段（2016 年 9 月）：深入学习国家教育改革发展纲要等相关的教育理论，了解非物质文化遗产青少年教育与校外教育的契合点，理清核心素养与校外教育关系，展开分析，指导研究。理清思路，形成共识。

实施阶段（2016 年 10 月至 2020 年 2 月）：在理论指导下展开学习实践，实施研究。请专家指导，以手记等形式展开中期研究成果。撰写中期课题研究报告。

结题阶段（2020 年 2 月至 9 月）：总结反思，撰写结题报告，上交研究成果。

七、课题研究的成果

（一）开发特色校外课程，在非遗教育中培养学生的核心素养

基地经过前期查阅资料，学习琉璃制作，设计开发了三大类 12 项主题活动。这些活动涵盖了小学和初中学生，根据学生年龄特点和认知规律，基地将陶艺·琉璃文化课程分小学阶段、初中阶段、高中阶段，按照三个阶段编印了综合实践活动课程《琉璃、陶艺制作》教程。小学开发试验的课程有：手捏成型、软陶制作、瓷盘彩绘、模印成型课程；初

中开发试验的课程有：拉坯成型、泥塑成型、丝网花手工制作、注浆成型；高中开发试验的课程有：泥板雕刻、拉坯成型、琉璃施釉等。

（二）实施特色校外课程，通过课程实施培养学生社会责任感

课程的实施主要以校外教育形式开展，通过北京市社会大课堂、北京市校外教育协会的“阳光少年”活动和中小学生“330 课外活动”，充分利用这些时间，面向全市中小学生以主题活动的形式来基地学习体验。学生在实践活动中认识、了解了琉璃，感受到琉璃的非凡意义，更为家乡有千年的琉璃窑火而自豪，激发学生的爱家乡之情。

课题成员成果								
姓名	时间	类别	名称	级别				总计
				国家等级	市级等级	区级等级	校级	
李毅	2017. 8	论文	版画珍珠方寸琉璃	√				5
	2017. 11	成果选辑	《以藏书票形式来传承琉璃文化的开发与研究》发表在《北京市基础教育课程建设优秀成果选辑（七）》		√			
	2018. 6	研究课	琉璃渠教育基地课程开发建设与实施		√			
	2018. 11	综合实践成果集	非遗文化传承——基地特色课程建设		√			
	2019. 6	报告	《琉璃烧造技艺》——琉璃制作			校外教育杂志发表		

续表

课题成员成果								
姓名	时间	类别	名称	级别				总计
				国家等级	市级等级	区级等级	校级	
王维	2017.6	微课	第三届微课征集与评选《琉璃施釉技法学习》		1			9
	2017.9	教学设计	探究琉璃文化——流光溢彩的琉璃		1			
	2017.11	荣誉证书	北京市第三十五届学生科技节－优秀辅导员		√			
	2017.12	研究课	流光溢彩琉璃釉			√		
	2017.12	基本功杯	第五届百花杯			2		
	2018	论文	《陶艺创作构思、观念的理解在综合实践中的运用》	2				
	2018.6	研究课	拉坯成型——用泥土陶冶我们的生活		1			
	2018年11月	案例	探究琉璃文化——流光溢彩的琉璃釉		1			
	2019.6	报告	《琉璃烧造技艺》——琉璃制作			校外教育杂志发表		
彭丽明	2017.6	微课	第三届微课征集与评选《克隆小精灵——注浆工艺》		1			13

续表

课题成员成果								
姓名	时间	类别	名称	级别				总计
				国家等级	市级等级	区级等级	校级	
彭丽明	2017.7	课程建设成果	在陶艺教学中通过模印成型促进学生求异思维的发展的研究			1		13
	2017.12	基本功杯赛	第五届百花杯书法			1		
	2017.12	基本功杯赛	第五届百花杯			1		
	2018.6	研究课	拉坯成型——用泥土陶冶我们的生活		√			
	2018.9	教学设计	它变成了它们——模印再创作		2			
	2018.9	荣誉证书	2017～2018 年度优秀教师			√		
	2018	论文	《浅谈情景教学在综合实践活动中的有效运用》	2				
	2018.11	案例	它变成了它们—模印再创作		1			
	2018	论文	《在开展非物质遗产——琉璃文化教育中培养学生核心素养的探究》		3			
	2019.6	论文	《在开展国家非物质遗产——琉璃文化教育中培养学生的核心素养的探究》		1			

续表

课题成员成果								
姓名	时间	类别	名称	级别				总计
				国家等级	市级等级	区级等级	校级	
彭丽明	2019.6	论文	《基于学生核心素养下琉璃文化教育的实施与反思》		1			13
	2019.6	报告	《琉璃烧造技艺》——琉璃制作			校外教育杂志发表		
张文宝	2017.6	微课	第三届微课征集与评选《琉璃施釉技法学习》		1			4
	2017.9	教学设计	探究琉璃文化——流光溢彩的琉璃		1			
	2017.12	基本功杯赛	第五届百花杯			2		
	2018.6	研究课	手捏成型——琉璃文化中的琉璃图案		√			
宋孝宁	2017.6	微课	第三届微课征集与评选《探究瓦当的艺术美——藏书票创作》		1			11
	2017.11	成果选辑	《以藏书票形式来传承琉璃文化的开发与研究》发表在《北京市基础教育课程建设优秀成果选辑（七）》		√			

续表

课题成员成果								
姓名	时间	类别	名称	级别				总计
				国家等级	市级等级	区级等级	校级	
宋孝宁	2017.11	优秀课题	“以藏书票形式来传承琉璃文化的开发与研究”被评为2017年门头沟教育科研优秀课题				√	11
	2017.12	课题	琉璃文化传承元素与基地课程开发与实践的研究				√	
	2017.12	基本功杯赛	第五届百花杯书法			1		
	2017.12	基本功杯赛	第五届百花杯			2		
	2018	论文	《传承琉璃文化的微型版画课程的科研之路》	2				
	2018.6	研究课	我是非遗小传人——探究琉璃走兽的奥秘		√			
	2019.6	论文	《浅析综合实践活动课程中的劳动教育》		1			
	2019.5	报告	《琉璃烧造技艺》——琉璃制作			校外教育杂志发表		
	2019.7	课题	非遗官式琉璃烧制技艺课程开发与实践的研究		立项开题			

续表

课题成员成果								
姓名	时间	类别	名称	级别				总计
				国家等级	市级等级	区级等级	校级	
王海龙	2017.6	微课	第三届微课征集与评选《修坯》		2			5
	2017.12	基本功杯赛	第五届百花杯			2		
	2018	论文	《以陶激趣培养创新——浅谈在陶艺教学中培养学生的创新精神》	2				
	2019.6	论文	《以境激趣培养品质》		2			
	2019.12	教学基本功	门头沟区第七届中学教师百花杯培训与展示中获二等奖			2		

ARTICLE 7

发挥红色资源优势，深化地方特色课程建设的研究

课题负责人　杜宏业

核心组成员　韩　民　郝炜伟　陶　焘

负责人单位　北京市门头沟区斋堂中小学革命传统教育基地

成 果 形 式　工作报告　结题报告

开题报告

一、课题研究的背景

（一）选题缘由

《中共中央国务院关于进一步加强和改进未成年人思想道德建设的若干意见》指出："充分利用和整合各种德育资源，采用未成年人喜闻乐见、生动活泼的教学方式，面向中小学生，开展未成年人道德实践活动，使未成年人在自觉参与中思想感情得到熏陶，精神生活得到充实，道德境界得到升华。"经过实践探索，我们认识到：爱国必先爱家。空泛的说教，对今天的学生来说效果一般。只有采取参与和体验的形式，让学生了解家乡，热爱家乡，才能有效培养他们刻苦学习、积极向上、无私奉献的精神。

（二）研究意义

民族精神是一个民族赖以生存和发展的精神支撑。中华传统美德和民族精神铸造了我们的灵魂，成为中华民族发展壮大的精神源泉。当前社会存在一些对学生的思想道德造成很大负面影响的混乱舆论和风气，造成青少年主观上对革命传统有认同和肯定，但现实生活中会出现知行分离的现象，需要充分发挥革命传统教育的作用来净化。学生身边的、家乡的红色资源的开发利用，会增加青少年学生的情感认同，起到事半功倍的效果。

门头沟是北京著名的革命老区，而在其区域内的斋堂川更是抗战时期平西抗日根据地的中心和革命摇篮，有着丰富的红色教育资源。充分挖掘和利用这些优质资源，对学生进行红色文化教育，有助于社会主义核心价值观的践行。

二、文献综述

因地制宜，研发并实施传统文化教育课程是世界各国进行公民素质提升的主要渠道。在国内，原井冈山博物馆馆长、井冈山精神研究会顾问毛秉华教授经过20多年的调查、学习和研究，用重笔浓墨、典型事例、生动的故事将井冈山斗争时期大批红军官兵的战斗业绩和革命风范以《天下第一山》作了典型的记述，建立了许多教育基地。运用具有鲜明历史特点和地方特色的老区革命教育资源影响、熏染青少年树立革命理想，这是一个成功的范例，为我们的研究明确了方向。黄绍辉等在2000年4月21日《光明日报》上撰文《要重视开发革命文化资源》，对革命文化资源的概念、开发革命文化资源的意义和内容进行了探讨。他们的重要成果为我们的研究提供了借鉴。

从国际教育发展趋势看，众多国家和地区越来越重视本民族精神的继承和弘扬，即重视自己民族的文化传统，在消化、吸收和弘扬本民族优秀文化的过程中，重塑本国的思想、道德、文化价值观。实践已经证明，在学校道德教育中，越是重视民族精神的培养与教育，该国的学校道德教育的成效就越大。日本在《21世纪的教育目标》中明确指出：“只有重视思想素质的培养，才能保证人才的健康成长。”他们培养的年轻一代是“使青少年成为世界中的日本人”。利用“行为养成”来奠定“大和民族”意识。韩国在教育宪章中列举应使韩国人获得的精神中，第一是弘益人间，第二是民族自尊。因此，他们用“花郎”精神、“李将军”精神以及“三·一〇”精神，坚定青少年的信念，熏染他们的志向。这些成功的经验值得我们学习和借鉴。

我基地成立于2005年，十多年来，借助本地区抗战历史遗迹遗存，对学生开展革命传统教育。以“走抗战路，当八路军”为主题，使学生在体验实践中了解历史、学习历史，树立正确的人生观、价值观，教育效果显著。

三、研究设计

（一）研究目标和研究假设

革命传统教育是不能强加给学生的，要把革命传统教育与继承和弘扬中国优秀传统文化相结合，有效利用地域资源，通过坚定信念、改善环境、拓宽渠道和教材建设，把抽象的革命传统教育变成学生看得见、摸得着、做得到的具体要求，使学生在体验中不断实现自我教育、自我提升和自我超越。

（二）研究内容

1. 针对新时期青少年特点，弘扬革命传统，坚定理想信念

进行革命传统教育的目的是让学生了解过去，知晓老一辈革命家、革命烈士抛头颅、洒热血的斗争经历，以唤起青少年对来之不易的幸福生活的珍惜，但随着时间的推移，当代青少年离那段艰辛岁月越来越久远，他们不可能也无法真切地感受到那段历史。

时代的发展日新月异，我们的革命传统教育却是一成不变的老面孔，学生们不喜欢，教育的效果就会减弱。所以，要使革命传统教育焕发活力，转变教育者的思想是当务之急。教育者作为青少年思想的引领者，一定要与时俱进，深入了解当代青少年的生活经历、思想发展规律和行为特点，了解青少年的兴趣爱好，个性特长。创新思路，改变革命传统教育的方式方法，以青少年喜闻乐见的形式来开展教育活动。

2. 营造浓郁的革命传统教育环境

我们根据各年级学生的心理特点，提出了不同层次的革命传统教育内容、教育要求及教育方法，将革命传统教育与学生的学习兴趣有机地结合起来。一是重视课程建设，以保障活动规范、内容充实、形式多样、特色鲜明；二是重视教师的引导作用，通过提高教师自身基本素质和对课程内容的精准把握，有效地引导学生开展活动；三是重视营造氛

围，重视校园文化建设，让校园中的每一寸土地都得到充分利用，让每一面墙都“说话”，让静态的走廊、墙壁、围墙都成为活生生的教材，潜移默化地对学生施加影响。

3. 建设入脑入心、学生喜闻乐见的课程和教材

要想充分发挥红色资源的优势，就要不断深化地方特色课程建设的研究。课程建设的重心应放在适宜学生的课程设置和教材的编写上。红色资源是丰富的，但并不是所有资源都要纳入我们的课程。只有那些具有典型性或为实践证明代表社会发展方向的，才可作为课程资源加以运用。因此，必须按照党和国家的方针政策，遵循教育自身规律，有选择地从红色资源中吸收教育素材，为教师的有效指导和学生提高兴趣提供帮助，以不断充实和丰富地方特色课程。

（三）研究方法

文献资料法：学习革命传统教育资料、实践理论、体验教育等方面的教学专著和学术论文，提高课题组成员的理论水平。

行动研究法：对课程教材建设影响的各种因素及时进行收集整理和评价，及时了解研究对实际的教育过程产生的效果，以利于对症下药，减少盲目性。

个案研究法：通过参观斋堂川抗战史展览进行分析、研究，抓准其特点及形成过程，归纳出适合课程实施的渠道和形式。

四、研究的重点和难点

如何将基地课程与周边资源有效相结合，是研究的重点。

将教育基地周边资源有效协调利用，是研究的难点。

五、研究的实施计划及人员分工

（一）实施计划

注重学生实践体验，以“学八路、当八路”和“走进古镇斋堂”

课程建设作为突破口，让学生在革命传统教育和地区优秀文化传承教育活动中，主动探索、实践和体验，加深来校师生的“红色记忆”；组织师生进行远足体验，强健学生的体魄，磨炼他们的意志；带领师生瞻仰宛平抗战烈士纪念碑，聆听革命历史，唱响励志歌曲，重温烽火岁月，留下红色烙印。

为进一步丰富革命传统教育实践活动内容，使教育活动不流于形式，不走过场，确保每一个学生受到教育，我们采取听革命故事、唱红色歌曲、看抗战题材影片、参加课本剧、红歌汇报演出、采访革命老人、深入乡村开展“探秘斋堂川抗战历史”社会实践活动等形式，以调查报告、红歌汇演、课本剧表演、美术展览等载体，互相交流讨论，获取对斋堂川抗战历史全方位、立体的、多角度的认识，从而激发学生热爱家乡、努力学习、立志成才的情感。

（二）人员分工

杜宏业：整体协调，总负责；

韩民：具体负责，落实计划；

陶焘：协助完成各项任务；

郝炜伟：负责前期各项准备工作。

六、预期研究成果

（一）研究报告（调查报告、实验报告、案例分析报告等）

（二）论文

（三）专著

（四）其他附属资料的辑录（管理手册、教材、教案、学案、学生成绩等）

七、 附件（调查问卷、访谈提纲、量表、子课题方案等）

本课题组成员共有 4 人，其中包括一名主任和一名副主任，年龄在 40 岁以上的有 2 人，有着长期的一线教学经验，也参与过其他课题的研究，虽担任领导，却从未离开过教学一线，具有独立的科研能力和多年的科研经验；中一职称有 2 人，中二职称有 2 人，这些教师都工作在教学一线，直接面对学生，从事革命传统教育和指导学生开展综合实践活动多年，有丰富的教学经验，是本课题得以完成的人才保障。

同时，我基地与区进修学校综合实践研修员常年保持紧密联系，在资源上互通有无，区教育学会和区进修学校为我们提供最前沿的信息和资料，在业务上给我们直接的指导，能够满足我们科研技术支持的需要。

工作报告

门头沟区教委利用学校布局调整后闲置的校舍和当地的教育资源进行改造、建立的斋堂中小学革命传统教育基地于2005年4月正式挂牌成立，是区直属的全民所有制事业单位，目的是为学校组织学生在此开展专题教育活动提供专门场所。

为进一步促进国家、地方和校本课程建设的协调与整体发展，促进教育基地特色的形成，构建符合素质教育要求的中小学课程体系，斋堂教育基地根据自编课程指导用书，以革命传统教育为主题，以《平西抗日根据地斋堂川斗争史展》等素材为依托，以大量的图展、实物和周边的红色遗址为载体，对学生实施了诸方面的思想道德教育，逐渐形成了具有地方特色的革命传统教育课程，使学校的教育在基地得到补充、完善和延伸。现将教育基地课程建设成果汇报如下。

一、课程建设背景

（一）独有的历史背景和教育资源

斋堂教育基地所在地——斋堂是北京著名的革命老区，抗战时期曾是通向延安根据地的“红色走廊”，是华北最大的敌后抗日根据地。沦陷区的许多优秀青年、爱国人士和国际友人都是通过这条“红色走廊”投身革命，奔向革命圣地延安的。斋堂川作为平西抗日根据地的摇篮和中心，为收复北平，解放华北乃至整个中国，起到了重大作用。特殊的地理位置和战略优势成就了斋堂川在平西根据地不可取代的中心位置。邓华、萧克、宋时轮等近百名将军曾经在这里战斗、生活过。这里留下了八路军冀热察挺进军司令部旧址、王家山惨案遗址、斋堂烈士陵园等红色遗址，形成了基地丰厚的革命传统教育资源。

（二）实现中华民族伟大复兴的宏伟目标

面对世界范围各种思想文化的相互激荡，西方敌对势力对我实行“西化”“分化”和争夺下一代的图谋，面对全面建设小康社会的宏伟目标和实现中华民族伟大复兴的历史重任，面对日益开放的环境和发展社会主义市场经济的新要求，在中小学开展革命传统教育，不断增强广大青少年对民族优秀文化和精神的认同和自信，振奋民族精神，凝聚民族力量，是一项十分紧迫的任务。

（三）全面促进青少年的自身发展

青少年是祖国的未来、民族的希望，在中小学生中开展革命传统教育，是深入贯彻落实社会主义荣辱观，加强青少年思想道德建设，全面实施素质教育，坚持科学发展观，促进人的全面发展的需要，是中华民族精神代代相传、发扬光大的必然要求，是加强社会主义精神文明建设的基础性工程。

通过开展这样一个主题教育课程，我们从增强爱国情感做起，弘扬和培育以爱国主义为核心的伟大民族精神；从确立远大志向做起，树立和培养学生正确的理想信念；从提高基本素质做起，促进学生的全面发展。

二、课程实施过程与实施方法

（一）课程设置

斋堂教育基地经过长时间的探究与实践，将国家课程、地方课程与校本课程进行统筹，开设了具有浓郁地方特色的革命传统教育课程。课程包括参观马栏挺进军司令部旧址、观看斋堂川革命斗争史视频、参观斋堂川革命斗争史展和宛平烈士纪念碑主题教育活动四部分。

1. 参观马栏挺进军司令部旧址

马栏村冀热察挺进军司令部旧址陈列馆，是我国第一个由农民自愿发起并创办的村级革命题材陈列馆，是北京市首批命名的市级爱国主义教育基地和文物保护单位。该陈列馆共有珍贵照片 135 幅，实物 108 件，主要讲述了冀热察挺进军的成立和发展，以及马栏村人民同日本侵略者英勇斗争的事迹。通过参观，使同学们了解斋堂川的地理和历史，培养他们的认知能力，唤起他们的爱国之情；通过重走抗战路，帮助他们养成吃苦耐劳、积极进取的良好个性品质。

2. 观看斋堂川革命斗争史视频

视频中记载了斋堂川人民同日本侵略者英勇斗争的光辉历史。通过观看视频，用更多抗战史实告诫同学们勿忘国耻，丰富他们的文化体验，培养他们的学习兴趣，激励他们的爱国之心。

3. 参观斋堂川斗争史展

展览分前言、点燃火种、建立根据地、浴血斋堂川、走向胜利、结束语六部分。占地 500 余平方米的展厅，用 500 余幅历史图片、2 万余说明文字，生动地再现了这里的英雄儿女在反抗帝国主义、封建主义、官僚资本主义革命斗争中的辉煌业绩；展示了烽火岁月中从这里成长的 60 余位共和国将军的彪炳战绩；讴歌了数以千计门头沟优秀儿女舍家从军、奔赴全国各地抗日战场，800 多人为民族解放壮烈牺牲的悲壮凯歌。通过参观，使同学们了解斋堂川的重要意义、革命历史和深厚的文化底蕴，培养学生的领悟能力，激发他们的报国之志。

4. 宛平烈士纪念碑主题教育活动

纪念碑是门头沟区重点保护的革命历史文物，1995 年 10 月，又被北京市人民政府认定为北京市重点保护的革命历史文物。纪念碑坐北朝南，横刻“豪气长存，英名万古”八个大字，中间竖刻“宛平县八年抗战为国牺牲烈士纪念碑”十六个大字，两侧竖刻碑文，东、西、北三块碑石镌刻着宛平县 98 个村庄 472 名烈士的英名。通过在纪念碑举行“继承先烈遗志，争做社会主义事业接班人”主题教育活动缅怀先烈，使同学们继承勇于奉献、不怕牺牲的光荣传统，弘扬爱国主义精神，增强他们热爱祖国、热爱家乡的历史情怀。

（二）课程实施

在革命传统课程的实施过程中，我们按课程计划开设各个主题环节，认真完成每一环节，切实按照课程计划安排各个环节的教学，做到课时落实、授课教师落实和教材落实。

1. 建立课程管理机制，促进课程有效实施

（1）建立课程研发小组。基地成立了以主任为组长、教学主任为副组长、其余授课教师为组员的课程研发小组，为课程的开发、建设和实施奠定了基础。

（2）建立并完善了评价制度。随着校本课程开发与建设的不断深入，根据教育基地的实际情况，逐步完善了教学常规管理制度、学生管理制度、大型活动预案和教学质量监控与评价制度。

2. 加强教师队伍的培训，确保课程有效实施

（1）教师培训。斋堂教育基地采取组织基地授课教师到外校听课等多种途径与形式对全体授课教师进行培训，旨在通过培训，让教师明确教育基地的办学理念与思想，了解教育基地的课程体系及要求，在此基础上，参与课程的研发与实施，在学习、研究、反思与合作中不断提升自己对新课程的认识和授课能力。

（2）专家引领。在教育基地的课程体系建设中，基地多次聘请地方课程研究专家进行相关指导，市教委教研员刘玲等几位专家的引领让全体教师在学习课程改革的理念上目标明确，在课程研发中，方法得当、策略清晰，避免了课程结构缺乏合理调配、学生接受效果不明显和时间分配有冲突等问题的产生，提高了教师们的专业水平。

3. 加强校本教研，努力提高课堂教学效率

（1）加强课程管理。每学期初，教育基地按照门头沟区教委下发的课程设置计划，严格安排课程时间，确保课程按时有效实施。

（2）建立教科研研讨制度。首先，加强备课，促使教师深刻钻研教材。教育基地在备课环节提出了具体要求，将教材与讲义打印下发到每位教师手里，采取独立备课与集体备课相结合，新老教师互帮互助、

共同提高等相关措施，以个人为单位，贯彻执行。其次，加强听课，促使教师取长补短。教育基地领导班子成员在主任的带领下，坚持每周听一次教师授课，发现问题，及时提出，及时完善。再次，建立反思制度，促使教师通过该制度提高教学能力。教育基地要求每位教师以个人为单位每周进行反思，及时总结，弥补不足；在教学过程中，以集体为单位，相互探讨，共同研究与完善，相互纠正，共同提高；最后，以教学质量的检测与评价为手段，全面提高教师的综合素质。

4. 课程评价

（1）教委评价。教委领导对基地课程建设考察后，给予了很高的评价，包括课程定位明确，师资力量强，教学队伍整体素质高，教学内容符合课程发展要求，不断改进教学方法和教学手段，调动学生学习的积极性，教学条件优良等。

（2）领队教师评价。圈门小学教学主任赵庆国老师在讲话中谈道：斋堂基地的革命传统教育课程使学生们接受了一次生动形象、感触深刻的爱国主义教育；使我们更加明确了肩负的使命，坚定了爱国奉献的决心。

（3）学生评价。由基地统一组织进行的教学评价系统中，学生对所有主讲教师的教学评价均为良好和部分优秀。评价中主要有以下内容：教学态度认真；教学经验丰富；专业知识水平高；教学内容丰富，图文并茂，重点突出，讲解清晰；多媒体图表清晰美观，配合大量实物照片。

三、课程实施效果

（一）课程的实施促进了学生的全面发展

斋堂基地的革命传统教育课程在很大程度上丰富了地方基础课程的实施内容与模式，培养了学生综合知识的能力。参观革命旧址，激发了学生学习的兴趣，增加了他们实践的机会；重走抗战路，强健了学生的体能，培养了他们的意志品质；生活中整理内务，促进学生动手操作，锻炼了他们的自理能力；参加主题教育活动，完善了学生的心智，促进他们形成健全的人格。整个课程使学生在掌握好革命传统知识的基础上，在德智体美劳等方面得到了全面的发展。

（二）课程的实施促进了基地教师的专业发展

教师是课程实施的主体，斋堂基地教师在参与课程开发与建设的过程中逐渐提升了对新课程的认识与授课能力。在基地革命传统教育课程的实施中，教师们通过设计和实施课程方案，全方位研究与实践、实施与验证了自己的教学思路与教学能力，从而促使教师从普通的课程实施者，逐渐向课程创新与研究者发展。

（三）课程的实施促进了教育基地的整体发展

革命传统教育课程的实施铸就了斋堂教育基地的特色发展之路，使教育基地的教学品质得到了升华，可以为学生提供更好的发展空间，为教师搭建更好的展示智慧的舞台，可以更好地优化地区文化，使教育基地在一个良性循环中不断发展，从而形成斋堂基地浓郁的文化底蕴和独有的教学特色，推动基地整体更快、更好发展。

（四）课程的实施在门头沟区、北京市乃至全国起到了辐射作用

作为北京市和门头沟区的特色教育单位，斋堂教育基地同许多市级单位和区级单位成为共建单位，相互促进，共同发展；同时在全国范围内与一些相关的红色景区和红色教育基地建立了长期合作机制，取长补短，不断壮大。基地为各级党团组织和大、中、小学校学生开展革命传统教育，弘扬民族精神，凝聚民族力量，提供服务；为地方课程建设、为教育的均衡发展做出了贡献。

四、课程特色及创新点

（一）依托独有的历史背景和教育资源，开发具有地方特色的革命传统教育课程

斋堂川在抗战时期是平西抗日根据地的中心和摇篮，是我党坚持冀

东、开辟平北、发展冀热察游击战争的坚强后盾。特殊的地理位置和战略优势成就了斋堂川在平西根据地不可取代的中心位置，在华北乃至全国的抗战中发挥了重大作用。

教育基地及其周边有着丰富的教育资源。基地内部有斋堂川革命斗争史展馆，基地周边有八路军冀热察挺进军司令部旧址、王家山惨案遗址、斋堂烈士陵园等红色遗址，这些地方均是良好的革命传统教育场所。

斋堂教育基地是融合革命传统教育、爱国主义教育、法制教育和民俗传统教育于一体的综合性校外教育活动场所，是各级党团组织和大、中、小学校学生开展革命传统教育，弘扬民族精神，凝聚民族力量，增强民族自尊心、自信心和自豪感，陶冶情操，净化思想的重要阵地。

教育基地的内部资源和周边资源是宝贵的，也是其他地方和学校所不具备的，因此斋堂教育基地本着自己的功能定位，以革命传统教育为主题，开展了具有鲜明地方特色的革命传统教育课程。

（二）根据全区学生特点，自主编写课程指导用书

由基地教师集体编写和出版的新课程指导用书《平西抗日摇篮斋堂川》是门头沟区斋堂中小学革命传统教育基地活动用书。书中主要介绍了斋堂川在抗日战争中可歌可泣的英雄人物和感人事迹，以及八年抗战中发生在斋堂川骇人听闻的暴行和惨案，突出了斋堂川人民的无私无畏和斋堂川在抗战中所起到的重要作用。根据四年级学生的特点，基地教师对书中内容进行了具有针对性的取舍，特别编写了展厅的演讲稿，用孩童的语气重点讲述了教材中具有代表性的人物和典故，对历史事件进行了详细的讲解，通过结合电影情节、故事片段，有效地调动了学生学习的兴趣和积极性。课程指导用书内容严谨规范，由浅至深，逐步渗透，深化了对历史的理解和记忆，体现了教学重点，突破了教学难点。

（三）立足基地本身创新教学方式，促进教学水平不断提升

斋堂教育基地革命传统课程的教学特色与创新点主要是：理论知识

讲授与实践参观相结合；地方课程创新研究与地方特色和发展需要相结合；职业道德的培养与综合能力的提升相结合。目前主要采用的教学方法有互动教学和实践教学等。

1. 互动教学

通过基地教师前期的讲述和引领，在课堂创造出师生互动的环境，鼓励学生积极参与讨论，贡献自己的思想、主意、知识和经验，投身于创造性和分析性的思维之中。每一个主题讲授完成后，教师都会安排 1 至 2 个热点问题或案例供学生研讨并以小组为单位展示自己的研究心得和结论，再由授课教师予以评价和指导。这一方式极大地提高了学生参与教学过程的积极性和教学效率，较好地提升了学生灵活应用知识和解决问题的实际能力。

2. 实践教学

革命传统教育不是说服教育，我们必须要向学生进行一定程度的渗透，应该让学生在活动中自己有所感悟，让学生走进这段历史。因此，教育基地在保证完成教学计划的同时，适时增加和调整了教学内容，重点增设了实践参观教学环节。

首先，斋堂教育基地按照专题研究和课程要求等具体需要，组织学生到实地进行参观。这一方式既深化和拓展了学生的知识面，锻炼了学生的实际能力，又可以使学生通过参观活动向学校展示自己的学习成果，为今后发展提供了良好的基础。其次，我们积极开展与相关单位的友好共建活动。斋堂教育基地先后与马栏挺进军司令部旧址、王家山惨案遗址、宛平烈士陵园和神威导弹营等单位建立了长期合作机制，较好地拓展了师生的知识面和研究视野，较大地提高了学生学习的积极性和自信心。同时还邀请上述单位的相关工作人员为同学们进行有关爱国主义方面的专题教育和教学活动，使学生接收到更新的知识、学到更前沿或更实用的方法，培养学生的实际能力。在完成理论教学的同时，斋堂教育基地还重视和加强对实践教学的管理和指导，积极探索实践教学的方法与质量，构建具有地方特色的实践教学体系，努力培养学生成为拥有丰富的文化体验、积极进取的个性品质和热爱祖国、热爱家乡历史情怀的综合型人才。

（四）丰富学习成果呈现方式，积极调动学生的主动性

斋堂教育基地结合本区学生的特点，丰富了学生学习成果的呈现方式。在传统文字呈现的基础上，提出了剪纸呈现、作画呈现和编写诗歌呈现等多种学习成果的呈现方式。学生根据自己的爱好，可以自愿结合成小组，也可以以个人为单位，任选上述方式的一种，反馈自己的学习成果。之后在授课教师的指导下，进行成果交流和展示，让同学们相互点评，自主发言，最大程度开阔思路，提高学生的综合水平。这一创新方式赢得了广大教师和学生的欢迎与认可，极大地促进了学生参与的积极性，同时也为其他地方课程的建设和创新提供了借鉴。

随着教育改革的不断深入，斋堂教育基地正面临着新的挑战。为了在竞争日趋激烈的环境中求得更好的发展，立足于“发挥基地教育特色，弘扬民族文化精神”，实现“稳定、和谐、继承、发展”的办学理念，我们会继续以“革命传统教育”为主题，以“培育民族精神、净化人的心灵、服务质量提升”为价值追求和功能定位，在实施建设“一流的师资、一流的环境、一流的服务、一流的质量”的治校方略中创品牌、促发展，不断创新基地发展模式，实现教育基地的内涵式可持续发展。

结题报告

斋堂中小学革命传统教育基地位于京西革命老区斋堂镇。基地现有教职工 13 人，其中干部 5 人，专任教师 6 人。

教育基地课程建设旨在加强未成年人思想道德教育工作与地域红色教育资源的紧密结合，坚持“做实传统教育，培育时代新人”的工作理念，突出革命传统教育和地方优秀文化传承两大主题，以服务学生为宗旨，为帮助学生践行社会主义核心价值观，培养青少年学生高尚的思想品德，继承优良传统，树立远大理想，提升综合素质打造活动平台。

一、课题研究的背景及意义

斋堂地区具有丰厚的革命传统资源、地域文化资源和传统文化资源。目前我们正在深入挖掘各种教育资源的内涵，使革命传统教育课程化，以参观平西抗日根据地斋堂川斗争史展为中心，围绕瞻仰革命烈士纪念碑、祭扫斋堂烈士陵园、参观八路军冀热察挺进军司令部旧址、寻访王家山惨案遗址、探秘神威导弹营和重走抗战路等系列教育活动，初步建立了斋堂革命传统教育地方课程体系和实践活动体系，逐渐形成了具有地方特色的革命传统教育课程，使学校的教育在基地得到补充、完善和延伸。通过开展这样一个主题教育地方课程，我们从增强爱国情感做起，弘扬和培育以爱国主义为核心的伟大民族精神；从确立远大志向做起，树立和培养学生正确的理想信念；从提高基本素质做起，促进学生的全面发展。

二、课题研究的目标、内容和过程

（一）课程设置的过程及方法

斋堂教育基地经过长时间的探究与实践，将国家课程、地方课程与校本课程进行统筹，开设了具有浓郁地方特色的革命传统教育课程。课程包括参观马栏挺进军司令部旧址、观看斋堂川革命斗争史视频、参观斋堂川革命斗争史展和宛平烈士纪念碑主题教育活动四部分，共用时16课时。

1. 参观马栏挺进军司令部旧址。引导同学们了解斋堂川的地理和历史，培养他们的认知能力；通过重走抗战路，帮助他们养成吃苦耐劳、积极进取的良好个性品质。该环节用时4课时。

2. 观看斋堂川革命斗争史视频。用更多抗战史实告诫同学们勿忘国耻，丰富他们的文化体验，培养他们的学习兴趣。该环节分两次进行，共用时4课时。

3. 参观斋堂川斗争史展。帮助同学们了解斋堂川的重要意义、革命历史和深厚的文化底蕴，培养学生的领悟能力，激发他们的报国之志。该环节用时4课时。

4. 宛平烈士纪念碑主题教育活动。缅怀先烈，帮助同学们继承勇于奉献、不怕牺牲的光荣传统，弘扬爱国主义精神，增强他们热爱祖国、热爱家乡的历史情怀。该环节用时4课时。

5. 其他辅助课程。除上述主要课程外，基地还设置了几门辅助课程，包括探秘神威导弹营和汽车驾驶模拟。

（二）课程实施

在革命传统教育课程的实施过程中，我们按课程计划开设各个主题环节，认真完成每一环节，切实按照课程计划安排各个环节的教学，做到课时落实、授课教师落实和教材落实。

1. 建立课程管理机制，促进课程有效实施

（1）建立课程研发小组。基地成立了以主任为组长、教学主任为副组长、其余授课教师为组员的课程研发小组，为课程的开发、建设和实施奠定了基础。

（2）建立并完善了评价制度。随着校本课程开发与建设的不断深入，根据斋堂教育基地的实际情况，逐步完善了教学常规管理制度、学生管理制度、大型活动预案和教学质量监控与评价制度。

2. 加强教师队伍的培训，确保课程有效实施

（1）教师培训。斋堂教育基地采取组织基地授课教师到外校进行学习、听课等多种途径与形式的培训，旨在通过培训，引导教师在明确教育基地的办学理念与思想的基础上，了解教育基地的课程体系及要求，参与课程的研发与实施。帮助教师在学习、研究、反思与合作中不断提升自己对新课程的认识和授课能力。

（2）专家引领。在教育基地的课程体系建设中，基地多次聘请地方课程研究专家进行相关指导。市综合实践教研员刘玲、梁烜等专家的引领，让全体教师在学习课程改革的理念上目标明确，在课程研发中方法得当、策略清晰，提高了教师们的专业水平。

3. 加强校本教研，努力提高课堂教学效率

（1）加强课程管理。每学期初，教育基地按照门头沟区教委下发的课程设置计划，严格安排课程时间，确保课程按时有效实施。

（2）建立教科研研讨制度。首先，加强备课，促使教师深刻钻研教材。教育基地在备课环节提出了具体要求，将教材与讲义打印下发到每位教师手里，采取独立备课与集体备课相结合，新老教师互帮互助、共同提高等相关措施，以个人为单位，贯彻执行。其次，加强听课，促使教师取长补短。教育基地领导班子成员在主任的带领下，坚持每周听课，发现问题，及时提出，及时完善。建立反思制度，促使教师通过该制度提高教学能力。教育基地要求每位教师以个人为单位每周进行反思，及时总结，弥补不足；在教学过程中，以集体为单位，相互探讨，共同研究与完善，相互纠正，共同提高；最后，以教学质量的检测与评价为手段，全面提高教师的综合素质。

4. 做好课程评价，促进教学方法和教学手段的改进

课程评价包括课程目标、师资力量、教学队伍整体素质和课程建设等。通过课程评价，可以不断改进教学方法和教学手段，调动教师和学生学习的积极性。斋堂教育基地采取三位一体的评价方式，即教委评价、领队教师评价和学生评价相结合，旨在全面提升课程的质量。

三、课程研究的成果

（一）课程的实施促进了学生的全面发展

斋堂基地的革命传统教育课程在很大程度上丰富了地方基础课程的实施内容与模式，培养了学生综合知识的能力。参观革命旧址，激发了学生学习的兴趣，增加了他们实践的机会；重走抗战路，强健了学生的体能，培养了他们的意志品质；生活中整理内务，促进学生动手操作，锻炼了他们的自理能力；参加主题教育活动，完善了学生的心智，促进他们形成健全的人格。整个课程帮助学生在掌握革命传统知识的基础上，在德智体美劳等方面得到了全面的发展。

（二）课程的实施促进了基地教师的专业发展

教师是课程实施的主体，斋堂基地教师在参与课程开发与建设的过程中逐渐提升了对新课程的认识与授课能力。在基地革命传统教育课程的实施中，教师们通过设计和实施课程方案，全方位研究与实践、实施与验证了自己的教学思路与教学能力，从而促使教师从普通的课程实施者，逐渐向课程创新与研究者发展。

（三）课程的实施促进了教育基地的整体发展

革命传统教育课程的实施铸就了斋堂教育基地的特色发展之路，使教育基地的教学品质得到了升华，可以为学生提供更好的发展空间，为教师搭建更好的展示智慧的舞台，可以更好地优化地区文化，使教育基地在一个良性循环中不断发展，从而形成斋堂基地浓郁的文化底蕴和独有的教学特色，推动基地整体更快、更好地发展。

（四）课程的实施在门头沟区、北京市乃至全国起到辐射作用

作为北京市和门头沟区的特色教育单位，斋堂教育基地分别同许多

市级单位和区级单位成为共建单位，相互促进，共同发展；同时在全国范围内与一些相关的红色景区和红色教育基地建立了长期合作机制，取长补短，不断壮大。为各级党团组织和大、中、小学校学生开展革命传统教育，弘扬民族精神，凝聚民族力量，提供服务；为地方课程建设、为教育的均衡发展做出贡献。

四、课程特色及创新点

（一）依托独有的历史背景和教育资源，开发具有地方特色的革命传统教育课程

斋堂川在抗战时期是平西抗日根据地的中心和摇篮，是我党坚持冀东、开辟平北、发展冀热察游击战争的坚强后盾。特殊的地理位置和战略优势成就了斋堂川在平西根据地不可取代的中心位置，在华北乃至全国的抗战中发挥了重大作用。

教育基地及其周边有着丰富的教育资源。基地内部有斋堂川革命斗争史展馆，基地周边有八路军冀热察挺进军司令部旧址、王家山惨案遗址、斋堂烈士陵园等红色遗址，这些地方均是良好的革命传统教育场所。

斋堂教育基地是融合革命传统教育、爱国主义教育、法制教育和民俗传统教育于一体的综合性校外教育活动场所，是大、中、小学校学生开展革命传统教育，弘扬民族精神，凝聚民族力量，增强民族自尊心、自信心和自豪感，陶冶情操，净化思想的重要阵地。

教育基地的内部资源和周边资源是宝贵的，也是其他地方和学校所不具备的，因此斋堂教育基地本着自己的功能定位，以革命传统教育为主题，开展了具有鲜明地方特色的革命传统教育课程。

（二）根据全区学生特点，自主编写课程指导用书

由基地教师集体编写和出版的《平西抗日摇篮斋堂川》《斋堂教育基地中小学生综合实践课程纲要》《斋堂教育基地活动设计实施方案》

是革命传统教育新课程指导用书。书中主要介绍了斋堂川在抗日战争中可歌可泣的英雄人物和感人事迹，以及八年抗战中发生在斋堂川骇人听闻的暴行和惨案，突出了斋堂川人民的无私无畏和斋堂川在抗战中所起到的重要作用。同时，根据六年级学生的特点，基地将每项活动的要点、内容等进行了整理，结合对历史事件讲解、抗战电影情节、故事片段，有效地调动了学生学习的积极性。

（三）立足基地本身创新教学方式，促进教学水平不断提升

斋堂教育基地革命传统课程的教学特色与创新点主要是：理论知识讲授与实践参观相结合；地方课程创新研究与地方特色和发展需要相结合；职业道德的培养与综合能力的提升相结合。目前主要采用的教学方法有互动教学和实践教学等。

1. 互动教学

通过基地教师前期的讲述和引领，在课堂创造出师生互动的环境，鼓励学生积极参与讨论，畅谈自己的思想、主意、知识和经验，投身于创造性和分析性的思维之中。每一个主题讲授完成后，教师都会安排 1 至 2 个热点问题或案例供学生研讨，并以小组为单位展示自己的研究心得和结论，再由授课教师予以评价和指导。这一方式极大地提高了学生参与教学过程的积极性和教学效率，较好地提升了学生灵活应用知识和解决问题的实际能力。

2. 实践教学

革命传统教育不是说服教育，我们必须要向学生进行一定程度的渗透，应该让学生在活动中自己有所感悟，让学生走进这段历史。因此，教育基地在保证完成教学计划的同时，适时增加和调整了教学内容，重点增设了实践参观教学环节。

首先，斋堂教育基地按照专题研究和课程要求等具体需要，组织学生到实地进行参观。这一方式既深化和拓展了学生的知识面，锻炼了学生的实际能力，又可以使学生通过参观活动向学校展示自己的学习成果，为今后发展提供了良好的基础。其次，我们积极开展与相关单位的

友好共建活动。斋堂教育基地先后与马栏挺进军司令部旧址、王家山惨案遗址、宛平烈士陵园和神威导弹营等单位建立了长期合作机制，较好地拓展了师生的知识面和研究视野，较大地提高了学生学习的积极性和自信心。同时还邀请上述单位的相关工作人员为同学们进行有关爱国主义方面的专题教育和教学活动，帮助学生接收到更新的知识、学到更前沿或更实用的方法，培养学生的实际能力。在完成理论教学的同时，斋堂教育基地还重视和加强对实践教学的管理和指导，积极探索实践教学的方法与质量，构建具有地方特色的实践教学体系，努力培养学生成为拥有丰富的文化体验、积极进取的个性品质和热爱祖国、热爱家乡历史情怀的综合型人才。

（四）丰富学习成果呈现方式，调动学生学习的主动性

斋堂教育基地结合本区学生的特点，丰富了学生学习成果的呈现方式。在传统文字呈现的基础上，提出了剪纸呈现、绘画呈现和编写诗歌呈现等多种学习成果的呈现方式，还增添了 KT 版画藏书票制作项目。学生根据自己的爱好，可以自愿结合成小组，也可以以个人为单位，任选上述方式的一种，反馈自己的学习成果。之后在授课教师的指导下，进行成果交流和展示，让同学们相互点评，自主发言，最大程度开阔思路，提高学生的综合水平。这一创新方式赢得了广大教师和学生的欢迎与认可，极大地促进了学生参与的积极性，同时也为其他地方课程的建设和创新提供了借鉴。

五、未来设想

斋堂教育基地所在地区拥有得天独厚的地理与人文自然优势。区域内，有流域地质文化，有富蕴人文历史的名山、名寺文化，有与北京的形成和发展息息相关的水文化，有贯穿人类发展史的古人类、古都、古城、古村落文化，有丰富多彩的宗教文化，有厚重的军事文化，有历史悠久的流域交通文化，有以煤业和烧制业为代表的流域特色产业文化以及丰富的民俗文化。下一步的课程开发，我们拟以传统文化教育为核

心，围绕寻根乡土文化、巡访先祖遗址、探秘古城名寺、寻找田园村落、探索地质文化和走进矿区深处六个系列的教育活动，尝试将传统文化教育课程体系与实践活动体系相结合，并设计和布展斋堂川古村落历史文化展览。另外，在区委组织部和区教工委直接领导下，我们已经完成《赤胆忠心铸党魂，平西儿女永担当》主题党性教育课程建构和实施工作，探索在高中阶段进行红色教育主题研究性学习的路径，争取课程设置全方位、全覆盖，为践行社会主义核心价值观做出积极的贡献。

随着教育改革的不断深入，斋堂基地正面临着新的挑战，我们将继续以革命传统教育和传统文化教育为主线，高扬爱国主义旗帜，弘扬优良革命传统，不断探索，不断创新，不断完善地方课程建设，立足于“发挥基地教育特色，弘扬民族文化精神”这一宗旨，实现“稳定、和谐、继承、发展”的工作目标，使斋堂教育基地在日趋激烈的竞争中实现持续健康发展。

ARTICLE 8

校外教育对规范学生不良行为的实效性研究

课题负责人　董国舫（安臣）

核心组成员　王　锋　陈有普　邓金海　安秀娟　赵济园

负责人单位　北京市门头沟区工读学校

成 果 形 式　研究报告　教师研究论文　个案

开题报告

一、课题研究的背景

（一）选题缘由

1. 符合当今的政策要求

2016年9月13日，《中国学生发展核心素养》研究成果在京发布。核心素养以培养“全面发展的人”为核心，分为文化基础、自主发展、社会参与3个方面，综合表现为人文底蕴、科学精神、学会学习、健康生活、责任担当、实践创新六大素养，具体细化为国家认同等18个基本要点。其中“珍爱生命”的基本要点中提出要“养成健康文明的行为习惯和生活方式”，“责任担当”的基本要点中提出要“能明辨是非，具有规则与法治意识”。这两点要求恰恰是不良行为学生普遍缺乏的。所以，通过各种教育方式培养不良行为学生的规则意识，是我们要专注完成的重点工作内容。

同时，《北京市教育委员会关于在全市校外教育机构开展“三个一”活动的通知》（京教函〔2016〕230号）中提出，校外教育机构要“培育一批创新项目，丰富校外活动供给内容，切实满足广大中小学生个性化学习需求”。纵观多年来的工作实践，我区校外教育实践基地在组织学生进行校外实践活动时，基本上都是针对全体学生设计活动方式和内容，创新性和针对性稍显不足。此项课题研究的实施和完成，正切合了“三个一”活动的要求。通过此项课题研究，我们可以设计出培养不良行为学生规则意识的校外教育活动方案，从而丰富我区校外教育实践基地的工作内容，更好地为我区广大中小学生服务。

2. 丰富本领域的研究成果

校外教育作为现代国民教育体系的重要组成部分，经过六十余年的发展已经制度化和体系化，首都师范大学教育学院副院长康丽颖也认为“校外教育是青少年全面发展的实践课堂”。但浏览过大量的文献资料之后，我们发现，不论是文献综述类的研究，还是基于学生实例的个案研究和经验反思，已有的与不良行为学生相关的研究基本上都围绕着校内教育、家庭教育和社会工作三个角度进行，而校外教育领域的专家和学者很少有围绕不良行为学生实施的研究和实践。因此，为了丰富这方面的研究成果，探索校外教育对教育帮扶不良行为学生方面的实际意义，我们确定了这一研究课题。

3. 我区教育布局调整的要求

对具有不良行为和严重不良行为学生进行教育转化是工读教育的重要职能之一。随着我区近年来教育布局调整的逐步落实，传统的工读教育方式不再适用，而常规的思想教育和说教在这些学生面前能发挥的作用也有一定局限性。因此，我们开始探索新的工作途径，以期通过相关的研究和实践，培养不良行为学生的规则意识，促进他们认识规则、遵守规则，并在此基础上引导他们增强社会适应性，塑造健全人格，学会参与社会生活的本领。

（二）课题研究的意义

中学生正处在身心发展的重要时期，并且目前我区的中学生中独生子女数量逐年增多，他们的生理心理发展还未成熟，思维方式受外界影响大，可塑性强，分辨是非的能力水平还不够高。因此，在家庭、社会、学校等客观因素以及自身主观原因的影响下，越来越多的中学生开始表现出种种违反校规校纪甚至违反社会秩序的不良行为。这些不良行为的出现往往会给学生带来消极的影响，轻则影响正常的学习、生活，使人沮丧，情绪低落，重则使人走上犯罪的道路。

河北大学政法学院院长孟庆瑜教授在谈到全民守法时说道，规则是法律的基础，守规矩是现代文明社会公民必须具备的基本素质。如果不尊重规则、不敬畏规则、不遵守规则，无论一个家庭、一个社会还是一个国家，都会导致缺乏秩序、缺乏安全感，严重的还会导致创新活力不能完全激发，文明前进的脚步因此受到羁绊。多年的工作实践研究告诉我们，绝大部分的不良行为学生都存在规则意识缺失的情况，而这往往会导致学生出现各种违规甚至违法的行为，因此，规则意识的培养是我们对不良行为学生进行教育转化时的工作重点。此项课题研究的实施，有助于我们在新形势下更有效地开展对不良行为学生的教育转化，培养他们的规则意识，引导他们将规则意识融入血脉，遵循规则、尊崇规则、敬畏规则，形成主动遵守规则的行为习惯，从而为维护社会秩序、弘扬公序良俗提供重要保障。

二、文献综述

（一） 校外教育的意义

早在20世纪80年代，英国学者J. B. 英格拉姆就提出，强调自我学习和个人责任心的综合教学，有助于在儿童中间促进一种良好的自我观念的形成。而经过多年的实践研究，我国的校外教育工作者也提出了一些自己的见解，一致认为校外教育实践活动对于学生的全面发展有着积极的促进作用。

如，华中师范大学教育学院郭元祥教授（教育部基础教育课程改革综合实践活动项目组负责人）提出，校外教育实践活动，可以帮助学生丰富经验，积累对自然、对社会、对自我、对人身甚至对文化的经验与感悟。

黄冈教育科学研究院陈雪梅老师也认为，校外教育课程着眼于提高学生对社会、对自我的品德认知和观念，引导学生在活动和实践中形成积极的价值观，改变生活的态度，为学生的社会化成长服务，提高学生适应社会、参与社会的能力。

中国教育科学院副研究员冯新瑞提出，通过小组合作方式实施的校外教育活动，有利于培养学生的合作意识和团队精神，使他们在与同伴分工合作、提出问题、制订方案、收集信息、寻找答案的过程中，学会倾听别人的意见，学会表达自己的观点，学会与别人达成一致，学会分享共同的成果等。在这个过程中，发展了他们的友谊和交往合作的能力。有些活动还需要他们走出学校、走向社会，还要去调查访问，和一些陌生人打交道，这个过程对他们的社会交往能力、为人处世能力也是一个锻炼和提高。

同时，有效的校外教育互动，可以促使学生亲自获得对社会、对自然和对自我的认识和体验，这种认识和体验是学生在课堂里、在书本里不能获得的。而这种全新的认识和体验，有利于促使学生形成良好意志品质，激发学生关心社会生活的兴趣，形成健康进取的生活态度以及对他人、对社会的责任感。这种良好品德的获得是建立在学生的积极体验和感悟的基础之上的，而不是别人的灌输所获得的，是任何说教所无法达到的。

（二）校外教育的具体实践

校内的相关工作人员和工作机构，从学生全面发展的角度出发，设计并实施了各种校外教育实践活动，成果颇丰。

如，浙江省杭州市长河高级中学校长陈立群探索实施了一系列活动对学生进行社会责任感教育。在活动过程中，指导教师引导学生认识到要对自己负责，帮助他们从“自在”走向“自为”。自在的人是有奴性的，没有自我，完全依靠别人。到了“自为”阶段，才能是一个真正自由的人。

河南省洛阳市涧西区天津路小学也很注重对学生责任感的培养。他们通过一系列校外教育活动的实施，帮助学生形成了人与自然、人与社会关系的正确认识，理解了个人行为对于自然和社会环境的后果，懂得了社会发展人人有责的基本道理，并最终从活动中学会了关心社会，关心他人，乐于为社会、他人奉献爱心。

广东省东莞市莞城中心小学认识到了学生反思的重要性，在校外教育实施过程中，通过设置问题障碍、书写心得体会、组织学生交流等方式引导学生学会反思、乐于反思、善于反思，使学生通过反思逐步改善自己的思维品质，提高思维能力，养成不断反思的习惯。

浙江嘉兴桐乡市高桥镇中心小学在实践研究的基础上提出，要想更好地评价实践活动对学生个性发展和成长的影响效果，可以采用“自我反思性”的评价方式，即引导学生对自己在活动中的表现进行“自我反思性评价”。评价指标为学生的表现与收获，评价内容为态度、知识、能力、情感等要素，评价方式是自我评价、小组评价与综合评价相结合。

也有的教师将目光聚焦到了传统美德教育上，通过一系列活动的开展，达到了促进学生个性发展的目的：通过开展孝心教育，培养了学生尊敬长辈、孝顺长辈的美德，同时也加强了他们对家庭的责任感和服务社会的意识；通过开展善心教育，帮助孩子们形成了“己所不欲，勿施于人”的言行习惯，从而自觉地体谅他人，关心别人，善良的情感得以养成；通过开展感恩教育，让学生学会知恩图报，更增强了学生们的同情心和爱心。

三、研究设计

（一）研究假设

有针对性的校外教育活动可以引导不良行为学生主动参与其中，了解规则，认识到遵守规则的意义，从而形成遵守规则的意识和行为习惯。

（二）研究内容

1. 我区不良行为学生的规则意识水平和行为表现。

2. 通过校外教育培养我区不良行为学生规则意识的活动实施方案。

3. 通过校外教育培养我区不良行为学生规则意识的活动效果评价体系。

（三）研究方法

1. 调查研究法：在课题开始阶段通过前期对学生和教师的访谈以

及对学生的问卷调查，搜集学生的现实情况（包括学生的个人情况、家庭情况、居住环境、成长经历等等）。

2. 文献研究法：在课题的起始阶段，搜集文献资料，分析培养规则意识的方法。结合学生情况和区域现有资源，制定开展校外教育的教育内容和实施途径，掌控研究方向。

3. 行动研究法：在相关材料准备成熟的基础上，借助相关资源，组织部分我区不良行为学生参与有针对性的短期校外教育活动，并对实施过程中学生在各个环节的表现进行记录，对活动效果进行评估。

4. 经验总结法：课题组及时收集阶段性研究结果，不断反思和总结研究实践的成败，借鉴经验，及时调整，引领研究方向。

5. 个案研究法：以个别典型的学生在参与教育之后的表现为依据，进行研究。

四、研究的重点和难点

通过校外教育培养我区不良行为学生规则意识的活动实施方案，如活动内容、活动形式等，是本研究的重点。

通过校外教育培养我区不良行为学生规则意识的效果评估，是本研究的难点。

五、研究的实施计划及人员分工

（一）准备阶段：2017 年 1 月至 3 月

1. 主要工作：组织课题组，并对课题组成员明确分工；查阅文献资料，了解国内外同类课题的研究状况，对搜集的材料进行整理；撰写开题报告和研究方案。

2. 人员分工如下。

（1）董国舫：组织课题组，并对课题组成员明确分工；

（2）王锋、陈有普、邓金海、安秀娟：搜集、查阅、整理相关文献资料；

（3）赵济园、赵明玉、李歆涛：汇总文献资料；

（4）王锋、邓金海：撰写开题报告和研究方案。

3. 成果形式：课题开题报告。

（二）研究阶段：2017 年 4 月至 6 月

1. 主要工作：选取 20 ~ 30 名具有不良行为的学生，调查他们的日常行为表现，形成前测资料；根据前测情况设计活动实施方案和活动评价方式等；组织选定的学生参加校外教育活动，记录学生在活动过程中的表现。

2. 人员分工如下。

（1）陈有普：设计访谈提纲，与普校联系，选取学生；

（2）邓金海、赵济园、李歆涛、赵明玉、安秀娟：通过访谈和调查问卷了解学生规则意识水平和行为表现，形成前测资料，并整理成学生档案；

（3）陈有普、邓金海：与课外实践基地联系，召开座谈会，设计并研讨活动方案和活动效果评价方案；

（4）王锋：组织学生参加校外教育活动；

（5）邓金海、赵济园、李歆涛、赵明玉：记录学生在活动过程中的表现。

3. 成果形式：学生资料档案；活动实施方案、评价方案。

（三）中期总结阶段：2017 年 7 月

1. 主要工作：整理前一阶段工作的数据，尤其是学生的行为变化情况，评估活动的实效性，并提出改进的方案。

2. 人员分工如下。

（1）赵济园、赵明玉：汇总研究数据；

（2）邓金海：分析学生行为表现；

（3）王锋：组织课题组成员召开座谈会，研究学生表现，评估活动效果，并提出改进方案。

3. 成果形式：活动中期总结。

（四）研究阶段：2017 年 9 月至 12 月

1. 主要工作：课题组成员根据中期总结改进活动设计方案；组织学生继续参加校外教育活动，记录学生在活动过程中的表现。

2. 人员分工如下。

（1）陈有普、邓金海：与课外实践基地联系，召开座谈会，研讨改进活动方案；

（2）王锋：组织学生参加校外教育活动；

（3）邓金海、赵济园、李歆涛、赵明玉：记录学生在活动过程中的表现。

3. 成果形式：学生资料档案；活动实施方案、评价方案。

（五）总结阶段：2018 年 1 月

1. 主要工作：整理课题研究资料，做好结题验收准备；撰写课题研究报告和课题研究工作总结报告；整理部分个案研究的案例。

2. 人员分工如下。

（1）赵济园、赵明玉、安秀娟：整理课题研究资料；

（2）邓金海：撰写课题研究报告；

（3）王锋：撰写课题研究工作总结报告；

（4）课题组所有成员：整理研究论文和个案研究案例；

（5）董国舫：召开课题结题会。

3. 成果形式：课题研究报告；课题工作报告；教师研究论文、案例。

六、预期研究成果

（一）课题研究报告；

（二）教师研究论文；

（三）学生个案研究。

工作报告

学校开展科研课题研究有助于学校和教师反思教育教学中的行为，总结教育教学实践中的成功经验和失败教训，解决学校发展、课堂教学、教师成长、家庭教育等各方面的问题和困惑，促进学校各方面工作的提高。因此，在我区教育科学“十三五”规划期间，结合我校的现状和发展需求，我校申报并顺利完成了《开展校外教育培养不良行为学生规则意识的实践研究》这一科研课题的研究工作。现将此课题的研究工作过程总结如下。

一、精心组织，扎实准备

（一）思想重视

我校是一所专门教育学校，对学生进行教育转化是我校的主要工作和重点工作。在我区教育布局大调整的要求下，我校的主要工作目前以校外教育的方式开展。因此，在选择课题的时候，我校进行了全面的思考，结合目前学校正在实施的校本课程的建设工作，确定了《开展校外教育培养不良行为学生规则意识的实践研究》作为本次科研的研究课题，并按照上级的统一要求，对此项课题研究的目的、意义、理论依据、实施步骤等方面进行了深入论证，认真填写并上报了课题论证书和课题申报书。

（二）组织保障

课题审批通过后，我校组织课题主要负责人召开了第一次工作会，成立了课题研究小组，其中校长作为课题研究的负责人，监督课题研究各项工作的落实；主管课题研究的副校长作为课题研究小组的副组长，主要负责课题研究过程中各相关活动的组织和实施；部分一线教师作为课题研究小组的主要成员，主要参与课题研究中的各项具体工作，并且承担课题信息收集工作。

课题组成立之后，我校组织课题组全体成员召开了课题开题会，在会上宣读并讲解了本次课题的课题报告，通报了课题组成员的具体职责，确保每位课题组成员都能了解本次课题研究的意义和自己在本次课题研究中的职责。

（三）准备全面

为了确保本次课题研究工作能贴近学校实际，课题组成员在搜集资料时不仅查阅、整理了大量文献资料，了解了国内外同类课题的研究状况，并选取了“规则意识水平测试（家长版）”“学生表现班主任调查问卷”“学生表现家长调查问卷”和“学生表现同学调查问卷”这四份问卷作为学生个人情况的评价依据。

在与普校和相关单位进行了多次会谈沟通之后，我们选取了我区某中学的十名初二学生作为我们的研究对象。这十名同学具有不良行为和严重不良行为的学生日常行为表现散漫，经常会出现违反校规校纪的行为，且在“规则意识水平测试（家长版）”中的初测得分都在 16 分以下。

二、稳步推进，重在落实

精心的准备是基础，课题研究各环节的落实是课题研究能否成功的关键。本次课题在课题组的精心组织和监督下，各主要阶段的工作基本都落到了实处，确保了此次课题研究的实效性。

（一）第一阶段研究实施：2018 年 11 月至 12 月

根据实际情况，此阶段我们主要对学生开展了以下有针对性的校外教育工作。

1. 主题讲座

我校教学部主任对十名研究对象做了一次《从公民义务看个人行

为》的主题讲座。讲座从《宪法》中规定的公民基本义务入手，结合学生中的具体案例和事例讲解了规范个人行为和遵守公民义务之间的关系，督促同学们要注重自律、自制。

2. 普法教育

我校教育部的法治教育教师对该校初二的全体学生开展了两次法治教育讲座，两次讲座主题分别为遵守秩序和规则（以《治安管理处罚法》为核心）以及不良行为和严重不良行为（以《预防未成年人犯罪为》为核心）。在讲座结束之后，由普校的教师组织这十名学生围绕讲座内容写出学习体会，学习体会中不仅要写出法律知识上的收获，还要结合自身经历写出与讲座内容类似的法律案例或生活实例，促使他们将讲座内容与个人行为充分结合起来，深化他们对学习内容的认识和理解。

3. 个体辅导

根据学生的个人情况，我们从十名学生中选取了两人作为辅导对象开始了个体辅导。此阶段课题组成员主要对他们的基本情况进行了更细致的了解，并通过对其资料的整理，汇总出了这两名学生的问题行为表现。之后连续召开了两次校内研讨会，分析他们的问题行为成因和辅导方法，并最终确定了他们的个体辅导方案。其中辅导措施包含学校、班主任、教师三个具体层面，在与普校沟通达成一致后对这两名学生各开展了一次个体辅导。通过此次辅导明确工作目的，初步与学生建立信任关系。

4. 团体辅导

此阶段课题组教师组织这十名学生开展了一次以“规则的意义”为主题的半结构化的团体辅导活动。在辅导过程中要求学生尽量交流个人的实际经历和真实感受，辅导教师则结合在辅导过程中有意识的引导学生将之前主题讲座的内容与自己的分享建立联结，从而强化学生对规则的理解。

5. 校外实践活动

此阶段主要组织学生参与了一次校外实践活动，即到区法院少年法庭观摩庭审。通过亲临现场观摩庭审，帮助学生们感受法律的庄重威严、提高法治观念。

（二）研究中期总结：2019 年 1 月

此阶段教学部教师将前一阶段工作的资料进行了简单整理汇总，并与普校召开了中期总结交流会，交流了学生的行为变化情况，完善了下一阶段研究措施的落实细节。

（三）第二阶段研究实施：2019 年 3 月至 11 月

1. 普法教育

我校教育部的法治教育教师对该校初二的全体学生开展了三次法治教育讲座，三次讲座主题分别为守法自护、校园欺凌和网络文明。在讲座结束之后，同样由普校的教师组织这十名学生围绕讲座内容写出了学习体会。

2. 个体辅导

此阶段我们按照辅导方案对之前的两名学生各开展了三次个体辅导，在 2019 年 6 月前初步完成了对他们的个体辅导工作。

3. 团体辅导

因为这十名学生都存在校内或校外吸烟行为，因此，阶段课题组教师组织这十名学生开展了一次以“吸烟”为主题的半结构化的团体辅导活动。在辅导过程中要求辅导教师组织学生从吸烟原因谈起，分享了吸烟这一不良行为给自己带来的影响。

4. 校外实践

此阶段根据实际情况我们主要组织学生参加了两次校外实践活动，分别是参观看守所和拓展训练。通过参观看守所，带领学生零距离接触高墙电网，让学生更深刻感受了法律的严肃，认识到违法犯罪的代价。通过参加拓展训练，学生通过建立团队、完成团队任务，进一步树立规则意识，激发自身潜能重塑价值观，形成包容接纳的性格特征。

（四）课题结题：2019 年 12 月

此阶段，课题组教师对此次课题的研究资料（包括学生规则意识水平测试结果、学生个人表现调查表和座谈记录等）进行整理汇总，对研究结果进行分析，同时也对课题研究过程中其他资料进行了整理，包括研究论文、课堂实录、案例研究等。在科学、深入分析的基础上，课题组相关人员结合我校实际情况撰写了课题研究报告和课题研究工作报告，并将相关资料进行整理后上报了上级主管部门。

三、完善推广，深化教研

本次课题研究极大地提高了教师研究教学的积极性，虽是“摸着石头过河”，但通过课题研究增强了教师的自信心，丰富了教师的工作经验，提升了教师的工作能力。教师在课题的研究中得到了成长，并准备将研究的成果落实到教育教学工作的各项实践中，深化科研成果对我校各项工作的促进作用。

当然，本次课题研究工作也暴露出了一些问题，如工作系统性不足，部分工作不够细致，教师专业能力不强等。在今后的科研工作中，我们一定会继续发扬本次科研工作中的优点，克服工作中暴露出来的不足，力争使我校教育科研工作取得更大成功！

结题报告

一、研究背景

（一）与当前相关政策的要求相符

2016 年 9 月 13 日，《中国学生发展核心素养》研究成果在京发布。核心素养以培养“全面发展的人”为核心，分为文化基础、自主发展、社会参与 3 个方面，综合表现为人文底蕴、科学精神、学会学习、健康生活、责任担当、实践创新六大素养，具体细化为国家认同等 18 个基本要点。其中“珍爱生命”的基本要点中提出要“养成健康文明的行为习惯和生活方式”，“责任担当”的基本要点中提出要“能明辨是非，具有规则与法治意识”。这两点要求恰恰是不良行为学生普遍缺乏的。所以，通过各种教育方式培养不良行为学生的规则意识符合时代特色，是我们要专注完成的重点工作内容。

同时，《北京市教育委员会关于在全市校外教育机构开展“三个一”活动的通知》京教函〔2016〕230 号中提出，校外教育机构要“培育一批创新项目，丰富校外活动供给内容，切实满足广大中小学生个性化学习需求”。纵观多年来的工作实践，我区校外教育实践基地在组织学生进行校外实践活动时，基本上都是针对全体学生设计活动方式和内容，创新性和针对性稍显不足。此项课题研究的实施和完成，正切合了“三个一”活动的要求。通过此项课题研究，我们可以设计出培养不良行为学生规则意识的校外教育活动方案，从而丰富我区校外教育实践基地的工作内容，更好地为我区广大中小学生服务。

（二）丰富本领域的研究成果

校外教育作为现代国民教育体系的重要组成部分，经过六十余年的发展已经制度化和体系化，首都师范大学教育学院副院长康丽颖也认为“校外教育是青少年全面发展的实践课堂”。但浏览过大量的文献资料之后，我们发现，不论是文献综述类的研究，还是基于学生实例的个案研究和经验反思，已有的与不良行为学生相关的研究基本上都围绕着校内教育、家庭教育和社会工作三个角度进行，而校外教育领域的专家和学者也很少有围绕不良行为学生实施的研究和实践。因此，为了丰富这方面的研究成果，探索校外教育对教育帮扶不良行为学生方面的实际意义，我们确定了这一研究课题。

（三）我区教育布局调整的需要

对具有不良行为和严重不良行为学生进行教育转化是工读教育的重要职能之一。随着我区近年来教育布局调整的逐步落实，传统的工读教育方式不再适用，而常规的思想教育和说教在这些学生面前能发挥的作用也有一定局限性。因此，我们开始探索新的工作途径，以期通过相关的研究和实践，培养不良行为学生的规则意识，促进他们认识规则、遵守规则，并在此基础上引导他们增强社会适应性，塑造健全的人格，学会共同生活、学会生存的本领。

二、选题的意义

中学生正处在身心发展的重要时期，并且目前我区的中学生中独生子女数量逐年增多，他们的生理心理发展还未成熟，社会阅历正逐步拓展，思维方式受外界影响大，可塑性强，分辨是非的能力水平还不够高。因此，在家庭、社会、学校等客观因素以及自身主观原因的影响下，越来越多的中学生开始表现出种种违反校规校纪甚至违反社会秩序的不良行为。这些不良行为的出现往往会给学生带来消极的影响，轻则影响正常的学习、生活，使人沮丧，情绪低落，重则使人走上犯罪的道路。

河北大学政法学院院长、教授孟庆瑜在谈到全民守法时说到，规则是法律的基础，守规矩是现代文明社会公民必须具备的基本素质。如果不尊重规则、不敬畏规则、不遵守规则，无论一个家庭、一个社会还是一个国家，都会导致缺乏秩序、缺乏安全感，严重的还会导致创新活力不能完全激发，文明前进的脚步因此受到羁绊。多年的工作实践研究告诉我们，绝大部分的不良行为学生都存在规则意识的缺失的情况，而这往往会导致学生出现各种违规甚至违法的行为，因此，规则意识的培养是我们对不良行为学生进行教育转化时的工作重点。此项课题研究的实施，有助于我们在新形势下更有效地开展对不良行为学生的教育转化，培养他们的规则意识，引导他们将规则意识融入血脉，遵循规则、尊崇规则、敬畏规则，形成主动遵守规则的行为习惯，从而为维护社会秩序、弘扬公序良俗提供重要保障。

三、研究论述

（一）校外教育的意义

早在20世纪80年代，英国学者J. B. 英格拉姆就提出，强调自我学习和个人责任心的综合教学，有助于在儿童中间促进一种良好的自我观念的形成。而经过多年的实践研究，我国的校外教育工作者也提出了一些自己的见解，一致认为校外教育实践活动对于学生的全面发展有着积极的促进作用。如，华中师范大学教育学院郭元祥教授（教育部基础教育课程改革综合实践活动项目组负责人）提出，校外教育实践活动，可以帮助学生丰富经验，积累对自然、对社会、对自我、对人身甚至对文化的经验与感悟。黄冈教育科学研究院陈雪梅老师也认为，校外教育课程着眼于提高学生对社会、对自我的品德认知和观念，引导学生在活动和实践中形成积极的价值观，改变生活的态度，为学生的社会化成长服务，提高学生适应社会、参与社会的能力。

中国教育科学院副研究员冯新瑞提出，通过小组合作方式实施的校外教育活动，有利于培养学生的合作意识和团队精神，使他们在与同伴分工合作、提出问题、制订方案、收集信息、寻找答案的过程中，学会倾听别人的意见，学会表达自己的观点，学会与别人达成一致，学会分享共同的成果等。在这个过程中，发展了他们的友谊和交往合作的能力。有些活动还需要他们走出学校、走向社会，还要去调查访问，和一些陌生人打交道，这个过程对他们的社会交往能力、为人处世的能力也是一个锻炼和提高。

同时，有效的校外教育互动，可以促使学生亲自获得对社会、对自然和对自我的认识和体验，这种认识和体验是学生在课堂里、在书本里不能获得的。而这种全新的认识和体验，有利于促使学生形成良好意志品质，激发学生关心社会生活的兴趣，形成健康进取的生活态度以及对他人、对社会的责任感。这种良好品德的获得是建立在学生的积极体验和感悟的基础之上的，而不是别人的灌输所获得的，是任何说教所无法达到的。

（二）校外教育的具体实践

校内的相关工作人员和工作机构，从学生全面发展的角度出发，设计并实施了各种校外教育实践活动，成果颇丰。如，浙江省杭州市长河高级中学校长陈立群探索实施了一系列活动对学生进行社会责任感教育。在活动过程中，指导教师引导学生认识到要对自己负责，帮助他们从“自在”走向“自为”。自在的人是有奴性的，没有自我，完全依靠别人。到了“自为”阶段，才能是一个真正自由的人。

河南省洛阳市涧西区天津路小学也很注重对学生责任感的培养。他们通过一系列校外教育活动的实施，帮助学生形成了人与自然、人与社会关系的正确认识，理解了个人行为对于自然和社会环境的后果，懂得了社会发展人人有责的基本道理，并最终从活动中学会了关心社会，关心他人，乐于为社会、他人奉献爱心。

广东省东莞市莞城中心小学认识到了学生反思的重要性，在校外教育实施过程中，通过设置问题障碍、书写心得体会、组织学生交流等方式引导学生学会反思、乐于反思、善于反思，使学生通过反思逐步改善自己的思维品质，提高思维能力，养成不断反思的习惯。

浙江嘉兴桐乡市高桥镇中心小学在实践研究的基础上提出，要想更好地评价实践活动对学生个性发展和成长的影响效果，可以采用“自我反思性”的评价方式，即引导学生对自己在活动中的表现进行“自我反思性评价”。评价指标为学生的表现与收获，评价内容为态度、知识、能力、情感等要素，评价方式是自我评价、小组评价与综合评价相结合。

也有的教师将目光聚焦到了传统美德教育上，通过一系列活动的开展，达到了促进学生个性发展的目的：通过开展孝心教育，培养了学生尊敬长辈、孝顺长辈的美德，同时也加强了他们对家庭的责任感和服务社会的意识；通过开展善心教育，帮助孩子们形成了“己所不欲，勿施于人”的言行习惯，从而自觉地体谅他人，关心别人，善良的情感得以养成；通过开展感恩教育，让学生学会知恩图报，更增强了学生们的同情心和爱心。

当然，还有很多实践活动立足于激发学生学习兴趣，培养学生自主探究能力、问题解决能力、创新能力、交流能力、合作能力等，由于篇幅的限制，这里就不一一赘述了。

四、课题依据

（一）关于不良行为学生

学生主观认识的偏激性或片面性、学校教育不当、家庭教养方式不合理以及复杂社会的影响这四个方面是导致中学生出现不良行为的主要因素。

（二）关于校外教育

校外教育注重情感与道德体验的内化过程，把学生的体验过程看作是教育活动的基本形式之一，强调学习中的体验、体验后的感悟。因此，校外教育有助于唤醒学生的自我意识，完善学生的自我认知，促使学生获得自我发展和成长；有助于学生获得情感、态度、认知等方面的积极情绪体验，促使学生形成良好的情感模式；有助于学生通过实践认识环境、认识社会，促使学生形成健全的人格特点。

五、研究过程

（一）前期准备：2018 年 9 月至 10 月

1. 成立课题组，明确职责

此阶段，我们组建了以校长为组长、部分优秀教师为组员的课题研究小组，明确了大家各自的职责。

2. 查阅整理研究文献

课题组成员开始查阅文献资料，了解国内外同类课题的研究状况，并对搜集的材料进行整理汇总。选取“规则意识水平测试（家长版）”（见附件一）“学生表现调查问卷（班主任版、家长版和同学版）”（见附件二）四份问卷作为学生个人情况的评价依据。

3. 确定研究方案，撰写开题报告

课题组成员结合文献研究结果和对我区学生具体情况的了解，确定了以培养学生规则意识、规范学生不良行为为主要目标的研究方案和具体措施，并撰写了课题开题报告。

4. 确定研究对象

通过与普校多次会谈沟通，课题组选取了我区某中学的十名初二学生作为我们的研究对象。这十名学生日常行为散漫，经常会出现违反校规校纪的行为，且在“规则意识水平测试（家长版）”中的初测得分都不高于 16 分，规则意识极差。

（二）第一阶段研究实施：2018 年 11 月至 12 月

根据实际情况，此阶段我们主要对学生开展了以下有针对性的校外教育工作。

1. 主题讲座

我校教学部主任对十名研究对象做了一次《从公民义务看个人行为》主题讲座，督促同学们要注重自律、自制。

2. 普法教育

我校教学部的法制教育教师对该校初二的全体学生开展了两次法制

教育讲座，两次讲座主题分别为“遵守秩序和规则”（以《治安管理处罚法》为核心）以及“不良行为和严重不良行为”（以《预防未成年人犯罪法》为核心）。在讲座结束之后，由普校的教师组织这十名学生围绕讲座内容写出学习体会，学习体会中不仅要写出法律知识上的收获，还要结合自身经历写出与讲座内容类似的法律案例或生活实例，促使他们将讲座内容与个人行为充分结合起来，深化他们对学习内容的认识和理解。

3. 个体辅导

根据学生的个人情况，我们从十名学生中选取了两人作为辅导对象开始了个体辅导。此阶段课题组成员对这两名学生各开展了一次个体辅导。通过此次辅导明确了工作目的，初步与学生建立了信任关系。

4. 团体辅导

此阶段课题组教师组织这十名学生开展了一次以“规则的意义”为主题的半结构化的团体辅导活动，强化学生对规则的理解。

5. 校外实践活动

此阶段主要组织学生参与了一次校外实践活动，即到区法院少年法庭观摩庭审。通过亲临现场观摩庭审，帮助学生们感受法律的庄重威严，提高法制观念。

（三）研究中期总结：2019 年 1 月

此阶段教学部教师将前一阶段工作的资料进行了简单整理汇总，并与普校召开了中期总结交流会，交流了学生的行为变化情况，完善了下一阶段研究措施的落实细节。

（四）第二阶段研究实施：2019 年 3 月至 11 月

根据实际情况，此阶段我们主要对学生开展了以下有针对性的校外教育工作。

1. 普法教育

我校教学部的法制教育教师对该校初二的全体学生开展了三次法制教育讲座，三次讲座主题分别为守法自护、校园欺凌和网络文明。在讲座结束之后，同样由普校的教师组织这十名学生围绕讲座内容写出学习体会。

2. 个体辅导

此阶段我们按照辅导方案对之前的两名学生各开展了三次个体辅导，在 2019 年 6 月前初步完成了对他们的个体辅导工作。

3. 团体辅导

此阶段课题组教师组织这十名学生开展了一次以“吸烟”为主题的半结构化的团体辅导活动。

4. 校外实践

此阶段根据实际情况，我们主要组织学生参加了两次校外实践活动，分别是参观看守所和拓展训练。

（五）课题结题：2019 年 12 月

1. 研究效果反馈

课题组教师通过发放调查问卷、与班主任、家长座谈等方式了解课题实施之后学生的个人表现。

2. 课题结题

此阶段，课题组教师对课题的研究资料进行整理汇总，对研究结果进行分析，撰写课题研究报告和课题研究工作总结报告。

六、 研究结果

本次课题研究，我们凸显研究结果的内容主要包括规则意识测试和学生表现调查两方面，其中学生表现主要是以调查问卷和访谈形式进行了解。下面就将这些结果做一简单汇总。

（一）规则意识测试

规则意识测试结果

学生得分	A	B	C	D	E	F	G	H	M	N	平均分
2018. 10	13	13	12	15	13	16	14	13	12	12	13. 3
2019. 10	20	22	21	20	21	23	24	18	17	18	20. 4

从上表的内容可以看出，2018 年 10 月进行测试时，家长对这些孩子的规则意识水平的评价都很低，这十名学生测试平均分为 13.3，最高分 16（1 名），最低分 12（3 名）。从测试结果上看，这十名学生的规则意识水平较低，自律精神不足，自制能力也较差，行为自由散漫，没有形成良好的行为习惯。

而 2019 年 10 月，在参与了我们组织的一些校外教育活动后，家长对这些孩子的评价有了明显的提升，每名学生的测试成绩都有了一定的提高，测试平均分提高到了 20.4，最高分 24（1 名），最低分 17（1 名）。从结果上看，这些孩子的规则意识水平都提升到了一般水平，甚至还有一名学生的规则意识水平提高到了较强的水平，这一结果说明他们已经逐步形成了对规则的合理认识，开始约束自己的行为，主动遵守一些规章制度。

（二）学生表现调查

课题开始之初，通过对这十名学生的家长、班主任、同学发放调查问卷和座谈交流，我们了解到了这十名学生都存在着较多的行为问题，经常违反校规校纪，行为自由散漫，如随便插话、随意进办公室、不穿校服等，行为习惯较差；社会关系也都比较复杂，大部分学生都与社会上的无业人员有一定的联系和接触。部分学生流氓习气较重，做事冲动，不顾后果，偶尔会有打架斗殴行为。这些学生与父母的关系不是很融洽，平时亲子交流极少，生活习惯不佳，生活不够规律，偶尔会有与家长对抗的行为。

课题完成之后，我们再次通过学生家长、班主任和同学对这十名学生的个人表现进行了调查，参与调查的人员纷纷表示，这十名学生在参与校外教育活动的一年中，行为问题有了显著改善，如能够做到按时到校，扰乱课堂秩序的行为也显著减少，与教师、同学的关系也融洽了许多，基本很少出现违反校规校纪的行为。在家中，他们与家长的关系也有了一定的改善，会主动与父母交流一些生活上的事情，偶尔帮家长做家务，外出都会主动与家长打招呼，并且能够按时归家，与社会无业人员的联系也显著减少。

（三）个体辅导情况反馈

在课题研究过程中，我们选取两名学生进行了个体辅导，其中一名学生的辅导效果更为显著，辅导教师也通过各种途径把该生的辅导效果进行了一个简单反馈。

1. 辅导教师对学生的评价

在对学生的辅导过程中，我们多次问及对违规违纪行为的看法，学生在不同辅导阶段的回答都不相同，如问及对打架斗殴的看法，学生的回答依次为“不能打架，因为是违法的”“不能打架，把人打伤了家里得赔钱”和“打架行为不好，所以如果看到身边的人打架会尝试劝解”。从学生的回答可以看出，学生已开始逐步将“遵守规则”内化为自己的观念，规则意识正在逐渐形成。

2. 班主任对学生的评价

2019 年 9 月以来，该生课堂表现良好，未出现影响课堂纪律的行为，尊敬师长，会主动与老师互动、交往，师生关系较融洽。校内未出现打架斗殴行为。

3. 家长对学生的评价

平时很少主动与校外人员接触，放学后不在路上耽误时间，能按时回家，在家中会主动做家务，虽然与家长交流较少但跟父亲对抗的情况明显减少。

4. 同学对学生的评价

该生的几名同学对该生存在不足的评价主要为上课迟到、学习不好，但在个人行为习惯上没有明显的负面评价。

七、研究结论

从研究结果上看，此次的课题研究也取得了一定的效果，对学校的德育工作和学生的个人成长都产生了一些积极影响。

（一）校外教育有助于培养学生的规则意识

校外教育活动强调学生个体的亲身参与和体验，注重引导学生在体验中把教育要求内化为品质，外显为行为，从而有效激发学生的合理认知，改善个人行为。此次课题中实施的这些校外教育活动，主要针对学生缺乏规则意识、存在不良行为的特点来设计，学生们通过亲身参与和体验，认识到了与以往认知经验不同的内容，开始尝试以积极、正向的角度去认知、分析身边的人和事，并初步形成了合理的社会认知和自我认知，促进了个人良好规则意识的激发和形成。学生们也开始逐步规范自己的言行，让自己的言行更符合学生的要求，社会适应性有了明显提高。这些结果说明，有针对性的校外教育活动对于改善学生行为的作用是积极的、显著的。

（二）校外教育活动有助于提高教师德育工作能力

校外教育活动内容丰富多样，形式灵活多变，资源更是充足且真实，只要教师能够做到认真分析学生情况和地区情况，在以人为本的基础上设计和实施有针对性的校外教育活动，通常都会更易达到教育目的，帮助学生获得全面发展，并有效提升自己的德育工作能力。此次课题中，参与课题的教师先通过搜集学生资料、分析学生情况等工作确定了对学生进行教育的目标和方向，又通过分析现有的校内外各种资源来确定最终的校外教育活动，最后通过活动的实施落实了对学生的德育教育，引导学生形成良好的个性品德，有效完成了立德树人的根本任务。这些实践活动，帮助教师明确了德育工作的基本原则，掌握了开展德育工作的基本方法，提高了自身的德育工作能力。

（三）校外教育有助于营造良好成长氛围

相对于传统的校内教育活动，校外教育活动往往在学习内容、学习方式、学习空间等方面更灵活多样，学生在参加校外教育活动的时候可以更主动、更投入，教师在实施教育活动时也会更放松、更包容，师生互动、生生互动大量出现，这些都更容易增进师生间的关系，促进师生、生生互相理解、互相包容、互相支持，整体活动氛围包容、开放，对学生健康成长的积极作用的毋庸置疑的。此次课题中，教师开展校外教育时的工作方式、工作场所都发生了变化，学生们在参与活动的过程中也更放松、更坦诚，互相之间更了解，关系也更融洽。潜移默化中发生的变化让活动氛围的开放性和包容性更强，对于学生培养良好个性品德的促进作用也更明显。

总之，通过此次课题研究，我们可以看出，有针对性地开展内容丰富、形式多样的校外体验式教育有助于学生树立规则意识、形成良好行为习惯，是学校德育工作的重要补充和支持。

八、研究中的问题及建议

（一）研究中的问题

此次课题研究持续时间不长，但通过课题的落实，我们也发现了一些问题。

1. 工作不够系统

在最初的研究计划中，我们想要组织学生参加校外短训。但在与普校和相关单位沟通后，这个方案没能落实，只能根据学生、学校和相关单位的实际情况组织学生参加各项活动，工作的系统性和连贯性不足，活动稍显零碎。

2. 部分教师工作能力不高

此次课题中设计的活动大部分都考虑到了教师的实际工作内容和工作能力，但部分活动的落实仍显现出了教师工作能力不高的问题。如进行法制教育时，部分教师数据不够准确，内容更新也不够及时；在进行个体辅导和团体辅导时某些技术问题处理不够到位。这些问题都影响了活动的效果。

3. 部分工作不够细致

此次课题要组织学生参加各种活动，这就需要提前做好充分的沟通和细致的准备工作。但有些活动沟通不够到位，导致一些活动前前后后多次更改，耗时较长；在与家长沟通的时候，有些情况没能解释到位，导致家长产生了质疑，不支持学生参与活动。

（二）建议

针对此次课题研究中出现的问题，结合整个课题的实施过程，我们提出了如下改进意见。

1. 建立健全工作机制

在研究活动落实的过程中，我们需要专门人员负责工作机制的建立工作，提前制定工作落实的详细流程、沟通机制、评价机制等，并随时修改健全工作机制。

2. 重视档案管理工作

学生资料是我们做出各类分析判断的重要依据，因此要有专人完成学生资料收集和整理的工作，详细记录学生的个人成长过程，完善学生档案管理。

3. 加强教师培训

活动的设计和实施都需要教师亲身参与，因此我们需要加强对相关教师的培训，提升教师的业务能力，具体培训内容可以根据活动要求确定。

4. 家庭先期介入，实现立体教育网络的建立

家长对教育转化不良行为学生的工作也有着重要的影响，且很多不良行为学生的家长在家庭教育方面都存在困惑和需求。因此，我们可以在工作的初始阶段就与家长接触，根据实际情况给家长提供切实可行的家庭教育理念和方法，从而实现学校、家庭、社会三位一体教育网络的构建。

九、总结

不良行为学生的存在，对学校整体工作和学生个人健康成长都会产生各种各样的消极影响，对这类学生的教育管理工作是所有教育人都应

该重视的事情。校外教育活动能够有效地帮助学生产生积极的体验和感悟，形成积极的价值观，改变生活态度，为学生的社会化成长服务，提高学生适应社会、参与社会的能力。因此，我们需要联合各方力量，整合各种资源，根据实际情况设计系统化、针对性强的校外教育活动，并将其应用到不良行为学生教育转化工作当中，帮助这些学生树立规则意识，培养良好行为习惯，形成健全人格，促使他们健康、快乐成长。

参考文献

[1] 杨永明. 未成年学生不良行为的发现与教育调适［M］. 上海：上海教育出版社，2010.

[2] 李维国. 中学生问题行为的诊断与矫正［M］. 西安：陕西师范大学出版社，2011.

[3] 中国儿童中心. 校外教育的理论与实践［M］. 北京：北京师范大学出版社，2016.

[4] 上海社会科学院家庭研究中心. 现代校外教育论［M］. 上海：上海社会科学院出版社，2014.

[5] 王国庆. 探索 研究 实践：校外教育论坛［M］. 天津：天津社会科学院出版社，2013.

[6] 武迎选. 校外教育活动策划与案例评析［M］. 北京：学苑出版社，2013.

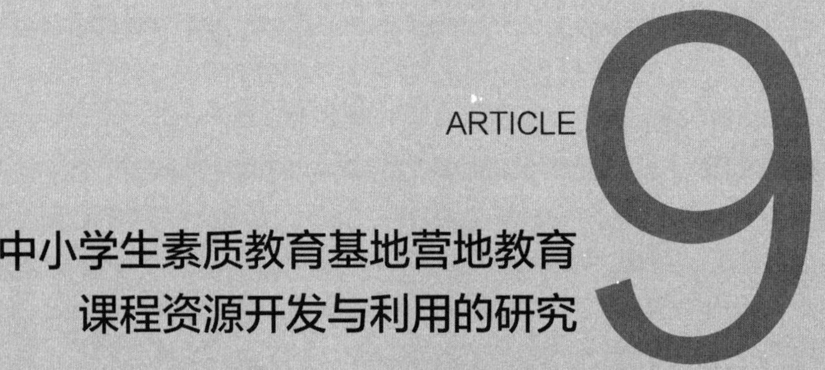

ARTICLE 9

中小学生素质教育基地营地教育课程资源开发与利用的研究

课题负责人　朱东松

核心组成员　李万治　韩　伟　梁国锋　高　杨　张亚军

负责人单位　北京市门头沟区雁翅中小学生素质教育基地

成 果 形 式　研究报告　活动手册

开题报告

一、课题研究的背景

（一）选题缘由

1. 广大青少年发展的需要

现在的一些青少年，被家长所溺爱，做任何事情都以自我为中心，遇到问题总是由父母、家长帮助解决，更有甚者作业都有家长帮助写。缺乏自信、不会与人沟通、协作，没有自我生活、生存的能力。加之很多青少年沉迷网络，整日与手机、iPad、电脑“为伴”，造成学生人生观和价值观的扭曲，偏激、攀比、与人格格不入，是学生中存在较为广泛的现象。

营地教育以体验式教学为主要教学方式，以学生的兴趣爱好为主导，以提高学生的创新、创造力，学生的自学能力为主要目的，对于提高学生自信心、领导力、沟通协作能力和独立生活、生存能力有显著作用，是以露营活动为中心的系列户外体验活动课程。它让学生从做中学，在体验中获得感悟，在感悟中成长，对于学生形成正确的人生观和世界观有很大的帮助，是青少年教育不可或缺的重要内容。

2. 营地教育发展自身的需要

营地教育在我国尚处于发展初期。虽然并不缺乏营地教育机构，但是整个行业没有统一课程标准和规范的课程，且有不少机构是以营利为目的，没有从青少年发展的需要出发。这就使得营地教育失去了教育的意义。

综上所述，中小学生素质教育基地营地教育课程资源开发与利用的研究，对营地教育发展有着重要意义，是青少年自身发展的需要。

（二）研究意义

1. 利用基地多年开展体验式培训课程的经验优势，和背靠太行山、面对永定河的自然条件优势，去开发营地教育课程的资源，最终形成一套完整的营地教育课程体系，推动整个营地教育课程的发展与规范。

2. 利用“门头沟区中小学生综合实践体验圈”（由门头沟区教育委员会领导，以雁翅中小学素质教育基地为中心，由斋堂革命传统教育基地、灵溪生态教育基地、丁家滩法制教育基地、京西古道文化教育基地和琉璃渠劳动艺术教育基地共同组成）的影响力，推广本课题研究的成果，为营地教育的推广和发展起到良好的催化作用。

3. 通过营地教育课程，使学生在自然的环境中获得个人体验，提升自我认识，培养学生的创新、创造力和自学能力，促进其形成正确的人生观与价值观，更为健康、健全地成长。

二、文献综述

（一）本课题核心概念界定

1. 营地教育

美国营地协会 1998 年给出的定义是“一种在户外以团队生活为形式，并能够达到创造性、娱乐性和教育意义的持续体验。通过领导力培训以及自然环境的熏陶帮助每一位营员达到生理、心理、社交能力以及心灵方面的成长”。

我国营地教育的定义：营地教育是通过自然环境中的身体运动，实现个人发展和社会发展的高度统一的教育活动。

2. 课程资源

课程资源（Curriculum Resource）是指供给课程活动、满足课程活动需要的一切。它包括构成课程目标、内容的来源和保障课程活动进行的设备和材料，即“素材性课程资源和条件性课程资源”。

本课题所研究的课程资源主要包括：（1）以学生兴趣为出发点的

营地教育活动内容和实施方法；（2）基地周边户外营地教育场所的开发与管理；（3）基地教师营地教育理论与实践能力的提升。

（二）国内外研究现状评述

1. 营地教育在国外的发展

在欧美、日本等发达国家，营地教育已有百年历史。最早出现的教育型营地活动是1885年在美国纽约城郊举行的YMCA露营。随后，营地教育重点关注特殊人群，1892年女子露营首次举行，1900年开始举办残疾青少年露营。1910年部分国家的政府部门和学校开始为营地活动培养具有专业知识技能的营地指导员。20世纪前期，发达国家的营地教育进入快速发展阶段，美国率先成立了以青少年素质发展为目的的露营组织，并且传入加拿大、新西兰、英国、澳大利亚、日本、马来西亚等国家。二战后，营地教育步入了健康的发展轨迹，各国相继成立了全国性的露营协会和露营联盟。为了促进营地教育的国际交流和发展，1983年在伦敦举办了首届国际露营会议。国际露营联盟（International Camping Fellowship）于1987年宣告成立。此后，三年一届的国际露营会议如期顺利举行，对青少年营地教育的发展起到了很好的推进作用。

2. 营地教育在国内的发展

我国的营地教育有多种雏形，它和户外体育运动、户外营地建设都有着密不可分的关系。中国的营地教育最早发源于中国香港地区，英国政府将童子军系统引入到香港地区，以开展童军训练为主要营地教育内容。20世纪80年代，我国相继成立了很多少年宫、爱国主义教育基地，它们在进行爱国主义教育的同时，也在户外开展了一些有当地特色的体育活动。2004年国家体育总局适应新形势的要求，为了拓展我国青少年参加体育健身活动的空间，促进全国青少年体育俱乐部和体育传统项目学校户外体育活动的开展，建设了一批青少年户外体育活动营地。这是1949年以来国家正式提出“青少年户外体育营地”的建设，标志着我国营地教育的发展有了一个新的起点。2010～2015年对青少年户外研究的论文数量呈现跳跃式增长，可见营地教育越来越受到人们的关注，营地教育也走入了理论和实践并行的阶段。2015 年 4 月，中国第一届营地教育大会在京举行，大会对营地教育者进行了为期 3 天的专业培训，并进行了国际统一标准的能力认证培训，为营地教育的行业规范化和中国特色的营地教育的发展提供了助推力。

3. 营地教育发展现状评述

我国的营地教育正处在发展初期。虽然有很多组织和机构在开展营地教育，但整个行业缺少统一的标准和系统的营地教育活动课程，很多组织和机构都是在开展以盈利为目的的“营地教育”活动，不注重课程育人的本质和营地教育深层次的开发与研究。即使有专门开展以育人为目的的营地教育活动课程，也多是校外教育机构，但源于教育体制缺陷，校外教育一直处在教育行业的边缘，营地教育得不到应有的重视，这就导致营地教育处在一个较为尴尬的位置，发展速度较为缓慢。

部分掌握先进营地教育理念且拥有丰富师资的营地教育机构，出于商业保密考虑，难以将先进的教育理念和科学的课程体系公开，整体行业水平参差不齐。

营地教育活动课程基本在户外开展，条件比较艰苦，对从业教师的身体素质有较高的要求。而且政府没有专门对营地教育教师开展培训的机构，导致营地教育师资匮乏。

综上所述，营地教育虽被各界认可，并大力推广，但其还没有科学明确的教育目标，也没有科学系统的课程体系，更缺少专职的教师。由此可见，开展营地教育课程资源开发与利用的研究很有必要。

三、研究设计

（一）研究目标和研究假设

合理开发和利用雁翅基地周边的营地教育资源，研究适合营地教育的课程实施方法，构建适合学生发展的营地教育课程体系，促进学生建立正确的人生观与价值观。

（二）研究内容

1. 制定中小学生素质教育基地营地教育活动实施方案

（1）结合国内外营地教育的发展理念和《基础教育课程改革纲要》，制定中小学生素质教育基地的营地教育课程的总体课程目标。

（2）针对本区学生进行抽样调查，了解学生所喜爱的营地教育内容。

（3）结合课程目标和调查结果设计中小学生素质教育基地的营地教育活动所包含的活动内容。

（4）制定中小学生素质教育基地的营地教育活动的实施方案和安全预案。

2. 调查评估基地周边适合开展营地教育课程的场地和设施

（1）开发基地周边适合开展营地教育活动的野外场地，并进行风险评估，进而加以利用。

（2）制定户外露营地的管理方案。

（3）结合学生特点和活动需要选取适合开展营地教育课程的设备设施（露营用品、野外生存的必需用品、开展露营为中心的系列活动所需的教具等）。

3. 通过营地教育课程资源的开发与利用，培养优秀的营地教育教师

（1）在课题研究的过程中，提高教师的营地教育理论知识。

（2）通过营地教育课程的实施，提升教师的教学技能，积累营地教育的实践能力。

（三）研究方法

1. 文献研究法：贯穿于本课题研究的始终，为课题的开题、研究、结题，提供理论依据和方法指导。课题组人员还可以借鉴相关经验来开展课题的研究。

2. 调查研究法：通过实地调查评估筛选适合开展营地教育的户外场所。通过问卷、谈话等调查方法了解学生的兴趣爱好，结合学生的兴趣爱好设计课程，并逐步调整完善课程实施的方法，遵循以学生兴趣爱

好为主导的课程设计理念。

3. 经验总结法：总结、提炼课题研究过程中的经验和实施方法，设计基地营地教育课程内容和实施方法，选择和建设户外露营场地。经验总结法是本课题最终成果来源的重要途径。

四、研究的实施计划、人员分工及预期研究成果

主要阶段及成果				
序号	研究阶段（起止时间）	主要研究工作及成果名称	成果形式	承担人
1	2016.4～9	课题申请	课题申请书	朱东松
2	2016.9～2017.5	开题论证	开题报告	朱东松
2	2017.6	制定课题研究计划及人员分工	计划书	高杨 杜杰
3	2017.7～2017.8	营地教育课程目标和活动内容确定	活动手册	梁国锋 高杨
4	2017.9～2018.3	基地周边露营地及营地教育活动场地调查，选取适合开展营地教育课程的设备设施	调查报告	李万治 梁国锋
5	2018.3～2018.6	随堂检验课程资源利用的效果	中期报告	王岩 张亚军
6	2018.6～2018.8	课程资源利用的改进方案	改进意见文稿	高杨 李万治
7	2018.8～2018.11	编写营地教育课程学生活动手册	教材	梁国锋 王岩
8	2018.12～2019.3	归纳总结，撰写研究报告	研究报告	高阳 王岩
最终研究成果				
	完成时间	最终成果名称		
1	2018.11	中小学素质教育基地营地教育课程学生活动手册		
2	2019.3	研究报告		

工作报告

一、课题的研究背景

（一）选题的意义

全面发展学生核心素养是当下新课改的核心任务，是实施素质教育的本意。中长期教育改革纲要中明确规定，素质教育是改革发展的战略主题，培养学生社会责任感、实践能力与创新精神是重点。《中小学生素质教育基地营地教育课程资源开发与利用的研究》是北京市门头沟区雁翅中小学素质教育基地在2016年4月申报的北京市课外、校外教育“十三五”科研规划课题。本课题所研究的营地教育，是以露营活动为中心的系列户外体验活动课程，是基地实施素质教育的重要载体，是学校教育的有力补充，着力为学生营造一个“实践家”的活动氛围。它以体验式教学为主要教学方式，尊重学生的个性发展，以学生的兴趣爱好为主导，以培养学生的创新、创造力以及学生的自学能力为主要目标，进而使学生形成正确的人生观和世界观。

（二）研究的目标

合理开发和利用雁翅基地周边的营地教育资源，研究适合营地教育的课程实施方法，构建适合学生发展的营地教育课程体系，促进学生建立正确的人生观与价值观。

（三）研究的内容

1. 制定中小学生素质教育基地营地教育活动实施方案

（1）结合国内外营地教育的发展理念和《基础教育课程改革纲要》，制定中小学生素质教育基地的营地教育课程的总体课程目标。

（2）制定营地教育一日主题活动的实施方案。

（3）制定中小学生素质教育基地的营地教育活动实施方案和安全预案。

2. 调查评估基地周边适合开展营地教育课程的场地和设施

（1）开发基地周边适合开展营地教育活动的野外场地，并进行风险评估，进而加以利用。

（2）结合学生特点和活动需要选取适合开展营地教育课程的设备设施（露营用品、野外生存的必需用品、开展露营为中心的系列活动所需的教具等）。

3. 通过营地教育课程资源的开发与利用，培养优秀的营地教育教师

（1）在课题研究的过程中，提高教师的营地教育理论知识。

（2）通过营地教育课程的实施，提升教师的教学技能，积累营地教育的实践能力。

二、课题研究的主要步骤

（一）准备阶段

1. 成立课题组，确定研究内容并进行论证，组织课题成员开展课题研究的相关培训和交流学习，并进行课题相关材料的收集和文献查阅。

2. 课题申请和开题论证。

（二）实施阶段

1. 进行课题组内人员分工，制定课题实施计划书。

2. 结合基地的教育资源和营地教育的发展形式，对基地开设的营地教育课程的目标和内容进行论证，制定了雁翅中小学素质教育基地营地教育课程框架结构表（框架结构表包含课程分类、活动课程名称、课程目标、课程简介等内容）。

3. 通过走访、实地考察等形式初步确定了基地周边的三处露营场所（京西十八潭景区内，饮马鞍村周边，永定河畔下马岭村段）。

4. 中期汇报（提交课题中期鉴定表）。

5. 课程实施，检验前期研究效果。

课程设计：雁翅基地营地教育课程，以红军长征为背景，将红军长征中具有代表性的事件与营地教育课程中的活动相结合（如遵义会议与团队建立结合，四渡赤水与徒步相结合）。这样的设计既能达到营地教育的课程目标，又能使学生接触到传统革命教育。

课程实施：根据课程研究需要及基地课程安排，随堂检验课程资源利用效果的时间调整为2018年3月至2018年10月。

根据课程实施方案，结合每期学生特点，有计划、有针对性地实施课程，并总结每期活动所遇到的困难和问题。

总结反思：每次课程实施中所遇的困难和问题，课题组有针对性地解决（例如新设计课程内容、调整课程实施策略和露营场地的选择等）。

课题研究的中期，是在不断地重复设计—实施—反思总结这一过程。

（三）总结阶段

1. 全面收集整理与课题相关的材料，总结课题研究的成果。

2. 编写学生活动手册。

3. 撰写结题报告和工作报告。

三、课题的研究成果

课题研究至今经过近三年的时间，课题组全体教师对课题研究和营地教育课程都有了较为深刻的认识，为今后开展课题研究打下了扎实的基础。营地教育课程的开发，在很大程度上丰富了基地的活动课程，规范了基地原有的户外实践活动。通过营地教育课程的试行，学生参与活动的积极性有了大幅提升，并且能较好地达到预期目标。具体研究成果如下。

（一）营地教育课程目标和课程框架的建立

课题组全体教师对基地原有户外课程和拓展课程进行系统总结，通过多种途径查阅、分析营地教育的相关资料，经过反复推敲和论证，建立了由野外生活、野外运动、自然观察、民俗体验共四大类 16 项活动课程组成的基地营地教育课程。

（二）自然环境下生存实践主题活动

课题组以红军长征为背景，结合营地教育活动课程的部分内容，设计了一日主题活动，并编写了《北京市雁翅中小学素质教育基地户外露营实践活动任务书》。

（三）积极撰写论文案例

朱东松老师的《浅析营地教育课程促进中小学生实践创新能力发展》一文在 2018 年中国教育年会中荣获二等奖。2017 年 6 月，韩伟老师《生存体验之净水》微课视频在北京数字学校“第三届微课征集与评选”活动中获得二等奖；2017 年 10 月，韩伟老师案例《生存体验之生火》在全国中小学综合实践活动学科第十一届学术年会上荣获二等奖。本课题的开题报告和《浅析营地教育课程促进中小学生实践创新能力发展》一文刊登于《门头沟区校外教育》。

结题报告

雁翅基地的营地教育课程是以露营活动为中心的系列户外体验活动课程，是基地实施素质教育的重要载体。课程着力发展学生的核心素养，重点培养学生社会责任感、实践能力与创新精神。营地教育课程框架的构建与露营地的开发与利用，是本课程实施的重要前提。

一、课题背景及核心概念界定

（一）本课题核心概念界定

1. 营地教育

美国营地协会1998年给出的定义是：一种在户外以团队生活为形式，并能够达到创造性、娱乐性和教育意义的持续体验。通过领导力培训以及自然环境的熏陶帮助每一位营员达到生理、心理、社交能力以及心灵方面的成长。

我国营地教育的定义：营地教育是通过自然环境中的身体运动，实现个人发展和社会发展的高度统一的教育活动。

本课题所研究的营地教育，是以露营活动为中心的系列户外体验活动课程，是实施素质教育的重要载体，是学校教育的有力补充，着力为学生营造一个“实践家”的活动氛围。它以体验式教学为主要教学方式，尊重学生的个性发展，以学生的兴趣爱好为主导，以培养学生的创新、创造力，学生的自学能力为主要目标，进而使学生形成正确的人生观和世界观。

（二）选题缘由

1. 广大青少年发展的需要

现在的一些青少年，被家长所溺爱，做任何事情都以自我为中心，遇到问题总是由父母、家长帮助解决，更有甚者作业都有家长帮助写。这样的青少年缺乏自信，不会与人沟通、协作，没有自我生活、生存的能力。加之很多青少年沉迷网络，整日与手机、iPad、电脑“为伴”，造成学生人生观和价值观的扭曲，偏激、攀比、与人格格不入，是学生中存在较为广泛的现象。

营地教育以体验式教学为主要教学方式，以学生的兴趣爱好为主导，以提高学生的创新、创造力和学生的自学能力为主要目的，对于提高学生自信心、领导力、沟通协作能力和独立生活、生存能力有显著作用，是以露营活动为中心的系列户外体验活动课程。它让学生从做中学，在体验中获得感悟，在感悟中成长，对于学生形成正确的人生观和世界观有很大的帮助，是青少年教育不可或缺的重要内容。

2. 营地教育发展自身的需要

营地教育在我国尚处于发展初期。虽然并不缺乏营地教育机构，但是整个行业没有统一课程标准和规范的课程，且有多数机构是以营利为目的，没有从青少年发展的需要出发。这就使得营地教育失去了教育的意义。

综上所述，中小学生素质教育基地营地教育课程资源开发与利用的研究，对营地教育发展有着重要意义，是青少年自身发展的需要。

二、理论依据及意义

（一）理论依据

本课题的研究以教育部《关于全面深化课程改革落实立德树人根本任务的意见》为指导，深化课程改革，落实“立德树人”根本任务，牢固树立社会主义核心价值观，全面发展学生核心素养，培养学生的家国情怀。

（二）研究意义

1. 利用基地多年开展体验式培训课程的经验优势，和背靠太行山、面对永定河的自然条件优势，去开发营地教育课程的资源，最终形成一套完整的营地教育课程体系，推动基地的课程发展。

2. 通过营地教育课程，使学生在自然的环境中获得个人体验，提升自我认识，培养学生的创新、创造力和自学能力，促进其形成正确的人生观与价值观，更为健康、健全地成长。

三、研究的目标、内容、方法、步骤及过程

（一）研究的目标

合理开发和利用雁翅基地周边的营地教育资源，研究适合营地教育的课程实施方法，构建适合学生发展的营地教育课程体系，促进学生建立正确的人生观与价值观。

（二）研究的内容

1. 制定中小学生素质教育基地营地教育活动实施方案

（1）结合国内外营地教育的发展理念和《基础教育课程改革纲要》，制定中小学生素质教育基地的营地教育课程的总体课程目标。

（2）制定营地教育一日主题活动的实施方案。

（3）制定中小学生素质教育基地的营地教育活动实施方案和安全预案。

2. 调查评估基地周边适合开展营地教育课程的场地和设施

（1）开发基地周边适合开展营地教育活动的野外场地，并进行风险评估，进而加以利用。

（2）结合学生特点和活动需要选取适合开展营地教育课程的设备设施（露营用品、野外生存的必需用品、开展露营为中心的系列活动所需的教具等）。

3. 通过营地教育课程资源的开发与利用，培养优秀的营地教育教师

（1）在课题研究的过程中，提高教师的营地教育理论知识。

（2）通过营地教育课程的实施，提升教师的教学技能，积累营地教育的实践能力。

（三）研究的方法

1. 文献研究法：贯穿于本课题研究的始终，为课题的开题、研究、结题，提供理论依据和方法指导。课题组人员还可以借鉴相关经验来开展课题的研究。

2. 调查研究法：通过实地调查评估筛选适合开展营地教育的户外场所。通过问卷、谈话等调查方法了解学生的兴趣爱好，结合学生的兴趣爱好设计课程，并逐步调整完善课程实施的方法，遵循以学生兴趣爱好为主导的课程设计理念。

3. 经验总结法：总结、提炼课题研究过程中的经验和实施方法，设计基地营地教育课程内容和实施方法，选择和建设户外露营场地。经验总结法是本课题最终成果来源的重要途径。

（四）研究步骤及过程

1. 准备阶段

（1）成立课题组，确定研究内容并进行论证，组织课题组成员开展课题研究的相关培训和交流学习，并进行课题相关材料的收集和文献查阅。

（2）课题申请和开题论证。

2. 实施阶段

（1）进行课题组内人员分工，制定课题实施计划书。

（2）结合基地的教育资源和营地教育的发展形式，对基地开设的营地教育课程的目标和内容进行论证。

（3）通过走访、实地考察等形式初步确定了基地周边的三处露营场所。

（4）中期汇报（提交课题中期鉴定表）。

（5）课程实施，检验前期研究效果。

课程设计：雁翅基地营地教育课程，以红军长征为背景，将红军长征中具有代表性的事件与营地教育课程中的活动相结合（如遵义会议与团队建立结合，四渡赤水与徒步相结合）。这样的设计既能达到营地教育的课程目标，又能使学生接触到传统革命教育。

课程实施：根据课程研究需要及基地课程安排，随堂检验课程资源利用效果的时间调整为2018年3月至2018年10月。

根据课程实施方案，结合每期学生特点，有计划、有针对性地实施课程，并总结每期活动所遇到的困难和问题。

总结反思：有针对性地解决每次课程实施中所遇的困难和问题（重新设计课程内容、调整课程实施策略和露营场地的选择等）。

课题研究的中期，是在不断地重复设计—实施—反思总结这一过程。

3. 总结阶段

（1）全面收集整理与课题相关的材料，总结课题研究的成果。

（2）编写学生活动手册。

（3）撰写结题报告和工作报告。

四、研究成果

课题研究至今经过近三年的时间，课题组全体教师对课题研究和营地教育课程都有了较为深刻的认识，为今后开展课题研究打下了扎实的基础。营地教育课程的开发，在很大程度上丰富了基地的活动课程，规范了基地原有的户外实践活动。通过营地教育课程的试行，学生参与活动的积极性有了大幅提升，并且能较好地达到预期目标。具体研究成果如下。

（一）营地教育课程目标和课程框架的建立

课题组全体教师对基地原有户外课程和拓展课程进行系统总结，通过多种途径查阅、分析营地教育的相关资料，经过反复推敲和论证，建立了由野外生活、野外运动、自然观察、民俗体验共四大类16项活动课程组成的基地营地教育课程。

（二）自然环境下生存实践主题活动

课题组以红军长征为背景，结合营地教育活动课程的部分内容，设计了一日主题活动，并编写了《北京市雁翅中小学素质教育基地户外露营实践活动任务书》。

（三）积极撰写论文案例

朱东松老师的《浅析营地教育课程促进中小学生实践创新能力发展》一文在2018年中国教育年会中荣获二等奖。2017年6月，韩伟老师《生存体验之净水》微课视频在北京数字学校“第三届微课征集与评选”活动中获得二等奖；2017年10月，韩伟老师案例《生存体验之生火》在全国中小学综合实践活动学科第十一届学术年会上荣获二等奖。本课题的开题报告和《浅析营地教育课程促进中小学生实践创新能力发展》一文刊登于《门头沟区校外教育》。

五、存在问题及改进

（一）存在的问题

1. 研究经费有限，导致课题研究很难掌握营地教育最新发展动态的一手资料和营地教育的最先进理念，课题的研究不够深入，很多研究问题只能浮于表面，基地营地教育课程的建设不够“新”和“深”。

2. 课题研究期间，到基地参与活动的学生人数和批次少，导致实践研究不够充分。

（二）改进方法

1. 在单位经费条件允许的情况下，适当增加课题研究的经费。并向单位提出建议，多组织与课题研究内容相关的高质量培训，尽量安排课题组的教师参加培训。

2. 更好地结合单位实际情况和安排，合理制定研究计划，充分利用工作衔接段内零散时间，多为课题组内的教师提供实践研究的机会。

参考文献

[1] 李凌．青少年户外体育营地的教育理念与课程设［J］．西安体育学院学报，2009（09）．

[2] 薛保红，南燕．发达国家营地教育发展及其启示［J］．重庆交通大学学报，2014（12）．

[3] 龚志恺，陈婷．国内青少年户外营地领域研究的现状及发展——基于2006—2015年中国知网刊登文献的文献计量分［J］．青少年体育，2015（12）

[4] 赵霞．青少年户外教育的国际经验及启示［J］．中国青年研究，2015（04）

[5] 余闯．营地教育——一种体验式学习［J］．辽宁教育，2015（8）．

[6] 黄文卉，吴军生．全国青少年户外体育活动营地开展现状［J］．体育成人教育学刊，2010（10）．

ARTICLE 10

实践教育基地开放性科学实践活动开发与实施的研究

课题负责人　李宏宇

核心组成员　王永丽　韩　伟　刘学辉　郝　娟

负责人单位　北京市门头沟区雁翅中小学素质教育基地

成 果 形 式　研究报告

开题报告

一、课题研究的背景与意义

（一）选题缘由

在落实教育部《关于全面深化课程改革　落实立德树人根本任务的意见》，不断推进教育改革的过程中，北京市制定并颁布了《北京市实施教育部〈义务教育课程设置实验方案〉的课程计划（修订）》和《关于本市中考中招与初中教学改进工作的通知》等一系列改革计划方案。根据北京市新中考改革方案，今后的中考将注重考查学生9年义务教育的积累，注重对学生掌握基础知识、基本技能、基本思想和基本能力的考查；重视发挥考试的教育功能，在各科目考试内容中融入对社会主义核心价值观和中国传统文化内容的考查。从2018年起，考试科目主要包括语文、数学、外语、历史、地理、思想品德、物理、生物（化学）、体育九门课程，其中物理、生物、化学各含开放性科学实践活动10分。配合新的考试改革方案的落实，2015年北京市教委全面启动了“初中开放性科学实践活动”项目，旨在通过整合高校、科研机构、企业、社会团体等社会单位资源，开发开放性科学实践活动，鼓励初中学生走出校园到社会单位开展科学实践，努力培养学生的创新精神和实践能力，为国家现代化建设以及北京建设科技创新中心提供持续的人才支持。“初中开放性科学实践活动”项目是北京市进一步推进课程改革，落实中考改革方案，进一步提升教育公共服务水平，从多领域深化教育改革的具体举措。因此开展开放性科学实践活动的研究对深化教育综合改革，构建开放的教与学的模式，整合优质资源为学生提供个性化服务，满足学生和社会发展需要有重要的现实意义和实践价值。

雁翅基地是门头沟区教委领导下的学生实践教育基地，基地坚持德育引领，从学生发展需要出发，积极开展促进学生综合素质提升的实践教育课程建设，努力发挥着校外教育的功能，形成了在全国范围内颇具代表性的教育运行模式。发挥自身优势，在开放性科学实践活动的开发与实施上有所建树，是我们作为校外教育生力军的责任。

2015 年 7 月，在“初中开放性科学实践活动”项目启动之初，我们基地就在认真研究初中教材知识结构的基础上深入挖掘自身资源，积极联合中医药研究所、中国公安大学、门头沟区进修学校、门头沟地方实业基地等多家单位，首批申报成功了《探究锁头内部奥秘》《给雁翅基地生物分类》《火场逃生与自救》等四项科学实践活动，实施一年多来，取得了较好的教育效果，受到了多方的肯定与好评。总结已有经验，发现实践中的问题，让科学实践活动更具教育性，更具吸引力，更好地服务社会、学生发展需求是我们面临的新课题。

基于以上，我们确立了“实践教育基地开放性科学实践活动开发与实施的研究”课题研究项目。

（二）研究意义

开展本课题研究有以下几方面的意义。

切实开展教育领域的供给侧改革，满足学生和社会需求，促进学生综合素质的提升。

对实践基地教育教学资源开展深入挖掘和有效利用，开发教育价值更高的科学实践活动，促进学科教育与校外教育的有机融合。

提升项目实施管理的专业化程度，提高项目的实效性。实践教育基地开发科学实践活动便于项目实施的数据收集和高效管理，实践基地在项目实施和活动效果评价上更具有专业性。

发挥基地的辐射作用，丰富科学实践活动的内容与形式，增强开放性科学实践活动的可持续性和发展性。

二、研究现状评述

作为北京市教委的一个创新项目，开放性科学实践活动在全市范围内开设至今不足两年，仍处于探索阶段。该项目可供查阅的研究材料和案例不是很充足，笔者在“中国知网——中国基础教育资源总库”以“开放性科学实践活动”为关键词进行检索结果为2，以“开放性科学实践活动”为主题检索结果为25，以“开放性科学实践活动”为题名检索结果为4，以“开放性科学实践活动”在全文范围检索结果为123，而以“开放性科学实践活动开发与实施”为关键词、主题、题名等检索结果均为0。从文献查询结果看，目前对开放性科学实践活动开发与实施的研究还不够普遍，从较少查阅到的文献看，围绕“开放性科学实践活动”开展的研究有以下几个方面。

（一）对开放性科学实践活动价值定位与实施现状的评述

北京教育科学研究院张毅在《开放性科学实践活动：首都初中科学教育新举措》一文中，将“开放性科学实践活动”定位为“构建开放的教与学模式，对接考改，适应国家和地区教育发展新要求；定位‘初中’，促进小学、初中科学课程有效衔接；聚焦‘开放’‘科学’‘实践’，激发学生创新潜能”。同时梳理已有研究实践，总结了开放性科学实践活动的核心教育教学形式和实践操作方式，即“任务单”形式，以及“闯模式、建资源、探路径”的实践操作方式，提出了组织开展“开放性科学实践活动”所面临的矛盾问题，为教育管理者组织开展“开放性科学实践活动”明确了目标，提供了方式方法，提示了应该关注的问题。

（二）开放性科学实践活动课程实施策略方法的研究

北京教育学院杨志成在《选·做·展·归：“开放性科学实践活动”课程的四环节实施建议》中，从“开放性科学实践活动”要走出学校，离开学校教师的特点出发，针对学校组织管理中的难题，提出了“开放性科学实践活动”课程的四环节实施建议。第一环节：学会选择，上好“选课指导课”；第二环节：动手实践，做好“现场实践课”；第三环节：相互分享，重视“成果展示课”；第四环节：双向促进，组织“学科回归课”，为学校组织实施课程提供了策略方法。

北京市东直门中学辛艳在《初中开放性科学实践课的实施策略——以物理主题实践活动为例》一文中总结了开放性科学活动方式：1. 指导制作物理小制作，感受科学魅力；2. 设置物理实验，培养探究能力及实践习惯；3. 组装物理小模型，体验物理带来的快乐；4. 创作展示物理科技小节目，创设思考实践的机会；5. 撰写科技小论文，提高科学素养；6. 有效利用社会资源，体验科学与生活的联系。提出了开放性科学实践课的评价方法及教学中应注意的问题，为教师实施开放性科学实践课程提供了方法借鉴。

（三）学科教师开展开放性科学实践活动教学策略方法的研究

首都师范大学李晶、胡扬洋，北京第五中学分校苏京，北京第二中学分校郑珊在《北京市科学实践活动课程的实践研究——以“制作欹器”为例》一文中，以“制作欹器”这一科学实践活动课的教学为例，提出了科学实践活动课的课堂结构：教师导入—学生制作—体验分享；并对各环节的实施策略方法进行了阐释，提出了科学实践活动课的实施建议：1. 谨慎进行科学实践课程的编制；2. 提升科学实践课程的教学效能感；3. 引导科学实践课程的学习方式，为学科教师开展课堂教学提供了方法策略，也为教师提高科学实践课的教学实效指出了方向。

综上所述，由于“开放性科学实践活动”项目实施的时间还不长，虽然各教育管理部门、教育机构、学校、教师也围绕其组织实施开展了大量的实践，但是对开放性科学实践活动的研究还不够全面与普及，因此，我们结合自身工作实际，开展“实践教育基地开放性科学实践活动开发与实施的研究”，从教育基地层面研究科学实践活动的开发与实施，为开放性科学实践活动研究的丰富、普及与深入贡献我们的力量。

三、研究设计

“实践教育基地开放性科学实践活动开发与实施的研究”重点在依托基地的优势教育资源，发掘其内在的学科素养，使基地活动与学校课程有效融合与互补，开发出优质的科学实践项目并有序实施，在此基础上推出体现学科素养的实践活动项目，构建保障开放性科学实践活动有序实施的运作体系。

（一）研究目标

第一，站在中高考改革的前沿阵地发挥基地的实践教育效能。

第二，为其他机构开展开放性科学实践活动提供经验借鉴。

第三，深入发掘自身资源进行课程创新，建设高水准的课程项目。

第四，有序有效地完成开放性科学实践活动的课程实施。

（二）研究内容

实践教育基地开放性科学实践活动开发与实践的研究主要包括三个方面。

第一，依托基地资源研究体现学科素养的实践活动项目。

所谓学科素养，是指核心素养在特定学科（或学习领域）的具体化，是学生学习一门学科（或特定学习领域）之后所形成的，具有学科特点的关键成就，是学科育人价值的集中体现。

核心素养是学生在接受相应学段的教育过程中，逐步形成的适应个人终身发展和社会发展需要的必备品格和关键能力。它应该包含六个方面：核心素养是所有学生应具有的最关键、最必要的基础素养；核心素养是知识、能力和态度等的综合表现；核心素养可以通过接受教育来形成和发展；核心素养具有发展连续性和阶段性；核心素养兼具个人价值和社会价值；学生发展核心素养是一个体系，其作用具有整合性。

所以基地开发优质开放性科学实践活动的关键点在于找准基地活动

与学科课程（物理、生物、化学）的纽带，体现学生对核心素养培育的需求。

第二，研究保障开放性科学实践活动有序实施的运作体系。

高效落实开放性科学实践活动需要规范的管理体系、优质的师资队伍和严密的安全保障。

前期尝试中我们发现，从课程发布到学生选课再到活动实施，看似简单的操作流程，却涉及了诸多的人文情怀。比如说，发布的授课时间是否考虑了学生的路途交通问题、天气问题、三餐问题，采取的措施又是什么？再比如授课教师安排是否合理，专业性如何，兼职教师是否进行了前期培训？当然最为重要的还是活动的安全保障与防范措施，教案是否合理、预案是否完备……

因此，制定一套完善的管理方案对整个活动流程进行规范是非常必要的。

第三，开放性科学实践活动生成性研究。

教育是紧随时代潮流与时俱进的，创新教育更是如此！体现学科科学素养和创造性的开放性科学实践活动不可能也不能够一成不变。

把握时代脉搏，保持所开设活动项目的鲜度与活度，是各资源单位必须关注的问题，学生与社会对发展的需求就是我们实践课程发展的方向。所以关于开放性科学实践活动的生成性研究可以从调查、反思、评价等方面入手。

（三）研究方法

针对本课题我们计划结合门头沟各基地（重点是雁翅基地）申报、审核、实施北京市开放性科学实践活动的过程，采用以下方法开展研究工作。

1. 调查研究法：合理运用问卷、谈话、观察等手段对于课题相关的对象、资料、设施进行调查，为课题研究提供有力的事实依据。

2. 经验总结法：通过对实践活动中的具体情况，进行归纳与分析，使之系统化、理论化。

3. 案例研究法：采用实验型案例法，观察、记录、分析、总结以检验新模式的适用性及实用性。

四、研究的重点和难点

根据研究目标与内容分析，本课题研究重点是基于物理、化学、生物学科的活动项目开发与活动的有效实施；难点是活动项目与学科中知识、技能、思想、能力的高效融合，既体现学科素养又兼具实践需求。

五、研究的实施计划及人员分工

主要阶段及成果				
序号	研究阶段（起止时间）	主要研究工作及成果名称	成果形式	承担人
1	2016. 6	成立课题组：进行项目论证	开题报告	李宏宇
2	2016. 7 ~ 8	准备阶段：明确分工，课题培训		李宏宇
3	2016. 9 ~ 2017. 12	中期总结：实践研究，收集数据，撰写研究报告	项目设计 中期报告	韩伟 郝娟
4	2018. 3 ~ 5	结题总结会：结题总结	结题报告	刘学辉 王永丽

六、预期研究成果

研究报告《基地高效开展开放性科学实践活动的研究》。

其他附属资料的辑录《基地开放性实践活动项目集》。

工作报告

2015 年北京市教委为进一步深化教育领域综合改革，为学生提供丰富、多元的教育资源，全面启动了“初中开放性科学实践活动”项目建设。项目旨在通过整合高校、科研机构、企业、社会团体等社会单位资源，开发开放性科学实践活动，鼓励初中学生走出校园到社会单位开展科学实践，努力培养学生的创新精神和实践能力，为国家现代化建设以及北京建设科技创新中心提供持续的人才支持。雁翅基地坚持立德树人根本任务，充分发挥自身实践教育资源优势，以培养学生科学创新实践能力为己任，积极开发、申报并实施开放性科学实践活动，三年来取得了丰富经验和良好效果。

一、课题界定

《实践教育基地开放性科学实践活动开发与实施的研究》主要包括四个概念：实践教育基地、开放性科学实践活动、活动开发、活动实施。

“实践教育基地”，是对教育基地主要教学功能的描述及定义。1999 年《中共中央国务院关于深化教育改革全面推进素质教育的决定》颁布执行，全国范围内以生产劳动、科技活动、社会实践等内容为主的实践性素质教育基地，如雨后春笋般陆续建成，全面实施中小学生素质教育被推向一个新的高潮。基地的主旨是通过实践活动全面锻炼中小学生的身心素质。正如学校产生的意义是为了解决家庭和社会教育解决不了的问题，基地在某一领域的实践教育比学校更有优势，包括课程资源和师资。

北京市开放性科学实践活动与一般实践活动相比在内容要求上更具有针对性，更注重科学性和创新性。其主要依托于初中物理、化学、生物等学科的知识与技能，强调学生的亲身实践时间不少于总课时的三分之二，单次活动时间不少于 120 分钟。

活动开发与活动实施，首先是依据活动要求设计开发多样化的活动项目，体现科学性，突出学生的实践过程，并在实践过程中激发学生的创造性，是活动开发的基本原则。随后是实施过程中的落实。开放性选课的流程与策略，开课时间、结束时间、路程时间、家长陪同、场地安全、课程安全等等，都是活动实施前要充分考虑的问题。

因此本课题研究的主要问题就是开放性科学实践活动如何在实践基地有效、有序实施。

二、研究目标与主要内容

实践教育基地开放性科学实践活动开发与实践的研究主要包括三个方面。

第一，如何依托基地资源开发体现学科素养的实践活动项目。

所谓学科素养，是指核心素养在特定学科（或学习领域）的具体化，是学生学习一门学科（或特定学习领域）之后所形成的，具有学科特点的关键成就，是学科育人价值的集中体现。核心素养是学生在接受相应学段的教育过程中，逐步形成的适应个人终身发展和社会发展需要的必备品格和关键能力。它应该包含六个方面：核心素养是所有学生应具有的最关键、最必要的基础素养；核心素养是知识、能力和态度等的综合表现；核心素养可以通过接受教育来形成和发展；核心素养具有发展连续性和阶段性；核心素养兼具个人价值和社会价值；学生发展核心素养是一个体系，其作用具有整合性。在开放性科学实践活动中最最核心的就是体现科学素养和创新素养的落实。所以基地开发优质开放性科学实践活动的关键点在于找准基地活动与学科课程的纽带，体现对学生科学、创新素养培育的需求。

第二，如何保障开放性科学实践活动实施的有序性。

高效落实开放性科学实践活动需要规范的管理体系、优质的师资队伍和严密的安全保障。前期尝试中我们发现，从课程发布到学生选课再到活动实施，看似简单的操作流程，却涉及了诸多的实际问题。比如说，发布的授课时间是否考虑了学生的路途交通问题、天气问题、就餐问题？采取的措施又是什么？再比如授课教师安排是否合理，专业性如何，兼职教师是否进行了前期培训？当然最为重要的还是活动的安全保障与防范措施，教案是否合理、预案是否完备……因此，制定一套完善的管理方案对整个活动流程进行规范是非常必要的。

第三，开放性科学实践活动生成性研究。

教育是紧随时代潮流与时俱进的，创新教育更是如此！体现学科科学素养和创造性的开放性科学实践活动不可能，也不能够一成不变。把握时代脉搏，保持所开设活动项目的鲜度与活度，是各资源单位必须关注的问题，学生与社会对发展的需求就是我们实践课程发展的方向。所以关于开放性科学实践活动的生成性研究可以从调查、反思、评价等方面入手。

三、研究步骤

第一阶段：确定研究课题，制定研究计划，明确分工职责，加强政策学习，撰写开题报告。(2016.5~2016.8)

此阶段明确人员及分工，积极申报项目，具体为组织课题组成员进行课题研究的培训与开放性科学实践活动相关政策学习，制定学习与进修计划，着手梳理材料。5月在课题动员的基础上首先以《如何开展课题研究》为题再次对全体教师进行了基础培训，随后对开放性科学实践活动资源单位的要求及学生的实践选课要求进行细致学习，6月初在区教科研李立军老师的指导下完成开题报告，7月邀请区进校教研员杨静老师、北京市劳动技术特级教师宋德武老师进行关于《学校课程开发、实施、评价与管理》《课堂教学环节及其设计》等专业讲座，全面提高了我基地教师的科研意识与能力。8月完成2016年秋季北京市开放性科学实践活动新的项目申报。

第二阶段：课题研究与教学任务相结合，开展实践研究，收集信息，整合经验，撰写中期研究报告。(2016.9~2017.12)

2015年7月，在“初中开放性科学实践活动”项目启动之初，我们基地就在认真研究初中教材知识结构的基础上深入挖掘自身资源，首批申报成功了《探究锁头内部奥秘》《给雁翅基地生物分类》《火场逃生与自救》等四项科学实践活动，同时获得实施北京市开放性科学实践活动的资质。至 2016 年 4 月，顺利实施北京市初中开放性科学实践活动 112 次，服务学生近 3000 人次。在此基础上，2016 年继续与中医药研究所、中国公安大学、门头沟区进修学校、门头沟地方实业基地等单位深入合作，共同开展新项目的申报工作，使我们的活动更具有科学实践价值以及实践效果。

实施一年多来，雁翅基地开放性科学实践活动取得了较好的教育效果，受到了多方的肯定与好评。我们边实践边总结，边学习边研究，对申报要求、实施过程认真记录，熟练掌握；对存在的问题积极探讨、深入研究，不断地对活动的组织与管理进行完善，并通过撰写案例、论文的形式对研究过程予以强化。

第三阶段：撰写研究报告，总结经验，归纳问题。(2018.1 ~2018.6)

梳理研究过程，归纳研究成果，集体探讨，查找研究的问题与不足。这期间由于北京市开放性科学实践活动管理政策问题，对资源单位的资质进行了一定调整，主要原因是全额拨款事业单位能否获得线管课程实施的资金问题。但这并不影响基地实施开放性科学实践活动以来获得的大量宝贵经验和成绩。

四、对课题研究的思考

历时三年的《实践教育基地开放性科学实践活动开发与实施的研究》历经波折，却远远没有结束，因为我们的工作还在继续。虽然课程实施在 2018 年有过短暂的停滞，但并没有影响研究工作的开展，反而给了我们更充足的时间进行梳理、反思和总结，使我们 2019 年继续开展开放性科学实践活动更加顺利。雁翅基地开展北京市开放性科学实践活动，既是对自身“落实立德树人根本任务”践行实践育人职能与使命的深入要求，又是落到实处为门头沟山区学生参加实践活动提供支持和帮助的具体举措。事实也证明，这一举措深得学生与家长的认可，并得到区教委大力支持与肯定。

从选题到计划实施，课题组经历并克服了诸多困难，在基本达成研究目标的情况下也总结出许多经验和不足。

首先，一项任务的达成是全体人员共同努力付出、相互配合的结果，没有人可以总揽全部独立完成。尤其是课题研究过程中，充分调动和发挥全体成员的集体智慧与能量，思路才会更广阔，流程才会更顺畅，研究才会更深入，结果才会更完善。因此，在今后的继续研究中，要从各个层面尽可能地保障团队的稳定和团结。

其次，“基地开放性科学实践活动的开发与实施”只能说是具有一定的实践效果，规范和完善的路还会很长。其一，课程建设需要高层次的理论支撑和专家引领，目前我们的理论水平亟待成长；其二，多元教育者主体的多部门合作需要建立一种长期稳定的机制，在确保实效的基础上，切实发挥多主题教育的优势，而这需要各职能部门共同协调、努力；其三，北京市开放性科学实践活动已经开展了近四年时间，总体上趋于规范，但是很多制度与措施还不是很完善，单从对公益一类事业单位的几次条件变更上看仍处于不断优化的过程。

第三，从课题开展过程及最终结果来看，通过多次培训和研讨，基地教师的业务水平成长非常明显，既经历了挫折、考验，又体现了年轻教师的进取和拼搏。不论对基地发展，还是个人成长，都起到了强有力的激励作用，进而对我区教育事业发展的促进作用也是显而易见的。

综上所述，我雁翅基地课题组在此次研究中获益良多、成长显著。今后我们将在总结和提升的基础上，开拓进取，继续加强本课题的完善和深入研究工作，为更好地服务学生安全教育再接再厉，再上新高！

结题报告

一、课题研究的背景与意义

（一）选题缘由

在落实教育部《关于全面深化课程改革　落实立德树人根本任务的意见》，不断推进教育改革的过程中，北京市制定并颁布了《北京市实施教育部〈义务教育课程设置实验方案〉的课程计划（修订）》和《关于本市中考中招与初中教学改进工作的通知》等一系列改革计划方案。根据北京市新中考改革方案，今后的中考将注重考查学生 9 年义务教育的积累，注重对学生掌握基础知识、基本技能、基本思想和基本能力。重视发挥考试的教育功能，在各科目考试内容中融入对社会主义核心价值观和中国传统文化内容的考查。从 2018 年起，考试科目主要包括语文、数学、外语、历史、地理、思想品德、物理、生物（化学）、体育九门课程。其中物理、生物、化学，各含开放性科学实践活动 10 分。配合新的考试改革方案的落实，2015 年北京市教委全面启动了“初中开放性科学实践活动”项目，旨在通过整合高校、科研机构、企业、社会团体等社会单位资源，开发开放性科学实践活动，鼓励初中学生走出校园到社会单位开展科学实践，努力培养学生的创新精神和实践能力，为国家现代化建设以及北京建设科技创新中心提供持续的人才支持。“初中开放性科学实践活动”项目是北京市进一步推进课程改革，落实中考改革方案，进一步提升教育公共服务水平，从多领域深化教育改革的具体举措。因此开展开放性科学实践活动的研究对深化教育综合改革，构建开放的教与学的模式，整合优质资源为学生提供个性化服务，满足学生和社会发展需要有重要的现实意义和实践价值。

雁翅基地是门头沟区教委领导下的学生实践教育基地，基地坚持德育引领，从学生发展需要出发，积极开展促进学生综合素质提升的实践教育课程建设，努力发挥着校外教育的功能，形成了在全国范围内颇具代表性的教育运行模式。发挥自身优势，在开放性科学实践活动的开发与实施上有所建树，是我们作为校外教育生力军的责任。

2015 年 7 月，在"初中开放性科学实践活动"项目启动之初，我们基地就在认真研究初中教材知识结构的基础上深入挖掘自身资源，积极联合中医药研究所、中国公安大学、门头沟区进修学校、门头沟地方实业基地等多家单位，首批申报成功了《探究锁头内部奥秘》《给雁翅基地生物分类》《火场逃生与自救》等四项科学实践活动，实施一年多来，取得了较好的教育效果，受到了多方的肯定与好评。总结已有经验，发现实践中的问题，让科学实践活动更具教育性，更具吸引力，更好地服务社会、学生发展需求是我们面临的新课题。

基于以上，我们确立了"实践教育基地开放性科学实践活动开发与实施的研究"课题研究项目。

（二）研究意义

开展本课题研究有以下几方面的意义。

切实开展教育领域的供给侧改革，满足学生和社会需求，促进学生综合素质的提升。

对实践基地教育教学资源开展深入挖掘和有效利用，开发教育价值更高的科学实践活动，促进学科教育与校外教育的有机融合。

提升项目实施管理的专业化程度，提高项目的实效性。实践教育基地开发科学实践活动便于项目实施的数据收集和高效管理，实践基地在项目实施和活动效果评价上更具有专业性。

发挥基地的辐射作用，丰富科学实践活动的内容与形式，增强开放性科学实践活动的可持续性和发展性。

二、研究现状评述

作为北京市教委的一个创新项目，开放性科学实践活动在全市范围内开设至今不足两年，仍处于探索阶段。该项目可供查阅的研究材料和案例不是很充足，笔者在“中国知网——中国基础教育资源总库”以“开放性科学实践活动”为关键词进行检索结果为2，以“开放性科学实践活动”为主题检索结果为25，以“开放性科学实践活动”为题名检索结果为4，以“开放性科学实践活动”在全文范围检索结果为123，而以“开放性科学实践活动开发与实施”为关键词、主题、题名等检索结果均为0。从文献查询结果看，目前对开放性科学实践活动开发与实施的研究还不够普遍，从较少查阅到的文献看，围绕“开放性科学实践活动”开展的研究有以下几个方面。

（一）对开放性科学实践活动价值定位与实施现状的评述

北京教育科学研究院张毅在《开放性科学实践活动：首都初中科学教育新举措》一文中，将“开放性科学实践活动”定位为“构建开放的教与学模式，对接考改，适应国家和地区教育发展新要求；定位‘初中’，促进小学、初中科学课程有效衔接；聚焦‘开放’‘科学’‘实践’，激发学生创新潜能”。同时梳理已有研究实践，总结了开放性科学实践活动的核心教育教学形式和实践操作方式，即“任务单”形式，以及“闯模式、建资源、探路径”的实践操作方式，提出了组织开展“开放性科学实践活动”所面临的矛盾问题，为教育管理者组织开展“开放性科学实践活动”明确了目标，提供了方式方法，提示了应该关注的问题。

（二）开放性科学实践活动课程实施策略方法的研究

北京教育学院杨志成在《选·做·展·归：“开放性科学实践活动”课程的四环节实施建议》中，从“开放性科学实践活动”要走出学校，离开学校教师的特点出发，针对学校组织管理中的难题，提出了“开放性科学实践活动”课程的四环节实施建议。第一环节：学会选择，上好“选课指导课”；第二环节：动手实践，做好“现场实践课”；第三环节：相互分享，重视“成果展示课”；第四环节：双向促进，组织“学科回归课”，为学校组织实施课程提供了策略方法。

北京市东直门中学辛艳在《初中开放性科学实践课的实施策略——以物理主题实践活动为例》一文中总结了开放性科学活动方式：①指导制作物理小制作，感受科学魅力；②设置物理实验，培养探究能力及实践习惯；③组装物理小模型，体验物理带来的快乐；④创作展示物理科技小节目，创设思考实践的机会；⑤撰写科技小论文，提高科学素养；⑥有效利用社会资源，体验科学与生活的联系。提出了开放性科学实践课的评价方法及教学中应注意的问题，为教师实施开放性科学实践课程提供了方法借鉴。

（三）学科教师开展开放性科学实践活动教学策略方法的研究

首都师范大学李晶、胡扬洋，北京第五中学分校苏京，北京第二中学分校郑珊在《北京市科学实践活动课程的实践研究——以“制作欹器”为例》一文中，以“制作欹器”这一科学实践活动课的教学为例，提出了科学实践活动课的课堂结构：教师导入—学生制作—体验分享；并对各环节的实施策略方法进行了阐释，提出了科学实践活动课的实施建议：①谨慎进行科学实践课程的编制；②提升科学实践课程的教学效能感；③引导科学实践课程的学习方式，为学科教师开展课堂教学提供了方法策略，也为教师提高科学实践课的教学实效指出了方向。

综上所述，由于“开放性科学实践活动”项目实施的时间还不长，虽然各教育管理部门、教育机构、学校、教师也围绕其组织实施开展了大量的实践，但是对开放性科学实践活动的研究还不够全面与普及，因此，我们结合自身工作实际，开展“实践教育基地开放性科学实践活动开发与实施的研究”，从教育基地层面研究科学实践活动的开发与实施，为开放性科学实践活动研究的丰富、普及与深入贡献我们的力量。

三、课题界定

《实践教育基地开放性科学实践活动开发与实施的研究》主要包括

四个概念："实践教育基地""开放性科学实践活动""活动开发""活动实施"。

"实践教育基地"，是对教育基地主要教学功能的描述及定义。1999年《中共中央国务院关于深化教育改革全面推进素质教育的决定》颁布执行，全国范围内以生产劳动、科技活动、社会实践等内容为主的实践性素质教育基地，如雨后春笋般陆续建成，全面实施中小学生素质教育被推向一个新的高潮。基地的主旨是通过实践活动全面锻炼中小学生的身心素质。正如学校产生的意义是为了解决家庭和社会教育解决不了的问题，基地在某一领域的实践教育比学校更有优势，包括课程资源和师资。

北京市开放性科学实践活动与一般实践活动相比在内容要求上更具有针对性，更注重科学性和创新性。其主要依托于初中物理、化学、生物等学科的知识与技能，强调学生的亲身实践时间不少于总课时的三分之二，单次活动时间不少于120分钟。

活动开发即课程开发，是指通过需求分析确定课程目标，再根据这一目标选择某一个学科（或多个学科）的教学内容和相关教学活动进行计划、组织、实施、评价、修订，以最终达到课程目标的整个工作过程。在这里是依据活动要求设计开发多样化的活动项目，如何体现科学性，突出学生的实践过程，并在实践过程中激发学生的创造性是活动开发的基本原则。随后是实施过程中的落实。开放性选课的流程与策略，开课时间、结束时间、路程时间、家长陪同、场地安全、课程安全等等，都是活动实施前要充分考虑的问题。

因此本课题研究的主要问题就是开放性科学实践活动如何在实践基地有效、有序实施的问题。

四、指导思想和理论依据

（一）历史依据

1981年教育部颁布《全日制小学教育计划》，第一次将课外活动列入教学计划，随后在全日制中学的教学计划中也列入了课外活动。此时的课外活动只是相对于学科课堂教学，以培养兴趣、强身健体为目的的活动，它与课程还是有着本质区别的。

1992 年《九年义务教育全日制小学、初级中学课程计划》首次采用了“活动课程”这一名称，明确了活动课程的教学地位，它与学科课程相辅相成，是独立实施的课程主体。此刻的活动课程就是我们现在的综合实践活动课程的基础和前身。

2001 年《基础教育课程改革纲要》明确了国家、地方、学校三级课程管理体制，强调“让学生通过实践，增强探究和创新意识，学习科学研究的方法，发展综合运用知识的能力”，首次提出并确立了综合实践活动课程的概念和地位，综合实践活动成为三至九年级的国家级必修课程。

2015 年北京市教委发布《关于征集初中“开放性科学实践活动”资源单位和活动项目的通知》。通知指出，首都教育的战略主题是坚持以人为本、全面推进素质教育，这要求我们建立更加灵活开放的学习制度平台、资源更加丰富的实践育人平台。在当前形势下，整合社会、家庭与学校教育力量，发挥“1 + 1 > 2”的聚合效应。设立初中“开放性科学实践活动”项目，旨在立足丰富的科技教育社会资源，构建开放性教与学模式，为孩子们提供生动的体验、合作、探究类学习活动，提升孩子们的创新精神和实践能力。科技与创新确立为北京初中实践教育的重要内容。

需要说明的是北京市开放性科学实践活动与综合实践活动是从属关系，是有更明确要求的综合实践活动。《实践教育基地开放性科学实践活动开发与实施的研究》就是落实北京教育改革倡导，以实践教育为目的，以学科实践活动为载体，坚持科学理论指导，严格遵守理论与实践的相关结合的原则，以人为本，注重实效，突出实践的一次创新性研究。

（二）理论依据

针对此项研究，我们重点采用以下理论。

1. 建构主义理论

该理论对发展和完善、指导和促进我国的课堂教学改革具有重要的意义。建构主义教学理论的灵魂就是人的知识不是被动地接受的，而是通过自己的经验主动地建构的，课堂教学强调以学生为中心，学生是学习活动不可替代的主体，学生具有主动选择、发现、思考、探究、应答、质疑的需要与可能。

2. 实践性原则

实践性原则是指人们在进行创造性思维的过程中，必须参与实践，必须在实践中促进思维能力的进一步发展，在实践中检验思维成果的正确性。没有实践，思维的发展就失去了动力，就不会有创造性的思维。没有实践，创造性思维其他原则就会变形或是被误用。

3. 有效教学理论

该理论源于20世纪上半叶西方的教学科学化运动。有效教学理论的核心是教学的效益。“有效教学”关注学生的进步或发展；“有效教学”关注教学效益，要求教师有时间与效益的观念；“有效教学”需要教师具备一种反思的意识，在教学实践中不断反思自己的日常教学行为；“有效教学”也是一种策略，有效教学需要教师掌握有关的策略性知识，以便于自己面对具体的情景做出恰当决策。

五、主要研究目标和内容

（一）研究目标

“实践教育基地开放性科学实践活动开发与实施的研究”重点在依托基地的优势教育资源，发掘其内在的学科素养，使基地活动与学校课程有效融合与互补，开发出优质的科学实践项目并有序实施，在此基础上推出体现学科素养的实践活动项目，构建保障开放性科学实践活动有序实施的运作体系。

第一，站在中高考改革的前沿阵地发挥基地的实践教育效能。

第二，为其他机构开展开放性科学实践活动提供经验借鉴。

第三，深入发掘自身资源进行课程创新，建设高水准的课程项目。

第四，有序有效地完成开放性科学实践活动的课程实施。

（二）研究内容

实践教育基地开放性科学实践活动开发与实践的研究主要包括三个方面。

第一，依托基地资源研究体现学科素养的实践活动项目。

所谓学科素养，是指核心素养在特定学科（或学习领域）的具体化，是学生学习一门学科（或特定学习领域）之后所形成的，具有学科特点的关键成就，是学科育人价值的集中体现。

核心素养是学生在接受相应学段的教育过程中，逐步形成的适应个人终身发展和社会发展需要的必备品格和关键能力。它应该包含六个方面：核心素养是所有学生应具有的最关键、最必要的基础素养；核心素养是知识、能力和态度等的综合表现；核心素养可以通过接受教育来形成和发展；核心素养具有发展连续性和阶段性；核心素养兼具个人价值和社会价值；学生发展核心素养是一个体系，其作用具有整合性。

所以基地开发优质开放性科学实践活动的关键点在于找准基地活动与学科课程（物理、生物、化学）的纽带，体现学生对核心素养培育的需求。

第二，研究保障开放性科学实践活动有序实施的运作体系。

高效落实开放性科学实践活动需要规范的管理体系、优质的师资队伍和严密的安全保障。

前期尝试中我们发现，从课程发布到学生选课再到活动实施，看似简单的操作流程，却涉及了诸多的实际问题。比如说，发布的授课时间是否考虑了学生的路途交通问题、天气问题、三餐问题，采取的措施又是什么？再比如授课教师安排是否合理，专业性如何，兼职教师是否进行了前期培训？当然最为重要的还是活动的安全保障与防范措施，教案是否合理、预案是否完备……

因此，制定一套完善的管理方案对整个活动流程进行规范是非常必要的。

第三，开放性科学实践活动生成性研究。

教育是紧随时代潮流与时俱进的，创新教育更是如此！体现学科科学素养和创造性的开放性科学实践活动不可能，也不能够一成不变。

把握时代脉搏，保持所开设活动项目的鲜度与活度，是各资源单位必须关注的问题，学生与社会对发展的需求就是我们实践课程发展的方向。所以关于开放性科学实践活动的生成性研究可以从调查、反思、评价等方面入手。

（三）研究方法

针对本课题我们计划结合门头沟各基地（重点是雁翅基地）申报、审核、实施北京市开放性科学实践活动的过程，采用以下方法开展研究工作。

1. 调查研究法：合理运用问卷、谈话、观察等手段对于课题相关的对象、资料、设施进行调查，为课题研究提供有力的事实依据。

2. 经验总结法：通过对实践活动中的具体情况，进行归纳与分析，使之系统化、理论化。

3. 案例研究法：采用实验型案例法，观察、记录、分析、总结以检验新模式的适用性及实用性。

六、研究步骤

第一阶段：确定研究课题，制定研究计划，明确分工职责，加强政策学习，撰写开题报告。(2016. 5 ~2016. 8)

此阶段明确人员及分工，积极开展项目申报，具体为组织课题组成员进行课题研究的培训与开放性科学实践活动相关政策学习，制定学习与进修计划，着手梳理材料。5 月在课题动员的基础上首先以《如何开展课题研究》为题再次对全体教师进行了基础培训，随后对开放性科学实践活动资源单位的要求及学生的实践选课要求进行细致学习，6 月初在区教科研李立军老师的指导下完成开题报告，7 月邀请区进校教研员杨静老师、北京市劳动技术特级教师宋德武老师进行关于《学校课程开发、实施、评价与管理》《课堂教学环节及其设计》等专业讲座，全面提高了我基地教师的科研意识与能力。8 月完成 2016 年秋季北京市开放性科学实践活动新的项目申报。

第二阶段：课题研究与教学任务相结合，开展实践研究，收集信息，整合经验，撰写中期研究报告。(2016.9 ~2017.12)

2015 年 7 月，在“初中开放性科学实践活动”项目启动之初，我们基地就在认真研究初中教材知识结构的基础上深入挖掘自身资源，首批申报成功了《探究锁头内部奥秘》《给雁翅基地生物分类》《火场逃生与自救》等四项科学实践活动，同时获得实施北京市开放性科学实践活动的资质。至 2016 年 4 月，顺利实施北京市初中开放性科学实践活动 112 次，服务学生近 3000 人次。在此基础上，2016 年继续与中医药研究所、中国公安大学、门头沟区进修学校、门头沟地方实业基地等单位深入合作，共同开展新项目的申报工作，使我们的活动更具有科学实践价值以及实践效果。

课程实施期间我们特别聘请了北京市基教研中心冯新瑞、陶礼光、孔祥旭、刘玲、梁烜等一批经验丰富的课程专家进行现场指导与专业引领。我们坚持培训与实践相结合的方式开展研究，教师培训过程中十分注重在实践中学习、在学习中积累、在积累中创新、在创新中发展的课程建设理念，从而给课题组教师更多的外出机会，帮助他们开阔视野。

课程实施一年多来，雁翅基地开放性科学实践活动取得了较好的教育效果，受到了多方的肯定与好评。我们边实践边总结，边学习边研究，对申报要求、实施过程认真记录，熟练掌握；对存在的问题积极探讨、深入研究，不断地对活动的组织与管理进行完善，并通过撰写案例、论文的形式对研究过程予以强化。除了基本的教师培训、教学研讨，课题组结合基地实际情况制定了“读书讲坛”计划，每位教师每学期至少读一本教育专著。前期结合工作研读《综合实践活动教师指导用书》小学版和中学版，随后通读首都师范大学陈树杰教授的《综合实践活动课程引论》以及苏联巴班斯基的《教学教育过程最优化》。重点环节是结合所读内容开展“每月讲坛”活动，课题组每一位教师轮流开讲，每人每学期至少一次，校级领导带领全体教师担任受众，极大地激励了课题组教师的专业成长，2016 年 9 月雁翅基地综合实践教研组被评门头沟区卓越团队。

第三阶段：撰写研究报告，总结经验，归纳问题。（2018.1～2018.6）

梳理研究过程，归纳研究成果，集体探讨，查找研究的问题与不足。这期间由于北京市开放性科学实践活动管理政策问题，对资源单位的资质进行了一定调整，主要原因是全额拨款事业单位能否获得线管课程实施的资金问题。但这并不影响基地实施开放性科学实践活动以来获得的大量宝贵经验和成绩。

七、研究过程与成效

（一）研究各阶段主要工作

1. 课题筹划期（2016 年 4 月至 6 月）

雁翅中小学素质教育基地是北京市唯一的国家级示范教育基地，隶属于门头沟区教委直接领导。雁翅基地坚持德育引领，从学生发展需要出发，积极开展促进学生综合素质提升的实践教育课程建设，努力发挥着校外教育的功能，形成了在全国范围内颇具代表性的教育运行模式。发挥自身优势，在开放性科学实践活动的开发与实施上有所建树，是我们作为校外教育生力军的责任。为了使开放性科学实践活动的研究工作发挥实效，基地特别组建了一支具有较好业务能力与教研实力的课题组队伍。组长由区级骨干教师、综合实践活动助理研修员，基地教育教学管理部主任李宏宇担任，组员分别是长期担任一线综合实践教学的区级骨干王永丽、校级骨干韩伟、刘学辉、胡浚驿等。随后立即着手制定研究目标与研究步骤，形成了初步的研究计划。

2. 活动申报期（2016 年 6 月至 8 月）

2016 年的申报工作有了新的变化，根据市教委《关于面向公益一类事业单位征集初中开放性科学实践活动资源的通知》要求，中小学、少年宫等公益一类事业单位不能作为政府购买服务承接主体，因此该类资源单位不参加招标，而采取专家评审方式确定。这使得我们的申报准备因为规则的改变而难度加大，任务量增多，事实上没有影响大家的热情，教育创新本身就是一项充满变数和挑战的任务。为了更好地管理与实施，也为了更好地与基地综合实践活动相衔接，经过大家共同研究与努力，2016 年秋季的开放性科学实践活动重新成功申报了《巧造投石车》《探究锁头内部奥秘》《制作简易飞机》等六项活动。

3. 活动实施期（2016 年 9 月至 2017 年 12 月）

依据《北京市开放性科学实践活动管理要求》，科学实践活动的实施可以通过学生自主选课和学校预约送课两种形式开展。为了更好地为学校师生提供便利的服务，在区教委中教科的统筹下，我们专门制定了《2016～2017 开放性科学实践活动实施方案》（见附件一）并对全区中学进行了解读与说明，为有序开展科学实践活动提供了条件。此外，外区学生在选课、上课中所涉及的问题，我们也积极进行了思考和改进。比如上课时间的发布，我们充分考虑学生的路途和就餐问题，将上课时间确定为上午的 9：00 至 11：00，极大地缓解了学生（家长）的奔波劳顿。免费开放基地停车场、免费提供家长休息室和热水，安排家长等待时的基地参观，开放平价午餐（15 元标准）……而对于公交出行的学生，考虑到基地距离车站有近 1000 米的山区公路，为了学生的安全，基地提供免费接送站服务，雁翅基地作为公益教育单位有这些条件，也有这些能力，尽最大可能为开放性科学实践的落实，为学生参加开放式实践活动提供规范、便利的服务。其他社会资源机构是做不到这些的，因为他们是以盈利为目的做这件事，而我们是以教育服务为宗旨。两年来，老师们在没有加班费的情况下，利用周六日、节假日积极开课 183 次，服务学生近 5000 人次。

4. 研究梳理期（2018 年 1 月至 2018 年 4 月）

“边研究边实践，以实践促研究”是雁翅基地课题研究工作始终贯彻的指导思想。2017 年后半年以来由于新的政策，作为公益一类单位未能继续开放性科学实践活动的实施，但是整个实施期间的过程为我们留下了课程建设与实施的宝贵经验。我们相信随着北京市开放性科学实践活动的逐步推进，公益事业单位的教育优势会逐步凸显，我们还会进入开放性科学实践教育一线阵地。恰好借此时间，对实践基地实施该项活动的优势与规范化进行梳理和总结。而这个过程也对实践基地的综合实践实施提供了借鉴。例如：在开放性实践活动项目的申报过程中，老师们的课程建设能力得到较大提升，以此为契机，扩大战果，利用两年时间对基地实践活动进行分类汇集，编写了《雁翅基地综合实践活动教师指导手册》一本，同时我们发现任务单的使用对学生学习的效果有很大帮助，于是在基地的实践活动中设计了任务书环节，并以开放性科学实践活动学生任务单为范本，编写了《雁翅基地综合实践活动学习任务书》并推动使用，收到了非常好的效果。可以说，开展《实践教育基地开放性科学实践活动开发与实施的研究》这一工作，与基地自身的课程建设实施形成了良性互补，起到了互为促进的作用。

（二）理性认识与操作指导

1. 本次研究促进了基地教师教学观的转变及专业能力的成长

以往，我们的实践活动通常是以教师的主观选择为准绳，在开放性和科学创新上体现不够，与学科的联系不够，教学内容和形式具有较强的片面性。

在课题研究中，基地教师逐渐转变了教学思路，进一步关注教学内容的适切性，通过开放性科学实践活动的申报与实施，能够紧密联系学科，体现学科知识与学科技能。同时，根据活动中学生实践不少于 70% 的要求，老师们在活动设计上有了较大转变，不但是开放性科学实践活动，就连本身的综合实践活动设计也更关注学生的实践了。这不但大大提升了学生的学习兴趣和学习效果，更是促进了师生教和学能力的共同提高，尤其是对创新思维能力和动手能力的培养有了极大的提升。

2. 通过参与研究学习，加深了对教育发展科研与创新的认识，打造基地特色教育课程重要且必要

科学创新是指对新知识、新方法、新模式的应用。通过集中学习，我们认识到单纯的模仿和学习只能代表落后。教育的发展要以创新为前提，而课题研究是基地创新的根本途径。打造基地特色课程是基地教育发展的需要，也是教师个人发展的需要。作为基地教育的参与者、执行人，为了更好地履行教育职能，促进教育发展，打造基地特色教育重要且必要。

3. 形成基地实践教育指导思想——雁翅基地综合实践教学指导

为了更好地开展课题、实施研究，让教师创新有目标、研究有准绳、行动有方法，我课题组首先研究制定了《雁翅基地综合实践教师指导手册》。从主体思想到性质规划再到设计思路，都进行了详细的探讨和描述，以“面向全体学生，提升科学素养，注重实践探究，激发自主意识”为基本理念，坚持“适切、实用、实践、发展”四原则，不单为课题的开展实施提供了有效的规范和引导，同时也促进了基地实践课程的建设与发展。

4. 确立基地实践教育的活动内容——学生问卷调查

基地的活动项目开发与实施不但要遵守《北京市初中开放性科学实践》的相关要求，也要考虑到本地区学生受众的实际需求，从而达到更好践行课程思想，服务学生成长的目的。对此课题组采取了调查研究法，通过对学生开展访谈、问卷调查，获取学生观点，选择教学内容，进而设计活动方案。

首先对课题组成员通过区教研员在进修学校集中开展了关于调查方法的指导讲座，为问卷设计、发放、分析奠定了基础。

随后，以获取学生需要的教育内容为目的，对全区 23 所小学的五年级学生进行问卷调查，收回有效问卷 331 份，以此初步了解刚升到初一的学生在其小学阶段参加过的校本活动、社团活动都有哪些，而学生自己喜欢的实践活动包括哪些方面，从而使基地的实践活动更好地与学校教育衔接，更好地适应学生的学习需求。调查显示学校的实践活动非常丰富，而科学实践活动相对匮乏，学生对探究性的科学实践比较渴

望，尤其对科技制作感兴趣。多数学生表示对他们感兴趣的创作活动可以不计时间地持续关注，我们的实际教学也体现了这一点。该项调查为我们的课程建设方向打下了坚实基础。

5. 初步形成基地多元化课程开发模式

基地多元化课程开发是我课题组前期研究的主要内容，以科学实践活动为基础平台，有效联系多方资源，可以更好地弥补基地自身的局限与不足，使基地的科学实践活动更加严谨，更加丰富。

第一，主动联系，努力合作，构建多元联合体。

不同的部门具有不同的优势，教育基地的优势就是课程资源多样，实践教学经验丰富，但在科学性体现上有一定欠缺。通过基地的多方努力，我们成功与北京公安大学、中医药研究所、优能科技教育培训、门头沟区红十字会、门头沟民防局、京西黄芩种植基地等单位取得联系，并在区进校的指导下共同开发更具有针对性的、更加专业化的科学实践活动项目。

第二，认真思考，发挥实效，开发多元课程。

2015 年以来，以开放性科学实践活动为平台，雁翅基地除了自主的实践活动项目如《巧造投石车》《自制净水装置》《简易飞机模型》《火场逃生与自救》等活动以外，与公安大联合开发了《探究锁头内部奥秘》《神奇的脚印》，与优能教育开发了《智慧校园》，与中医药研究所开发了《基地周边植物分类》《自制养生茶》等更多、更专业、更科学的实践活动项目，极大地开拓了基地课程建设思路。

6. 展开教育实践与理论研究——积极参与论文案例征集

研究重过程，行动是基础，理论来指导，课题才丰富。多年的研究与实践，课题组的老师们付出了无比的艰辛和汗水，我们的内容与行动究竟如何，教师怎样想，学生怎样说？参加论文、案例、设计评选不失为一种途径。

2016 年 10 月雁翅基地承办中国高等教育学会综合实践活动分会第十届年会，积极抓住机会面向全国专家进行课程展示，基地的科学实践活动广受好评。其中《红薯地里探究竟》《户外生存之净水》《基于 VR

体验的火场逃生》三课在年会展示中荣获一等奖。

课题研究期间，基地教师参加各类征文评选活动十余次，检验作品30余篇，获奖20余人次，保持了较高的教研能力。其中市级以上一等奖作品8篇，全国教师教育学会综合实践活动学科课题研究先进个人2名。另外，基地获全国教师教育学会综合实践活动学科课题研究先进单位称号、北京市校外教育先进单位、门头沟区卓越教研组、学科实践优秀组织等荣誉。我们的教师不论是教学设计、片段演示还是课程理论，都表现出了较高的能力与水准。对此类作品我们进行整理分类并汇编，供所有教师分享学习。

（三）文本成果

为保障课题有序开展，课程顺利实施，课题组在基地的大力支持下先后完成了《雁翅基地新课申报方案》《雁翅基地综合实践教师教学指导手册》《门头沟区教育专刊》等文本内容，更有多篇成果在《门头沟校外教育》《北京校外教育理论与实践研究优秀文集》刊发。

八、对课题研究的思考

历时三年的《实践教育基地开放性科学实践活动开发与实施的研究》历经波折，却远远没有结束，因为我们的工作还在继续。虽然课程实施在2018年有过短暂的停滞，但并没有影响研究工作的开展，反而给了我们更充足的时间进行梳理、反思和总结，使我们2019年继续开展开放性科学实践活动更加顺利。雁翅基地开展北京市开放性科学实践活动，既是对自身“落实立德树人根本任务”践行实践育人职能与使命的深入要求，又是落到实处为门头沟山区学生参加实践活动提供支持和帮助的具体举措。事实也证明，这一举措深得学生与家长的认可，并得到区教委大力支持与肯定。

从选题到计划实施，课题组经历并克服了诸多困难，在基本达成研究目标的情况下也总结出许多经验和不足。

首先，一项任务的达成是全体人员共同努力付出，相互配合的结果，没有人可以总揽全部独立完成。尤其是课题研究过程中，充分调动和发挥全体成员的集体智慧与能量，思路才会更广阔，流程才会更顺畅，研究才会更深入，结果才会更完善。因此，在今后的继续研究中，要从各个层面尽可能地保障团队的稳定和团结。

其次，“基地开放性科学实践活动的开发与实施”只能说是具有一定的实践效果，规范和完善的路还会很长。其一，课程建设需要高层次的理论支撑和专家引领，目前我们的理论水平亟待成长；其二，多元教育者主体的多部门合作需要建立一种长期稳定的关系，在确保实效的基础上，切实发挥多主题教育的优势，而这需要各职能部门公共协调、努力；其三，北京市开放性科学实践活动已经开展了近四年时间，总体上趋于规范，但是很多的制度与措施还不是很完善，单从对公益一类事业单位的几次条件变更上看仍处于不断优化的过程。

第三，从课题开展过程及最终结果来看，通过多次培训和研讨，基地教师的业务水平成长非常明显，既经历了挫折、考验，又体现了年轻教师的进取和拼搏。不论对基地发展，还是个人成长，都起到了强有力的激励作用，进而对我区教育事业发展的促进作用也是显而易见的。

综上所述，我雁翅基地课题组在此次研究中获益良多、成长显著。今后我们将在总结和提升的基础上，开拓进取，继续加强本课题的完善和深入研究工作，为更好地服务学生安全教育再接再厉，再上新高！

参考文献

[1] 徐玲．浅谈高校教育模式改革［J］．科教导刊，2011（13）．

[2] 林鸿，廖素娟．促进中学生个性化学习的课堂教学行动研究［J］．龙源期刊文教材料，2013（23）．

[3] 韩国存．结题报告成果表述的通病［J］．教学与管理，2009（1）．

[4] 杨志成．选·做·展·归：“开放性科学实践活动”课程的四环节实施建议［J］．中小学管理，2016（6）．

[5] 易刚．综合实践活动课程实施的几个关键性问题的教学探究［J］．新课程，2013（08）．

ARTICLE 11

中小学素质教育基地教师教学技能提升的策略与实践研究

课题负责人　王俊奇

核心组成员　王　辰　任全治　于　功　殷瑞东　高卫东

负责人单位　北京市门头沟区雁翅中小学素质教育基地

成 果 形 式　研究报告　论文课例

开题报告

一、课题研究的背景

（一）选题缘由

随着社会的发展和新课程改革的深入，教育理念、教育行为、教学方式和教学评价都在发生深刻的变化，这就对基地教育提出了越来越多的要求。

1. 综合实践课程建设的需要

中共中央、国务院《关于进一步加强和改进未成年人校外活动场所建设和管理工作的意见》的通知，北京市委市政府《关于进一步加强和改进未成年人校外教育工作的意见》，北京市教委《关于加强中小学综合实践活动课程的实施意见》等文件，在为基地发展提供政策支持的同时，对基地的发展提出了新的要求，即必须转变教育观念，以适应教育形势的挑战和课程改革的要求，特别是素质教育基地的课程建设重在与社会生活的联系，重在将中小学的综合实践活动课程落到实处，重在培养学生的创新精神与实践能力。在基地课程有明确目标及任务的基础上，要制定和完善基地课程建设设置，构建基地课程体系，确保通过丰富多彩的社会实践活动，增进学生与社会的密切联系，丰富学生的学习和生活经历，培养学生运用知识、驾驭知识的能力，以及创新精神。

2. 教师专业化发展的需要

如果没有教师主体的自我实践和对课程实施的探索，而仅靠上级教研部门的“注入式”教师培养方式，缺乏自我实践反思，其效果必然是不理想的，因此教师主体积极参与综合实践课程体系的构建和实践对教师成长的意义是重大的。只有注重激发教师的自我提高动机，调动教师积极自我探索和实践，使其以主体身份投入其中，教师的教育教学观念、教育教学行为和能力才会有本质性的提高，才有可能成长为专家型教师。目前基地教师大部分是师范学校毕业的中专（后经进修拿到本科学历）教师，以及社会招聘的各级各类大专院校毕业生，教师相对较年轻，素质相对较好，工作热忱相对较高，但是大部分教师驾驭课堂的水平和专业知识的应用水平不高，对教育教学实践的自我意识和自我调节能力不深，缺乏教育工作的成熟度，专业素养亟待提升，在知识、经验、能力和个性品质方面所达到的工作程度较差。基地选择《中小学素质教育基地教师教学技能提升的策略与实践研究》课题旨在提高教师的教学手段和策略，转变教师的教学理念、行为和方式，以提高教师的专业素养和教育教学技能，激发教师工作的主动性和创造性，促进教师自我价值的实现和提升，促进教师和谐健康成长。

3. 教育基地自身发展的需要

雁翅中小学素质教育基地始建于 1994 年，2014 年被授予全国示范性中小学素质教育基地称号，2015 年成为北京市开放性科学实践活动资源单位，是面向全社会广大中小学生的校外教育活动场所，是学生进行素质教育的重要阵地。成为开放性科学实践活动资源单位就要求基地的课程体系不断创新和完善，这样才能适应时代对基地的需求，才能符合基地发展需要。基地开展该课题的研究，就是要通过多种途径、方式、手段收集能体现教师教学水平与成效的资料，鼓励教师积极参与到教学策略研究中，以整体提高基地教育教学质量，提升基地教师的整体水平，同时也为所有综合实践基地的发展提供依据与经验。

（二）研究意义

1. 探索适合中小学素质教育基地的教师培养路径

中小学素质教育基地是伴随着课程改革应运而生的，在教育的长河中是新生事物，无论是中小学素质教育基地硬件建设还是软件提升，都需要不断探索，尤其是师资队伍建设更需要不断提升，因此，《中小学素质教育基地教师教学技能提升策略与实践研究》就是在行动中寻找，在实践中探索，通过理论与实践的结合研究，形成一种适合中小学素质教育基地教师发展的新路径。通过课题研究这一模式，有效提高雁翅中小学素质教育基地教师专业化水平，从而提高雁翅中小学素质教育基地教育资源的整体水平，为校外教育的发展和振兴打下坚实的基础。

2. 提高教师素质，增强教师的专业化意识

教学技能作为基地教师必备的专业技能之一，不但在教学实践活动中具有十分重要的意义，而且在基地教师素质的提高中发挥着重要作用。按照基地教学活动的特点，教师在提高教学技能的过程中，需要在教学设计、使用教学媒体、组织和指导实践活动、教学研究等四个方面下功夫，教师只有做好这四个方面，才能使教学技能真正得到提升。而教师在努力提高这四个方面能力的同时，必然会带动基地教师素质的整体提高。正是从这个意义上来说，提高教学技能有利于提高教师素质，增进教师的专业化水平。

3. 提高综合实践活动效果，促进学生更好开展实践活动

教育包括教与学两个方面，但在一定意义上来说，学生的学习效果很大程度上取决于教师。教师在对学生进行教育时，如果教学技能高，就能够更好地激发学生对学习的兴趣，提高学生学习的积极性和主动性，增强学生的学习效果，促进学生更好地开展实践活动。所以，基地将通过提升教师的教学技能来影响学生的实践活动效果。

二、文献综述

（一）关于中小学素质教育基地

《关于基础教育改革与发展的决定》《基础教育课程改革纲要》以及《关于进一步加强和改进未成年人校外活动场所建设和管理工作的意见》等文件要求通过学生实践，增强学生的探究和创新意识，发展综合运用知识的能力，以培养学生的社会责任感，并使学生获取直接经验，发展实践能力。根据上述文件精神，自 1999 年始，全国各地陆续建设中小学素质教育基地，到目前为止，全国有示范性中小学素质教育基地

300余所。中小学素质教育实践基地建设，是全面贯彻党的教育方针，实行教育与生产劳动相结合的需要，是加强和改进对未成年人思想道德教育的有效途径之一，是教育改革和实施新的课程改革的载体和平台。中小学素质教育基地建设以提高学生综合素质为根本宗旨，以培养学生的创新精神和实践能力为核心，以“实践为主，注重创新，拓宽知识，提高能力”为目标，提高学生“自理、自立、自信、自强”意识，对学生的终身教育与促进学生全面发展有着十分重要的意义。中小学素质教育基地是与学校教育相互联系、相互补充，组织学生开展实践探索创新活动，培养学生独立思考能力和创新精神的新型载体；是集教育性、实践性、综合性、开放性、创新性、科研性于一体的教育资源；是凝聚学生体验生活、感悟文化、开阔视野、培养意志、提高素养，沟通理论教学与客观实际的重要媒介。

（二）关于教师教学技能

对教师教学技能的研究，盛行于20世纪60～70年代能力本位主导教师教育的时期。20世纪90年代中期以来，伴随教师专业化研究与实践的升温，教师教学技能被置于一更广泛的研究视野中。

我们参考了大量资料，发现对于教学技能的定义看法基本统一，即是指在一定的教学思想指导下，运用教学手段，完成教学任务的能力。对教学技能的分类普遍认为可有两种方法。一种是按课堂教学流程，可分为导入技能、课堂调控技能、提问技能、评价技能、处理偶发事件技能等；另一种是按教师基本功，可分为表达技能、体态语技能、操作技能、板书技能、现代媒体运用技能等。

第一种分类法所分的各技能其实是第二种分类方法各技能的综合表现。如要有良好的导入技能，就要求教师有着良好的语言表达技能和体态语技能，有时还要辅以板书技术或媒体运用技术；但光有以上这些基本功的技能还不够，教师还必须具备把这些技能进行有效整合的能力，才能创生出良好的导入技能。

由于教学技能总是在具体的教学情境中运用，并通过教学活动展现出来的，所以教学技能的效果必须借助教师教学行为得以实现。因此，对于教师的课堂教学来说，对教学效果影响更为深远的应是第一种分类的各技能，但对于教师来说，这些技能的提高，是要首先建立在各基本功技能提高的基础上，然后再学会这些基本功技能的优化整合。所以，教师教学技能的评价与提高应着眼于各教学流程的技能，着力于各教学基本功技能。

当前中小学教师教学技能的培训与研究，主要要从以下几种方式进行。一是微格教学，这种方式于20世纪80年代引入并开始进行研究和训练，对改革教学法，对教师联系实际、突出重点的培训教学方法、教学现代化手段起到了积极作用，训练效果和质量非常好。二是说课，这一方法从20世纪90年代开始逐渐出现在中小学教学研究中，对教师来说具有研究意义，对提高教师掌握教材能力和课堂教学艺术的训练具有特别的功效。三是教学设计，教学设计是供师生交流的一个文本，是根据课程标准的要求和教学对象的特点，将教学诸要素有序安排，确定合适的教学方案的设想和计划，有利于教师主导作用的发挥，有利于教师对课程的整体把握，以及教师对教学工作的计划性和针对性。

（三）中小学素质教育基地教师教学技能研究现状

当前对中小学教师教学技能研究较多，而对中小学素质教育基地教师教学技能的研究较少。

中小学素质教育基地的课程设置，是结合学生在校所学知识，着眼于学生综合实践能力、户外生存能力、独立思考能力以及创新精神的培养。因此，对素质教育基地教师教学技能的要求也与一般学校教师的教学技能要求不同。从流程上来说，基地教师更应注重导入技能、课堂调控技能、评价激励技能、处理偶发事件技能的培养；从基本功方面基地教师更应注重表达技能、操作技能、现代媒体运用技能的培训。因此本课题将通过微格教学、教学设计、说课等形式对教师的教学技能进行培训和研究。

三、研究设计

（一）研究目标和研究假设

全面提升基地教师课堂导入、调控、评价激励、处理偶发事件、语言表达、实际操作、现代媒体运用等方面的技能，使之成为合格的综合实践教师。

形成一套有效提升基地教师教学策略的做法，为基地类学校提供借鉴经验。

（二）研究内容

本课题是一项从雁翅中小学素质教育基地教师教育教学实际出发的行动研究，我们本着边研究、边探索、边实践的方针，将基地教师专业化提升工作课题化。为此，我们设计了以教师课堂教学技能提升为核心、同时涉及教师各方面教学技能的课题研究内容，具体内容如下。

1. 基地教师应具备的教学技能及其评价的研究。通过搜集国内外对教师教学技能的研究资料，了解教师应具备的教学技能，结合基地教育教学的实际，总结出基地教师应具备的教学技能和教学技能评价方案。

2. 提升基地教师教学技能的策略。通过搜集提升教学技能的方式方法，结合基地教学的特点，有选择地确定适合基地实际的提升教师教学技能的方式方法。

3. 运用课堂设计提升基地教师教学技能的实践研究。

4. 运用说课提升基地教师教学技能的实践研究。

5. 运用微格教学提升基地教师教学技能的实践研究。

（三）研究方法

1. 文献研究法：在课题研究过程中，注意认真搜集、整理、分析同类课题的研究信息及理论和实践成果，提高研究者的理论修养和认识水平，促进和改进课题研究工作。

2. 实验法：结合综合实践活动，组织教师运用教学技能，进行一些力所能及的科学实验，从中发现问题并提出解决问题的方法。

微格教学研究。通过微格教学提升教师教学基本技能。

说课研究。通过说课提高教师掌握教材能力和课堂教学艺术。

教学设计研究。通过教学设计提升教师教学方案的设想和计划能力，发挥教师在教学过程中的主导作用。

3. 经验总结法：在研究过程中，要组织课题组成员及时对研究工作的成败得失进行总结和理性思考，通过总结，使课题研究更完善。

总结微格教学、说课、教学设计在提升教师教学技能方面的作用。

总结有效提升教师教学技能的途径与方法，以及不足之处。

总结今后需要加强研究与培训的方面。

四、本课题研究的重点和难点

研究基地教师应具备的教学技能及其评价的研究，是本课题重点。

确定提升基地教师教学技能的策略，是本课题难点。

五、研究的实施计划及人员分工

本课题预计研究 3 年，分为三个阶段：准备阶段（2016. 6 ~ 2016. 9）、实施阶段（2016. 4 ~ 2018. 6）、总结阶段（2018. 7 ~ 2019. 7）。

序号	研究阶段（起止时间）	主要研究工作及成果名称	成果形式	承担人
1	2016. 05 ~ 2016. 06	课题申请书	课题申请书	王俊奇
2	2016. 07 ~ 2016. 09	撰写开题报告，听取专家和有关人员建议	开题报告	王俊奇 于功 王永丽

续表

序号	研究阶段（起止时间）	主要研究工作及成果名称	成果形式	承担人
3	2016. 09 ~ 2016. 10	制定课题研究计划	计划书	王俊奇 任全治
4	2016. 10 ~ 2016. 11	制定基地教师教学技能评价表	评价表	王辰 任全治
5	2016. 10 ~ 2016. 11	研究基地教师教学技能提升策略与方法	研究报告	王俊奇 高卫东
6	2016. 10 ~ 2018. 12	基地教师教学技能提升的实践研究	片段展示、说课、教学设计的相关材料	课题组全体成员
7	2018. 1 ~ 2018. 6	课题材料收集与整理，中期报告	中期报告	王俊奇 王永丽
8	2019. 1 ~ 2019. 7	课题研究人员撰写研究论文、课例、研究报告	论文、课例	课题组全体成员

六、预期研究成果

（一）基地教师教学技能提高策略与实践研究的研究报告。

（二）基地教师教学技能提高策略与实践研究的论文集、教师教学设计集、教师说课影像。

（三）基地教师教学技能评价量化表、教师编写教材集、学生管理手册等。

工作报告

随着教育改革不断向前发展，校外教育紧跟时代步伐，得到了快速发展，2016年雁翅基地为进一步深化教育领域综合改革，为进一步提升教师核心素养，更好地提高教学质量，积极为教师搭建发展平台，开展了“中小学素质教育基地教师教学技能提升的策略与实践研究”课题研究。研究过程中，我们通过学习、确定研究方向、撰写课题报告、开展课题研究、撰写论文等活动，三年多的时间里，为教师更好的发展奠定了良好基础，课题研究取得丰富经验和良好效果。

一、课题研究目标

全面提升基地教师课堂导入、调控、评价激励、处理偶发事件、语言表达、实际操作、现代媒体运用等方面的技能，使之成为合格的综合实践教师。

形成一套有效提升基地教师教学策略的做法，为基地类学校提供借鉴经验。

二、课题研究的内容

本课题是一项从雁翅中小学素质教育基地教师教育教学实际出发的行动研究，我们本着边研究、边探索、边实践的方针，将基地教师专业化提升工作课题化。为此，我们设计了以教师课堂教学技能提升为核心、同时涉及教师各方面教学技能的课题研究内容，具体内容如下。

（一）基地教师应具备的教学技能及其评价的研究

基地教师应具备的教学技能及其评价的研究，将通过搜集国内外对教师教学技能的研究资料，了解教师应具备的教学技能，结合基地教育教学的实际，总结出基地教师应具备的教学技能和教学技能评价方案。

（二）提升基地教师教学技能的策略

提升基地教师教学技能的策略研究，将通过搜集提升教学技能的方式方法，结合基地教学的特点，有选择地确定适合基地实际的提升教师教学技能的方式方法。

（三）运用课堂设计提升基地教师教学技能的实践研究

（四）运用说课提升基地教师教学技能的实践研究

（五）运用微格教学提升基地教师教学技能的实践研究

三、课题研究的主要步骤

本课题自2016年5月申报以来，经过半年的准备、学习、课题研究方案的修改、完善等开题工作，在调查、分析、研讨的基础上制定了初步的行动计划，并努力付诸实施，在研究中学习，在学习中开展活动，在活动中不断提高。

（一）成立课题组，制定研究方案

2016年9月至10月间成立了课题组，制定了课题实施方案，组织相关人员进行了相关理论学习。

（二）设计研究路径，开展课题研究

2016年11月至2018年12月为课题实施阶段。课题组通过搜集国内外对教师教学技能的研究资料，了解了教师应具备的教学技能，随后结合基地教育教学的实际，制定了基地教师应具备的教学技能并以此制定了教师教学技能评价表，提出了运用课堂设计、说课、微格教学等方

式开展提升教师教学技能的实践研究的思路。

我们围绕提升教师教学技能开展了撰写课堂教学设计的活动。每学期要求教师撰写教学设计一篇，同时，为了营造学术氛围，拓展学术素养，进行教学设计交流与研讨活动一次，设好主题、研讨方向、主讲案例人。为了更快发挥课题研究的作用，我们结合基地课程实际存在的问题确立了“室外课突发事件的处理”“学习分享挖掘”两个论题，让教师们在教学设计中更加关注学习者，更加关注学习者实践能力的提升，让每个课题参与者有问题可想，有话可说，使研讨向纵深发展。一起进行学习需要分析、学习内容分析、学习者分析、学习环境分析、教学策略研讨、学习效果评价分析，大大提高了教师对这个课题的认识，提升了基地教师教学设计能力，进一步认清了基地教学与基础学校教学的不同，为基地开展切合实际的教学活动奠定了理论，提升了教师的专业素养。

在教学设计的基础上，我们围绕提升教师基地教师教学技能开展了说课、微格教学。每学期限定题目开展说课评课活动，由说课教师在开展教学设计的基础上，面对同行讲述自己的教学设计，然后由听者评说。通过说课我们提升了教师口头表述能力，深度挖掘教育教学理论与教学实践相结合的能力，深度思考学习者特质、兴趣与教学内容相结合的能力。说课成为基地教师教学、教研、课题研究的手段，是培养青年教师更快成长的最好途径，推动了教研活动有效开展，有效地调动了教师投身教学改革、学习教育理论、钻研课堂教学的热情，提高了教师素质。

结合基地课程特点，我们围绕提升教师基地教师教学技能确立了以“课前引入”“学习分享”为题目的微格教学。在有控制的条件下为教师们集中解决基地教学中的难点重点问题搭建了共商共建共享平台，为教师成长搭建了展示平台，增强了教师课堂教学的严谨性。

我们围绕提升教师基地教师教学技能设计了教师教学技能评价，并在实际教学中应用，提升了教师在教学实践中有意识运用教学技能的能力，创建了具有基地特点的课堂教学评价表。

（三）注重中期探讨，确保研究实效

为确保课题开展的实效性，我们开展了中期工作总结和问题探讨。

一是就前期实施情况进行了总结。经过课题组成员的共同努力，集体研讨，撰写开题报告，课题顺利立项。按时召开课题组会议，交流研讨研究进展情况，指导专家对课题研究过程提出了宝贵的意见，调整研究方向和方法，按时开题。参研教师根据教学实践及时撰写心得体会和随笔。根据课题研究需要开展了教师教学案例设计、教师说课比赛、教师运用微格教学实践研究，形成了案例集。

二是对后期研究有了新认识。立足基地实际，教师核心素养课题研究来源于课堂，实践于课堂，为确定研究任务，总结研讨交流，形成共识，研以致用，确保研究实效。按照研究步骤，扎实推进研究，开展同课异构，对比实践，及时召开研讨会议，集思广益，实践应用。总结出一套适合我基地有效提升教师素养的途径，使它应用于课堂教学，有效提高课堂效率。积极准备材料，认真总结，做好课题结题工作的相关准备。按时完成结题报告，整理所有资料，建立充实的课题档案袋。课题研究的核心是行动，研究过程要充实、切实。及时搜集、整理、保存原始资料，这将成为最生动有力的素材，特别注重对细节的反思与改善，以提升教学实践水平。要注意边实践边研究、边研究边实践，反复修正。要注意淡化形式、注重实效，服务于日常教育教学活动，服务于教师专业发展。

三是找到了研究中存在的问题，明确了解决思路。存在问题包括：课题研究在教师教学中得不到应有的重视，部分教师存在热情不高、创新精神不够、教学水平提升不高、有应付倾向的问题，后期要加强宣传，坚持“在教学中研究，在研究中教学”，努力提升教师研究的积极主动性。研究过程就是学习过程，就是提升过程，要使课题组教师不断坚持现代教育理论学习，不断转变观念，切实提高教师学习能力，积极掌握相关研究的最新发展动向和知识。妥善处理课题研究活动，解决好科研与教学在时间上的安排。

（四）撰写研究报告，总结经验，归纳问题。（2018.12～2019.07）

梳理研究过程，归纳研究成果，集体探讨，查找研究的问题与不足，全面收集整理与课题相关的材料，总结课题研究的成果，撰写结题报告和工作报告。

四、课题的研究成果

课题研究至今经过近三年的时间，课题组全体教师对教师核心素养有了较为深刻的认识，为今后开展课题研究打下了扎实的基础。通过课题研究，教师们坚持“在教学中研究，在研究中教学”，教师科研的积极性、主动性不断增强，科研意识不断提高，教学技能不断熟练，教学水平不断提高，创新精神不断提升，并且能较好地达到预期目标。具体研究成果如下。

第一，教师建立起了科研的基本研究形式。课题组全体教师通过多种途径查阅、分析相关资料，经过反复的推敲和论证建立了“中小学素质教育基地教师教学技能提升的策略与实践研究”的研究框架，在实践中教师们对课题研究有了基本认识，并能够开展课题研究。初步了解了怎样确立研究方向，如何设定研究目标，用什么样的研究方法，怎样查找研究文献，怎样撰写开题报告，如何开展课题实践研究。

第二，课题组教师对教学技能提升建立起了基本路经。教师的教学技能包括教学设计、使用教学媒体、课堂教学、组织和指导、教学研究等五个方面。教师的教学技能总是由可观察的、可操作的、可测量的各种外显性的行为表现构成，我们可以通过不同的形式对教师的不同教学技能加以训练，使之提升。因此我们确定的研究路径是，开展文献研究，交流文献研究成果，提升教师终身学习的意识；开展教学设计活动提升教师对教材的理解和把握，提升教师对教学方法的灵活运用；通过教学反思找到教学技能的差距与不足；开展同课异构，挖掘教师的教学水平提升的潜质等等。

第三，积极开展教学评级设计、教学案例征集、论文撰写。三年的研究期间，我们形成了基地教师的教学评价表，形成了教学案例集，形成了论文集；编纂了《雁翅基地课程菜单》《雁翅基地开放性学习课程》；多名教师在各类教学比赛中获奖，其中王永丽老师荣获2018年全国综合实践教师说课一等奖；朱东松老师的《浅析营地教育课程促进中小学生实践创新能力发展》一文在2018年中国教育年会中荣获二等奖。2017年6月，韩伟老师《生存体验之净水》微课视频在北京数字学校“第三届微课征集与评选”活动中获得二等奖；2017年10月，韩伟老师案例《生存体验之生火》在“全国中小学综合实践活动学科第十一届学术年会”上荣获二等奖。本课题的开题报告获门头沟区校外教育课题二等奖。

结题报告

随着教育改革不断向前发展，校外教育紧跟时代步伐，得到了快速发展。2016 年雁翅基地为进一步深化教育领域综合改革，为进一步提升教师核心素养，更好地提高教学质量，积极为教师搭建发展平台，开展了“中小学素质教育基地教师教学技能提升的策略与实践研究”课题研究。

一、课题研究的背景

（一）选题缘由

随着社会的发展和新课程改革的深入，教育理念、教育行为、教学方式和教学评价都在发生深刻的变化，这就对基地教育提出了越来越多的要求。

1. 综合实践课程建设的需要

中共中央、国务院《关于进一步加强和改进未成年人校外活动场所建设和管理工作的意见》的通知，北京市委市政府《关于进一步加强和改进未成年人校外教育工作的意见》，北京市教委《关于加强中小学综合实践活动课程的实施意见》等文件，在为基地发展提供政策支持的同时，对基地的发展提出了新的要求，即必须转变教育观念，以适应教育形势的挑战和课程改革的要求，特别是素质教育基地的课程建设重在与社会生活的联系，重在将中小学的综合实践活动课程落到实处，重在培养学生的创新精神与实践能力。在基地课程有明确目标及任务的基础上，要制定和完善基地课程建设设置，构建基地课程体系，确保通过丰富多彩的社会实践活动，增进学生与社会的密切联系，丰富学生的学习和生活经历，培养学生运用知识、驾驭知识的能力，以及创新精神。

2. 教师专业化发展的需要

如果没有教师主体的自我实践和对课程实施的探索，而仅靠上级教研部门“注入式”的教师培养方式，缺乏自我实践反思，其效果必然是不理想的，因此教师主体积极参与综合实践课程体系的构建和实践对教师成长的意义是重大的。只有注重激发综合实践教师的自我提高动机，调动综合实践教师积极的自我探索和实践，使其以主体身份投入其中，教师的教育教学观念、教育教学行为和能力才会有本质性的提高，从而才有可能成长为综合实践专家型教师。目前基地教师大部分是师范学校毕业的中专（后经进修拿到本科学历）教师，以及社会招聘的各级各类大专院校毕业毕业生，教师相对较年轻，素质相对较好，工作热忱相对较高，但是大部分教师对综合实践课程的理解不深不透，对综合实践课程促进学生生存能力、综合能力的提升认识不够，对学生发展驾驭综合实践课堂的水平和专业知识的应用水平不高，对综合实践课堂教学实践的自我意识和自我调节能力不够，缺乏教育工作的成熟度，综合实践课堂教学能力亟待提升，在知识、经验、能力和个性品质方面在课堂教学中达到的目标程度不高。基地选择《中小学素质教育基地教师教学技能提升的策略与实践研究》课题旨在提高综合实践教师的教学手段和策略，转变教师综合实践课程教学理念，以及综合实践课程的授课行为和授课方式，以提高教师的综合实践课程的专业素养和综合实践课程的教育教学技能，激发教师工作的主动性和创造性，促进教师自我价值的实现和提升，促进教师和谐健康成长。

3. 教育基地自身发展的需要

雁翅中小学素质教育基地始建于 1994 年，2014 年被授予全国示范性中小学素质教育基地称号，2015 年基地成为北京市开放性科学实践活动资源单位，是面向全社会广大中小学生的校外教育活动场所，是学生进行素质教育的重要阵地。作为开放性科学实践活动资源单位，基地的课程体系需要不断创新和完善，才能适应时代对基地的需求，才能符合基地发展需要。基地开展该课题的研究，就是要通过多种途径、方式、手段收集能体现教师教学水平与成效的资料，鼓励教师积极参与到教学策略研究中，以整体提高基地教育教学质量，提升基地教师的整体水平，同时也为所有综合实践基地的发展提供依据与经验。

（二）研究意义

1. 探索适合中小学素质教育基地教师培养的路径

中小学素质教育基地是伴随着课程改革应运而生的，在教育的长河中是新生事物，无论是中小学素质教育基地硬件建设还是软件提升，都需要不断的探索，尤其是师资队伍建设更需要不断提升，因此，《中小学素质教育基地教师教学技能提升策略与实践研究》就是在行动中寻找，在实践中探索，通过理论与实践的结合研究，形成一种适合中小学素质教育基地教师发展的新路径。通过课题研究这一模式，有效提高雁翅中小学素质教育基地教师专业化水平，从而提高雁翅中小学素质教育基地教育资源的整体水平，为校外教育的发展和振兴打下坚实的基础。

2. 提高教师素质，增强教师的专业化意识

教学技能作为基地教师必备的专业技能之一，不但在教学实践活动中具有十分重要的意义，而且在基地教师素质的提高中发挥着重要作用。按照基地教学活动的特点，教师在提高综合实践课程教学技能的过程中，需要在教学设计、使用教学媒体、组织和指导实践活动、教学研究等四个方面下功夫，教师只有做好这四个方面，才能使教学技能真正得到提升。而教师在努力提高这四个方面能力的同时，必然会带动基地教师素质的整体提高。正是从这个意义上来说，提高教学技能有利于提高教师素质，增进教师的专业化水平。

3. 提高综合实践活动效果，促进学生更好开展实践活动

综合实践课程的开展包括教与学两个方面，但在一定意义上来说，学生的实践学习效果很大程度上取决于教师。教师在对学生进行教学时，如果教学技能高，就能够更好地激发学生对学习的兴趣，提高学生学习的积极性和主动性，增强学生的学习效果，促进学生更好地开展实践活动。所以，基地将通过提升教师的教学技能来影响学生的实践活动效果。

二、文献综述

（一）关于中小学素质教育基地

《关于基础教育改革与发展的决定》《基础教育课程改革纲要》以及《关于进一步加强和改进未成年人校外活动场所建设和管理工作的意见》等文件要求通过实践，增强学生的探究和创新意识、发展综合运用知识的能力，以培养学生的社会责任感并获取直接经验，发展实践能力。根据上述文件精神，自 1999 年始，全国各地陆续建设中小学素质教育基地，到目前为止，全国有示范性中小学素质教育基地 300 余所。中小学素质教育实践基地建设，是全面贯彻党的教育方针，实行教育与生产劳动相结合的需要，是加强和改进对未成年人思想道德教育的有效途径之一，是教育改革和实施新的课程改革的载体和平台。中小学素质教育基地建设是以提高学生综合素质为根本宗旨，以培养学生的创新精神和实践能力为核心，以“实践为主，注重创新，拓宽知识，提高能力”为目标，提高学生“自理、自立、自信、自强”意识，对学生的终身教育与促进学生全面发展有着十分重要的意义。中小学素质教育基地是与学校教育相互联系、相互补充，是组织学生开展实践探索创新活动、培养学生独立思考能力和创新精神的新型载体；是集教育性、实践性、综合性、开放性、创新性、科研性于一体的教育资源；是凝聚学生体验生活、感悟文化、开阔视野、培养意志、提高素养，沟通理论教学与客观实际的重要媒介。

（二）关于教师教学技能

对教师教学技能的研究，盛行于 20 世纪 60 ~ 70 年代能力本位主导教师教育的时期。20 世纪 90 年代中期以来，伴随教师专业化研究与实践的升温，教师教学技能被置于一更广泛的研究视野中。

我们参考了大量资料，发现对于教学技能的定义看法基本统一，即是指在一定的教学思想指导下，运用教学手段，完成教学任务的能力。

对教学技能的分类普遍认为可有两种方法。一种是按课堂教学流程，可分为导入技能、课堂调控技能、提问技能、评价技能、处理偶发事件技能等；另一种是按教师基本功，可分为表达技能、体态语技能、操作技能、板书技能、现代媒体运用技能等。

第一种分类法所分的各技能其实是第二种分类方法各技能的综合表现。如要有良好的导入技能，就要求教师有着良好的语言表达技能，体态语技能，有时还要辅以板书技术或媒体运用技术；但光有以上这些基本功的技能还不够，教师还必须具备把这些技能进行有效整合的能力，才能创生出良好的导入技能。

由于教学技能总是在具体的教学情境中运用，并通过教学活动展现出来的，所以教学技能的效果必须借助教师教学行为得以实现。因此，对于教师的课堂教学来说，对教学效果影响更为深远的应是第一种分类的各技能，但对于教师来说，这些技能的提高，是首先建立在各基本功技能的提高的基础上，然后再学会这些基本功技能的优化整合。所以，教师教学技能的评价与提高应着眼于各教学流程的技能，着力于各教学基本功技能。

当前中小学教师教学技能的培训与研究，主要要从以下几种方式进行。一是微格教学，这种方式于 20 世纪 80 年代引入并开始进行研究和训练，对改革教学法，对教师联系实际、突出重点的培训教学方法、教学现代化手段起到了积极作用，训练效果和质量非常好。二是说课，这种方式从 20 世纪 90 年代开始逐渐出现在中小学教学研究中，对教师来说具有研究意义，对提高教师掌握教材能力和课堂教学艺术的训练具有特别的功效。三是教学设计，教学设计是供师生交流的一个文本，是根据课程标准的要求和教学对象的特点，将教学诸要素有序安排，确定合适的教学方案的设想和计划，有利于教师主导作用的发挥，有利于教师对课程的整体把握，以及教师对教学工作的计划性和针对性。

（三）中小学素质教育基地教师教学技能研究现状

当前对中小学教师教学技能研究较多，而对中小学素质教育基地教师教学技能的研究较少。

中小学素质教育基地的课程设置，是结合学生在校所学知识，着眼于学生综合实践能力、户外生存能力、独立思考能力以及创新精神的培养。因此，对素质教育基地教师教学技能的要求也与一般学校教师的教学技能要求不同。从流程上来说，基地教师更应注重导入技能、课堂调控技能、评价激励技能、处理偶发事件技能的培养；从基本功方面基地教师更应注重表达技能、操作技能、现代媒体运用技能的培训。因此本课题将通过微格教学、教学设计、说课等形式对教师的教学技能进行培训和研究。

三、研究设计

（一）研究目标和研究假设

全面提升基地教师课堂导入、调控、评价激励、处理偶发事件、语言表达、实际操作、现代媒体运用等方面的技能，使之成为合格的综合实践教师。

形成一套有效提升基地教师教学策略的做法，为基地类学校提供借鉴经验。

（二）研究内容

本课题是一项从雁翅中小学素质教育基地教师教育教学实际出发的行动研究，我们本着边研究、边探索、边实践的方针，将基地教师专业化提升工作课题化。为此，我们设计了以教师课堂教学技能提升为核心、同时涉及教师各方面教学技能的课题研究内容，具体内容如下。

1. 基地教师应具备的教学技能及其评价的研究

基地教师应具备的教学技能及其评价的研究，将通过搜集国内外对教师教学技能的研究资料，了解教师应具备的教学技能，结合基地教育教学的实际，总结出基地教师应具备的教学技能和教学技能评价方案。

2. 提升基地教师教学技能的策略

提升基地教师教学技能的策略研究，将通过搜集提升教学技能的方式方法，结合基地教学的特点，有选择地确定适合基地实际的提升教师教学技能的方式方法。

3. 运用课堂设计提升基地教师教学技能的实践研究

4. 运用说课提升基地教师教学技能的实践研究

5. 运用微格教学提升基地教师教学技能的实践研究

（三）研究方法

1. 文献研究法：在课题研究过程中，注意认真搜集、整理、分析同类课题的研究信息及理论和实践成果，提高研究者的理论修养和认识水平，促进和改进课题研究工作。

2. 实验法：结合综合实践活动，组织教师运用教学技能，进行一些力所能及的科学实验，从中发现问题并提出解决问题的方法。

微格教学研究。通过微格教学提升教师教学基本技能。

说课研究。通过说课提高教师掌握教材能力和课堂教学艺术。

教学设计研究。通过教学设计提升教师教学方案的设想和计划能力，发挥教师在教学过程中的主导作用。

3. 经验总结法：在研究过程中，要组织课题组成员及时对研究工作的成败得失进行总结和理性思考，通过总结，使课题研究更完善。

总结微格教学、说课、教学设计在提升教师教学技能方面的作用。

总结有效提升教师教学技能的途径与方法，以及不足之处。

总结今后需要加强研究与培训的方面。

四、本课题研究的重点和难点

重点是基地教师应具备的教学技能及其评价的研究，难点是提升基地教师教学技能的策略。

五、研究的实施计划

本课题研究 3 年，分为三个阶段：准备阶段（2016.6 ~ 2016.11）、实施阶段（2016.11 ~ 2018.12）、总结阶段（2018.12 ~ 2019.7）。

六、课题的研究成果

课题研究至今经过近三年的时间，课题组全体教师对教师核心素养有了较为深刻的认识，为今后开展课题研究打下了坚实的基础。通过课题研究，教师们坚持“在教学中研究，在研究中教学”，教师科研的积极性、主动性不断增强，科研意识不断提高，教学技能不断熟练，教学水平不断提高，创新精神不断提升，并且能较好地达到预期目标。具体研究成果如下。

第一，教师建立起了科研的基本研究形式。课题组全体教师通过多种途径查阅、分析相关资料，经过反复的推敲和论证建立了“中小学素质教育基地教师教学技能提升的策略与实践研究”的研究框架，在实践中教师们对课题研究有了基本认识，并能够开展课题研究。初步了解了怎样结合自身实际与综合实践课程教学确立研究方向，如何设定研究目标，用什么样的研究方法，怎样查找研究文献，怎样撰写开题报告，如何开展课题实践研究。

第二，就综合实践课堂教学的教学设计、媒体使用、课堂教学、共同探讨、组织和指导、教学研究等方面，课题组教师对教学技能提升建立起了基本路经。教师的教学技能总是由可观察的、可操作的、可测量的各种外显性的行为表现构成，我们通过不同的形式对教师的不同教学技能加以训练，使之提升。因此我们确定的研究路径是开展文献研究，交流文献研究成果，提升教师终身学习的意识；开展教学设计活动提升教师对教材的理解和把握，提升教师对教学方法的灵活运用；通过教学反思找到教学技能的差距与不足；开展同课异构，挖掘教师的教学水平提升的潜质等等。

第三，积极开展教学评级设计、教学案例征集、论文撰写。三年的研究期间，我们形成了基地教师的教学评价表，形成了教学案例集，形成了论文集；编纂了《雁翅基地课程菜单》《雁翅基地开放性学习课程》；多名教师在各类教学比赛中获奖，其中王永丽老师荣获2018年全国综合实践教师说课一等奖；朱东松老师的《浅析营地教育课程促进中小学生实践创新能力发展》一文在2018年中国教育年会中荣获二等奖。2017年6月，韩伟老师《生存体验之净水》微课视频在北京数字学校“第三届微课征集与评选”活动中获得二等奖；2017年10月，韩伟老师案例《生存体验之生火》在“全国中小学综合实践活动学科第十一届学术年会”上荣获二等奖。本课题的开题报告获门头沟区校外教育课题二等奖。

七、对课题研究的思考

历时三年多的《中小学素质教育基地教师教学技能提升的策略与实践研究》，虽然按照课题研究的时间已告一段落，但教师核心素养的提升永远在路上。反思课题研究的实践，结合“立德树人”的根本任务，我们认为教师的工作就是要在工作中发现问题，在工作中研究问题，不断提高自身的职业道德和从业水平。

第一，课题研究要与国家的教育方针紧密结合。教育方针是国家教育工作的基本政策和指导思想，是国家根据政治经济的要求，为实现教育目的所规定的教育工作的总方向。全面推进素质教育，是我国基础教育领域的一场深刻的变革。教师树立正确的教育观、质量观、人才观，为实施素质教育创造良好的社会环境。作为课题研究必须为素质教育服务，为培养能胜任素质教育的教师服务，为培养“四有好教师”服务。课题研究就是要转变教育观念，深入进行教学内容和方法的改革，在改革考试、评估、督导等制度等方面开展教育教学研究。

第二，基层学校、校外基层教育单位的课题研究要结合实际。学校的中心工作是教育教学，因此学校的课题研究应主要放在教师培养、学生素质培养等方面，研究我们身边存在的实际问题，研究学校里的问题，研究教师教育教学中存在的问题，问题虽然朴素，但那是我们熟悉的内容，不仅能激发教师的研究兴趣，又能提升教师的科研水平，还能为教育教学服务，是我们的方向。今后学校将结合国家对综合实践课程的要求和基地对综合实践课程发展方向的探索，对教师进行培训，开展课题研究，努力让基地教师成为研究型教师。

第三，学校的课题研究要微型化。学校的课题研究应以改进教学实践、解决教育教学面临的实际问题为指向，从大处着眼，小处入手。从大处着眼，就是利益要高，范围要广，视野要开阔，要从当代教育发展的总体趋势出发，尽可能选取有代表性的亟待解决的问题，从小处入手，就是要贴近实际，围绕学科，立足课堂找问题，选取自己熟悉的、有经验的、感兴趣的、有条件解决的问题，做到“小、实、真”。今后学校将努力“开发综合实践新课程，开展思路研究，做到一师一品、一师一课，精品耕耘”，真正形成小而实、小而精的课题研究。

第四，本课题今后研究方向。学校课题研究要让教师看到效果、尝到甜头、用得上，教师才会积极开展课题研究。因此，今后我们将运用“一个问题一研究”的方法开展说课研究、案例设计研究、课堂教学研究、同课异构研究等，一段时间研究一个问题，挖深井，做实功。

ARTICLE 12

教学反思与青年教师专业规划发展研究

课题负责人　刘朝华

核心组成员　徐宝蕾　马英博　焦艳萍　杨　倩　赵　斌

负责人单位　北京市门头沟区灵溪中小学生态教育基地

成 果 形 式　教学反思及论文集　研究报告

开题报告

一、课题研究的背景

（一）选题缘由

1. 综合实践活动课堂教学的需要

灵溪教育基地面向全区广大中小学生开展综合实践活动，在教学过程中时刻体现活动的实践性、开放性、自主性和生成性。但教师在开展综合实践活动过程中，往往不去总结活动过程，不能够深入反思教学的成功与不足之处，使得活动课程一成不变，教学效果得不到提高。加之广大青年教师没有形成自我学习和自我提高的习惯，自我更新和发展的能力不强，教育基本功不扎实，教育教学的艺术水平不够，创新和研究的意识比较淡薄，这些因素都在影响和制约着综合实践活动课堂教学的发展和创新。教学反思能够强化教学环节，提高教育教学质量。以教学反思促进综合实践活动课堂教学迫在眉睫，是眼下我基地教师急于解决的突出问题。

2. 青年教师专业发展的需要

基地共有教师 18 人，其中 35 岁以下青年教师达 9 名，占全校教师人数的 50%。青年教师成为我校教师队伍的一支新生力量，青年教师知识结构新，专业基础好，但教育教学经验少，教学技能和驾驭课堂的能力有待提高，无论是师德水平还是教学水平都还有很大的提升空间。教师专业成长的过程既是现实的需要，也有实现的可能。本课题研究对于促进我校青年教师队伍整体素质和课堂教学效益的提高有着积极的意义。

3. 灵溪生态教育基地发展的需要

基地在区教委的正确领导下，已形成了“以当地自然资源为依托，以生态环保教育为主导，以认识新能源为主体，以实践活动为载体，逐步培养学生的科技环保理念和爱国情怀”的良好局面。基地3公里长的户外教室，就是学生们学习、体验与交流的大课堂。学生们在这里不仅能够学习生态治理、动植物资源的有关知识，还能够进行山区科普实践社会调查，接受农业劳动技术培训、现代电子科技培训等系列活动。然而，基地的发展靠教师，教师的发展靠实践活动课程，教学反思能够使教师时刻自省，让教师不断丰富和完善活动课程，有利于教师转变教学方式，促进广大中小学生全面而有个性地发展。因此，基地的发展需要召唤青年教师注重教学反思。

（二）研究意义

1. 教学反思可以转变课堂形态，做到以学生为主

教学反思，让教师不再采用以自我为中心的教学模式，而是认真体会学生的感受，注意学生对于教师教学方式、方法、效果的信息反馈，并对信息进行研究、分析后付之行动，一个小小的举动，带来的是还课堂给学生，以学生为主的教学理念的转变。

2. 教学反思可以提升教师专业水平，促进教师成长

通过反思，让教师在沉重繁琐的教学环境中可以“逼”自己静下心来认真思考问题，回顾每一件教学案例背后的真相与故事，将平时看似正常的一件件小事进行反复推敲，从中产生新的灵感和教学火花，进行适当的调整，同时吸取他人的经验，从而丰富自己的教学思想，完善和改进自己的教学方法，长此以往，教师的研究能力将得到很大的提升，对于整个教学的科研产出、课堂质量的提高发挥出巨大作用，个人的专业化水平也将得到很大提高。

3. 教学反思可以激发教师思考内驱力，做反思型教师

大多数教师很容易用经验办事，或者当问题暴露得比较明显时才去思考问题出现的症结、解决办法等，这是一种被动思考的行为；而反思重在内容要与自己的实际教育教学相结合，是需要提前、随时随地主动反思自己的教学行为。并且，随着学习那些好的

反思和学校逐篇反馈的鼓励，教师们会逐步养成遇事就思考、教学多动脑的钻研习惯，从被动思考变成了主动思考，激发教师的思考内驱力。

二、文献综述

从国际教师专业化探索过程来看，教师要想获得持续发展，适应教育变革及其新要求，需要教师有能力对自己的教育行动加以反思、研究、改进，即树立“教师即研究者”的专业发展理念。美国学者卡茨在访谈与调查的基础上，提出教师成长的四阶段理论：求生存时期、巩固时期、更新时期和成熟时期。教师作为专业性很强的一门职业，除了在师范阶段要掌握一定的专业知识，形成科学、合理的知识结构，在实际教学过程中，还要具备课程开发能力、综合实践实施能力、反思能力和研究能力以及职业化专业化的敬业精神。美国心理学家波斯纳曾提出教师成长的公式：成长 = 经验 + 反思！这个公式指出没有反思的经验是狭隘的经验，至多只能形成肤浅的知识，如果教师仅仅满足于获得经验而不是对经验进行深入的思考，那么他的发展将受到很大的限制！

20 世纪 80 年代以来，教学反思就已经在欧美教育界兴起并引发全球关注。教师以自己的教学活动过程为思考对象，通过观察学生的行为和自己的行为，经常进行自我评价、自我剖析，来对自己所做出的行为、决策以及由此所产生的结果进行审视和分析，该过程不仅能通过提高教师的自我觉察水平来促进能力提升，同时能让教师在教学、反思、研究、创造的过程中收获喜悦。

教育大计，教师为本。促进教师专业发展，提升教师的品质素养和教育教学技能，有很多途径。纵观我教育基地目前的教育教学现状，无论是体制的变革还是教师自身发展的需求，都更加需要教师具备反思的能力与品质，而反思后的成果给了教师自由发挥的空间以及不拘一格地表露真实的情感和感悟的机会。如何能扩大这一成果并对教育教学和教师的专业化发展起到积极作用，通过前期的试验与实践，教学反思对于提高教师专业化发展的研究势在必行。

三、研究设计

（一）研究目标

教学反思是指教师在课堂教学实践中，批判地考察自我的主体行为表现及其行为依据，通过观察、回顾、诊断、自我监控等方式，或给予肯定、支持与强化，或给予否定、思索与修正，将“学会教学”与“学会学习”结合起来，从而努力提升教学实践的合理性，提高教学效能。是教师对教育教学实践的再认识、再思考，并以此来总结经验教训，进一步提高教育教学水平。

本课题以教育故事叙事研究、教育案例分析、纵向和横向行动研究三种形式对课堂教学活动进行反思，并且针对学科特点进行个案研究，转变课题教学理念，推动青年教师成长发展。

（二）研究内容

1. 多策略多途径，提升青年教师反思意识

通过座谈，查看教师的教学反思记录，了解教师写教学反思的意识、态度以及存在的问题，并根据实际情况，摸索出促进教师写反思的措施和要求，每学期定期让教师写反思，反思的格式有所要求，内容并不限制。

2. 以行动研究为主，集中解决问题

鉴于以往反思太随意的缺陷，基地结合上级主管部门的要求以及每学年工作计划安排将每期反思的主题进行了明确。按照小流域治理、定向越野、无线电测向、水质监测四大学科以多种形式进行分析研究，调动教师对于反思的重视程度，不敷衍、不抵触，基地领导认真分析了以前反思存在的各类问题，从管理角度入手，教师们好的反思成果得到了同事的借鉴学习，教师的反思内容开始丰富起来，促进青年教师健康快速成长和基地教育教学质量的稳步提升。

（三）研究方法

1. 个案研究法

建立青年教师成长记录袋，采用个案研究法对青年教师专业发展进行跟踪研究。

2. 调查法

针对青年教师成长现状和专业发展问题采用座谈、访谈、问卷等方式一起了解他们的想法，及时掌握他们现有的专业发展需要和职业心态。

3. 行动研究法

将教师的研究工作与自身的实际教育教学工作结合起来，在工作中研究，在研究中工作，使教师的工作过程与研究过程统一起来，这就解决了时间问题。它不仅可以使教师们在研究中提炼出有科学规律的东西，减少工作的盲目性，提高工作效率，也可以锻炼提高教师的素质，能使教师在研究过程中提高分析问题和解决问题的能力，特别有利于发展他们的扩散思维和创造思维。

四、研究的重点和难点

（一）研究重点

1. 做好规划，写好教学反思

基地各位教师要建立自己的成长档案袋，做一些教育成长笔记，或撰写成长周记甚至日记。要勤于记录自己教育生活中的点点滴滴，及时进行教育反思，不断提升自己的教学能力。

2. 主动成长，发展创新。基地申请此项课题，就是要营造一种促进青年教师成长的良好环境。但教师不能“被发展”“被成长”，教师个人要采取积极的态度主动发展。“三人行，必有我师”，青年教师要主动向成功或成熟的教师学习求教，要积极进行教学创新，积累教育教学经验和成果，创出自己的教学风格，促进基地的教育教学工作又好又快发展。

（二）研究难点

1. 基于反思推动教师专业发展是一个长期坚持、不断提高的漫长过程，通过写出的反思观察教师具不具备反思能力，通过教师在访谈、调研等相关活动中观察，通过实际的教育教学中观察他的行为表现，在这个过程后看教师是否有改进，是否已经形成了思考的习惯，是否已经具备了反思性教师的基本特征。

2. 通过课题研究，及时反馈与总结经验，推广阶段性研究成果。提出教学反思促进青年教师专业发展的有力依据，发现更具操作性、更高效的青年教师专业化的培训模式和教师专业成长策略，提高广大青年教师的创新意识、科研能力和教学水平，搭建青年教师成长的平台；通过研究和系统培训，建设起一支具有较新教育理念、较强创新意识和较高教育教学水平的青年教师队伍。

五、研究的实施计划及人员分工

研究阶段（起止时间）	主要研究工作及成果名称	成果形式
2016. 5 ~ 2016. 12	1. 项目立项报告	立项报告
	2. 研究方案	开题报告
2016. 12 ~ 2017. 12	1. 研究论文	论文
	2. 调查报告	调查报告
	3. 改进方案	方案
2018. 1 ~ 2018. 11	1. 《青年教师教学反思研究报告》	研究报告
	2. 无线电教学的教学反思	教学反思
	3. 小流域治理的教学反思	教学反思
2016. 5 ~ 2018. 12	教学案例集	案例分析

六、预期研究成果

《教学反思与青年教师成长发展研究》研究报告

工作报告

一、研究课题

教学反思与青年教师成长发展研究。

二、组织工作

（一）成立课题科研小组

结合基地教师特点，发挥教师特长，成立课题研究小组。

（二）确定研究课题及内容

结合基地现有教师现状，分析教师在业务方面的优势与劣势，确定科研方向，明确科研内容。

（三）制定课题研究计划

依据科研内容，做好人员分工，制定详尽的研究计划。

（四）开展课题研究

按照制定好的研究计划，有步骤地开展研究工作。

（五）汇总科研成果

及时汇总在不同阶段形成的研究成果，最终形成课题研究成果。

（六）撰写结题报告

在课题研究后期，形成研究结题报告。

三、研究过程

2016 年 6 月，梳理材料，现状分析，找出现在基点，找到经验和问题。

2016 年 9 月，成立课题研究小组，并学习相关文件，并聘请相关专家进行研讨、交流，制定科研方案及计划。

2016 年 10 月，专家引领，了解老师的感受，通过问卷访谈，收集老师的问题和收获，根据老师的收获和困惑，提出教育教学改进的方式方法，老师专业提升的规划和目标，引导老师反思并提出教育教学的改进方法，教师改进。

2018 年 5 月，整理资料，印刷出版。

2018 年 9 月，召开结题总结报告会，形成科研课题结题报告。

结题报告

一、课题提出背景

（一）研究背景

当前，教师的专业化发展问题受到了世界各国广泛的关注和高度的重视。教师教育思想观念落后，没有形成自我学习和自我提高的习惯，自我更新和发展的能力不强，教育基本功不扎实，教育教学的艺术水平不够以及创新和研究的意识比较淡薄等，都在影响和制约着教师专业化发展以及基地教育教学工作的良性运行。从国际教师专业化探索过程来看，教师要想获得持续发展，适应教育变革及其新要求，需要教师有能力对自己的教育行动加以反思、研究、改进，即树立“教师即研究者”的专业发展理念。

教师作为专业性很强的一门职业，除了在师范阶段要掌握一定的专业知识，形成科学、合理的知识结构，在实际教学过程中，还要具备课程开发能力、综合实践实施能力、反思能力和研究能力以及职业化专业化的敬业精神。美国心理学家波斯纳曾提出教师成长的公式：成长 = 经验 + 反思！这个公式指出没有反思的经验是狭隘的经验，至多只能形成肤浅的知识，如果教师仅仅满足于获得经验而不是对经验进行深入的思考，那么他的发展将受到很大的限制！

20 世纪 80 年代以来，教学反思就已经在欧美教育界兴起并引发全球关注。教师以自己的教学活动过程为思考对象，通过观察学生的行为和自己的行为，经常进行自我评价、自我剖析，来对自己所做出的行为、决策以及由此所产生的结果进行审视和分析，该过程不仅能通过提高教师的自我觉察水平来促进能力提升，同时能让教师们在教学、反思、研究、创造的过程中收获喜悦。

纵观我基地的教育教学现状，无论是体制的变革还是教师自身发展的需求，都更加需要教师具备反思能力与品质，而反思后的随笔给了教师自由发挥的空间，不拘一格地表露真实的情感和感悟的机会。如何能扩大这一成果并对教育教学和教师的专业化发展起到积极作用？通过前期的试验与实践，教育反思随笔对于提高教师专业化发展的研究势在必行。

（二）目的意义

基地开展此课题的研究意在利用教师撰写随笔这种载体，改变教师的思维方式，促进教师变被动思考为主动思考，引领教师用教育科研的方法去解决自己在实际教学工作中遇到的具有“研究价值”和“实际意义”的问题。让教育随笔实践于课堂，提高课堂效率，这种全员参与的活动形式，使不同层次的教师在专业发展的道路上都得以提升，真正由一个教书匠变为研究型教师。

二、文献综述

为了深入了解随笔对于教师专业发展的促进作用，我们对基地教师进行了调研。结果如下。

1. 68% 的老师认为写教育随笔对实际工作是有非常大或很大帮助的。
2. 95% 的老师不是主动写，而是偶尔写写或完成上级布置的任务。
3. 30% 的老师认为对工作实际帮助一般，甚至没有帮助。

从这三个数据，我们可以看出：

1. 大部分教师认识教育随笔反思对实际工作帮助很大，但却很少有人主动去写。
2. 有近三分之一的教师认为教育随笔对实际工作帮助一般甚至很少。

三、研究问题

（一）概念界定

1. 教育随笔

随着教师的专业化发展，对教师的要求也越来越高，不仅要会写教学反思，还要能写一些教育随笔和教育叙事，把自己教育教学的细节和感人的故事记录写下来，便于更好开展教育教学。

随笔，又叫随感、笔记，是一种古老的散文体裁。随笔选材广泛，形式自由，是随时反映见闻感受的一种文体。教育随笔就是用随笔的形式，反映教育实践中的经验、教训和感受体会，或针对教育实践中的问题发表自己的意见、见解的教育应用文书。

2. 教师专业发展

教师专业化发展是指教师作为专业人员，在专业思想、专业知识、专业能力等方面不断发展和完善的过程，即是专业新手到专家型教师的过程。

（二）研究目标

1. 提升教师撰写教育随笔的能力。通过研究，每个教师都能够写出内容鲜活、情理融通、富有思想内涵的教育随笔，做到我笔写我事，我口表我心。

2. 引导教师回顾梳理近 50 期的教育随笔，总结自己的专业成长，寻找自己教育教学理论的发展点。

3. 通过专家帮助教师梳理教育随笔，发现教师专业成长中的亮点和盲点，提出教师专业成长建议。

4. 以教育随笔为载体，总结促进教师专业发展的实践模式。

（三）研究内容

1. 转换思维方式，不断提升教师写随笔的水平

写随笔作为一种非常好的促进教师由被动思考向主动思考转变的方式，基地从很早以前就认识到了这一行为的重要性，每学期定期让教师写随笔，随笔的格式有所要求，内容并不限制。在写随笔初期，老师们写起来动力不足，基本都是敷衍了事以完成任务，而不是针对自己的教育教学实际深入反思，写出的随笔没有实质内容，以致基地领导也无从查阅，写随笔也就成了一种形式主义。后期经过不断调整，采取一系列

措施，随笔在原有的基础上得到了较为明显的改观，内容丰满，贴近教学，随笔的写作水平得到了很大提升。

2. 设定随笔主题，集中解决问题，实用性大大增强

鉴于以往随笔太随意的做法，基地结合上级主管部门的要求以及每学年工作计划安排将每期随笔的主题进行了明确，不再像以前一样让教师天马行空、自由发挥，一人一个主题，一人一个方向，一人一个写法，而是将主题进行圈定，让大家围绕特定主题进行认真反思、总结，同时放低对随笔要求的起点，要求重在内容要与自己的实际教育教学相结合，宁写一句实话，不写十句空话，有话则长，无话则短。通过这一转变，集中解决当前面临的问题，发掘各位老师教学中特长，随笔的实用性大大增强。

3. 基地领导认真对待随笔，专人做好批注并印制成册互动交流

每个人的付出都希望得到重视和回报，如何调动教师对于随笔的重视程度，不敷衍、不抵触，基地领导认真分析了以前随笔存在各类问题，从管理角度入手，对于教师上交的每一篇随笔都安排专人进行批注、反馈，并印制成册下发到每一位教师手中，以供教师们互相学习、分享、交流。经过这样尝试下来，教师好的反思成果得到了基地方重视、同事的借鉴学习，教师们的随笔内容开始丰富起来，开始贴近自己的教育教学，取得了不错的成果。

4. 分享随笔启示，交流经验，评选优秀随笔，带动教学工作良性循环

每一期的随笔上交后，经过专人审核把关，将每位老师反思的闪光点一一进行挖掘，并认真做出批注，逐篇反馈鼓励，人手一册下发，分享写得好的老师的随笔启示，通过小组讨论、大会交流，每学期进行优秀随笔评选，适当进行奖励，教师们的随笔越来越丰富，主动思考能力越来越强，积极性也越来越高，带动了基地教育教学工作的良性循环。

5. 抓住时机进行培训引导，夯实随笔工作成效

基地为了更好地引导教师们主动思考，也有针对性地开展了系列培训活动，如《共同研究我们的课堂——课堂观察》《提高工作效率，关

注课堂质量》《如何确立自己的教学研究点》等。

四、研究程序

（一）研究设计

研究对象：基地部分青年教师。

（二）研究方法

1. 经验反思法

从师范毕业到实际的教学岗位，每位老师都会积累大量的教育教学经验，有的是从前辈们身上学来的，有的是从书本中学来的，有的是听专家讲座培训学习来的。艺不压身，多学是好事，但不是每一种经验、每一个方法都适合自己，这是需要结合教师自身的性格特点、教学方式、艺术性和特定的教学对象进行论证和实践的。经验主义与形式主义一样，脱离客观事实没有好的效果，所以利用经验反思法，对于我们曾经学到的、用过的每一种方法进行深刻反思非常必要。结合新的要求、新的理念、新的教学环境进行总结分析并加以改进，才能符合基地的教育教学工作要求和个人的专业化发展。

2. 问卷调研法

教师每天的工作细致又琐碎，不可能有大量的时间去交流、访谈，在确保不影响大家正常教育教学、日常生活的情况下，采取问卷调研的方式非常可行。利用问卷我们可以让老师们在闲暇时间针对问卷的内容进行系统的思考反馈，了解老师在写反思中的困惑与问题，收集老师们在教育教学中的收获和经验，还可以了解到老师们对自己进一步的成长提高有什么问题和困惑，通过一张张问卷，给老师提供一个吐露心声的平台，也为随笔的主题内容、教师专业化发展提供决策依据。

3. 行动研究法

老师们每日的实际工作很多，没有时间去阅读大量的资料或做大量的实验研究工作，解决这个问题的最好办法就是采取行动研究法。该方法是目前普遍采用的一种科研方法，也是反思的重要方式，是将老师的研究工作与自身的实际教育教学工作结合起来，在工作中研究，在研究中工作，使老师们的工作过程与研究过程统一起来，这就解决了时间问题。它不仅可以使老师们在研究中提炼出有科学规律的东西，减少工作的盲目性、提高工作效率，也可以锻炼提高老师的素质，能使老师们在研究过程中提高分析问题和解决问题的能力，特别有利于发展老师们的扩散思维和创造思维。

（三）研究过程

1. 研究阶段

（1）梳理材料，现状分析，找出现在基点，找到经验和问题。

（2）专家引领，了解老师的感受，通过问卷访谈，收集老师的问题和收获，根据老师的收获和困惑，提出教育教学改进的方式方法，老师专业提升的规划和目标，引导老师反思并提出教育教学的改进方法，教师改进。

（3）整理资料，印刷出版。

（4）写报告，总结交流阶段。

2. 主要举措

基地成立由基地长为组长的领导小组，课题组成员由德育主任、教学主任、教研组长和教师等方面的人员组成。为做好本课题的研究，基地聘请 1 ~2 名指导专家，以保证课题研究的质量。

本课题组建立定期活动机制和奖励激励机制。实行基地长负责制，并委派专门的科研干部负责本项课题，每月组织开展一次形式多样的研究活动，形式有专题研讨、观课评议、主题培训等。

基地定期组织课题组教师举行反思活动，通过研究培训会、随笔经验交流会、课题研究成果推广会等形式多样的活动，激励教师积极参与到课题之中。基地每年投入足够数量的课题经费，保障奖励机制的实施和交流活动的开展。

3. 实施过程

第一阶段：回顾阶段

随笔研究在基地已尝试开展近 5 年，在这 5 年中基地坚持做了以下工作。

（1）通过查阅教育文献，了解国内开展随笔研究的动态，进行梳理分析，建立理论假设，形成研究方案。

（2）教师的每篇教育随笔都有专人给予批注、反馈。

（3）完成《基地随笔》内刊的编写工作，每期都印制成册，下发到每名教师手中。

（4）针对教师随笔中的问题困惑，开展系列有针对性的培训。

（5）挑选教师随笔中的好文章，编制出版发行德育专题《静待花开》和教学专题《课堂处方》两本书。

回顾近 5 年的工作，有成功，也有困惑，有喜悦，也有辛酸。我们觉得很有必要对前面所做的一切进行全面的梳理和回顾。基地准备从“成功之处”和“不足之处”两方面进行总结，重点对问题产生的原因进行深入的反思和剖析，提出相应的解决策略，为课题下一步的深入开展打下坚实的基础。

第二阶段：深化阶段

在这个阶段基地在已有的基础上力求从管理创新、制度创新、活动创新三方面进行尝试，以深化本课题的研究。

（1）制度方面。建立与林大附小教学管理制度相配套的评价指标，使课题研究活动的管理制度系统化、科学化。

（2）活动方面。拟采取主题月、现场会、论坛活动等丰富多彩的活动载体，推动本课题研究的深入开展。

（3）管理方面。推出科研课题管理办法，认真组织实施，从管理层面促进本课题的开展。

第三阶段：升华阶段

整理研究资料进行汇编，撰写《以教育随笔为载体，总结促进教师专业发展的实践模式》研究报告；编撰《教育随笔伴我成长》，引导教师自我发现自身专业成长的发展点；由专家就教师的教育教学随笔为每一位教师做专业成长鉴定并最终形成分析报告；召开“课题研究成果推广会”，将研究成果向全区进行推广。

五、研究发现

（一）研究成效

作为从教多年的教师来说，很容易用经验办事，或者当问题暴露得比较明显时才去思考问题出现的症结、解决办法等，这是一种被动思考的行为。而对于随笔，重在内容要与自己的教育教学实际相结合，是需要预设、随时随地主动反思自己的教学行为，并且随着学习那些好的随笔，以及和基地逐篇对随笔的反馈、鼓励，逐步养成遇事就思考、教学多动脑的钻研习惯，从被动思考变成了主动思考，激发教师的发展内驱力。

随笔的撰写会使教师逐步建立问题意识。从而引领教师重视教育理论的学习、阅读相关书籍、上网查找相关资料、向老教师学习等方式，结合自己的实际情况，确定解决方案，并在教育教学工作中进行尝试，同时把总结出来的方法应用于今后的教育教学中。

通过反思随笔，让教师不再一味固守自我为中心的教学模式，而是认真体会学生的感受，注意学生对于教师教学方式、方法、效果的信息反馈，并对信息进行研究、分析后付诸行动，一个小小的举动，带来的是把课堂还给学生，以学生为主的教学理念的转变，从而提升课堂效率。

积极地总结教学经验和教训，不仅可以进一步提高教师自身的专业知识，更可以对自己的教学内容、教学方法更好地加以认识和理解，并根据需要进行适当的调整，同时吸取他人的经验，从而丰富自己的教学思想，完善和改进自己的教学方法，通过不断坚持，个人的专业化水平将得到很大提高。

（二）分析和讨论

1. 转换思维方式，不断提升教师写随笔的水平

写随笔是一种非常好的促进教师由被动思考向主动思考转变的方

式。目前的普遍现象是，老师们写起来动力不足，基本都是敷衍了事以完成任务，而不是针对自己的教育教学实际深入反思，写出的随笔没有实质内容，以致基地领导也无从查阅，写随笔也就成了一种形式主义。我们要转化思维方式，让随笔在原有的基础上得到改观，内容丰满，贴近教学。

2. 设定随笔主题，集中解决问题，实用性大大增强

将主题进行圈定，让大家围绕特定主题进行认真反思、总结，同时放低对随笔要求的起点，要求重在内容要与自己的实际教育教学相结合，宁写一句实话，不写十句空话，有话则长，无话则短。

3. 基地领导认真对待随笔，专人做好批注并印制成册互动交流

从管理角度入手，对于教师上交的每一篇随笔都安排专人进行批注、反馈，并印制成册下发到每一位教师手中，以供教师们互相学习、分享、交流。

4. 分享随笔启示，讨论交流经验，评选优秀随笔，带动教学工作良性循环

每一期的随笔上交后，经过专人审核把关，将每位老师反思的闪光点一一进行挖掘，并认真做出批注，逐篇反馈鼓励，人手一册下发，分享写得好的老师的随笔启示，通过小组讨论、大会交流，每学期进行优秀随笔评选，适当进行奖励，带动了基地教育教学工作的良性循环。

5. 抓住时机进行培训引导，夯实随笔工作成效

基地为了更好地引导教师们主动思考，也有针对性地开展了系列培训活动。

（三）主要成果

1.《教学反思与青年教师成长发展研究》研究报告
2.《灵溪基地教师随笔》
3.《实践活动教学设计》
4.《灵溪基地论文集》

六、问题与思考

每个人的付出都希望得到重视和回报，而且作为研究的成果，随笔的充分利用意义深远。为了调动教师对于随笔的重视程度，不敷衍、不抵触，同时用好随笔，我们对于教师上交的每一篇随笔都安排专人进行批注、反馈，并印制成《基地教师随笔》内刊下发到每一位教师手中，以供教师们互相学习、分享、交流，但这样的分享还是属于浅层次的应用，下一步，我们将对教育随笔应用的深度、广度和有效交流分享的形式继续探索。

为了更好地引导教师们主动思考，基地根据教师随笔中的问题和困惑有针对性地开展系列培训活动，如《共同研究我们的课堂——课堂观察》《提高工作效率，关注课堂质量》《如何确立自己的教学研究点》《巧用“5W”法，提升教师自我反思能力》《转变思维方式，享受幸福工作》《提高课堂实效，减轻学生课业负担》《找准教学的基点，从了解你的学生开始》《重温师范生活，提升教师专业素养》……如何将培训前置化，培训后效果实效化，将是我们进一步研究的方向。

参考文献

[1] 杨晓霞，李楠．创新教师培训模式　促进教师专业发展［J］．长春教育学院学报，2005（06）．

[2] 王春光．反思型教师教育研究［D］．东北师范大学，2007.

[3] 王燕淋．国外反思型教师的特征对我国反思型教师的启发［J］．商品与质量，2012（S7）．

[4] 龙菁菁，杨迎．国外反思性教学研究综述［J］．学周刊，2015（07）．

[5] 徐锦霞，李伟，钱小龙．行动研究法在课堂教学设计中的应用初探［J］．中国医学教育技术，2007（02）．

[6] 刘耀明．基于教师专业发展的反思性教学［J］．集美大学学报（教育科学版），2003（04）．

[7] 王立国．基于教师专业发展的教师素质标准研究［D］．西北师范

大学，2007.
[8] 辉进宇．教师的专业发展：价值、内容与途径［J］．大理学院学报，2007（03）．
[9] 熊川武．课堂上应让知者加速［N］．中国教育报，2012（11）．
[10] 刘凤娟．浅谈反思型教师的培养［J］．科教文汇（上旬刊）教育，2011（05）．
[11] 司兴勇．试论反思型教师及其能力培养［D］．山东师范大学，2005.
[12] 张楠．中小学教师教学反思及其能力培养研究［D］．内蒙古师范大学，2007.
[13] 吴彩霞．中小学研究型教师群体的培养［D］．华东师范大学，2003.
[14] 董步学．专业自主—教师专业发展问题之探讨［D］．江西师范大学，2004.

ARTICLE 13

灵溪教育基地综合实践活动课程开发与建设的研究

课题负责人　连九军

核心组成员　李少华　马　峥　于振东　陈建徽　苗青水

负责人单位　北京市门头沟区灵溪中小学生态教育基地

成 果 形 式　《课程体系与教材》　《案例集》　《研究报告》

开题报告

一、课题研究的背景

（一）选题缘由

在课程改革特别是中高考改革的背景下，培养学生的综合实践能力显得越来越重要。根据教育部颁布的《中小学综合实践活动课程指导纲要》的要求，以学生问题、兴趣为导向，自主研发具有灵溪基地特色的综合实践活动课程，更好地服务于青少年的综合实践活动，是基地义不容辞的职责和使命。

作为以生态、环保、科技、探索为主要功能定位面向区内外广大中小学生开展综合实践活动课程的门头沟区教委所属四大教育基地之一，如何更好地发挥资源优势，将基地建设成为可持续发展的基地，是我们努力的目标。

（二）研究意义

1. 课程改革的需要

随着国家中长期教育改革纲要的提出，基础教育的均衡发展被提到前所未有的重要程度。而破解教育公平难题的核心，还是在于综合实践活动。

2. 基地发展的需要

门头沟作为北京西南重要的生态涵养区，有责任也有义务保护和建设优美的生态环境，为北京的碧水蓝天贡献力量。

按照教委对我基地生态环保教育功能定位的要求，构建适合中小学生态环保教育的特色实践活动课程体系，全面提升中小学生的生态环保意识，是我们应尽的责任。

3. 学生发展的需要

作为学生个体的学习基础，三维学习需求模型包含了群体—个性、知识—体验、发展—反思。从这个模型我们可以看出，群体、知识与发展是国内当前教育模式的基础，它们代表了教育的外在表现；可是如果没有有效的实践过程，我们就无法推动教育走向个性、体验和反思的内涵层面。

二、文献综述

综合实践活动是新课程结构体系中一门举足轻重的必修课，是以研究性学习、社会服务与社会实践、劳动与技术教育和信息技术教育为主要内容的综合课程。它的开发要与本地人文地理相结合，与本地农业经济相联系，还要适合不同年龄段和不同人群。在实践活动的开发上，要立足本单位实际，胸怀区域教育全局，用长远发展的战略眼光规划课程体系，只有这样才能挖掘出具有当地特色、满足学生个性差异发展、凸显本单位教育个性的综合实践活动，在教育改革中立于不败之地。

三、研究设计

（一）研究目标和研究假设

1. 通过课题研究，形成体现基地功能定位、彰显基地教育特色的综合实践活动课程体系。

2. 通过课题研究，形成一支科研、教学能力比翼齐飞的干部教师队伍。

（二）研究内容

本课题研究的主要内容为结合基地丰富的生态资源，利用丰富的生态环保实践活动课程内容，构建具有地域特色的生态课程框架体系。

1. 挖掘、整合本地区的农事资源，建立农事体验课程体系。在农村，主要的经济来源是农业收入。而我基地地处山区，周边的农民以农业收入为主要经济来源，我们就利用这一资源，在提高农民的经济收入同时，开发出与之相关的课程，培养学生的农业经济意识。

2. 挖掘、整合本地区的人文、地理资源，建立人文地理综合实践课程体系。我基地地处山区，而且还是具有光荣革命传统的老区，再加上当地丰富的地质资源，形成了对学生进行人文地理相结合教育的优越条件。

3. 开发面向不同年龄段、不同人群，适应不同季节的综合实践活动课程。

（三）研究方法

课题主要通过参观考察、文献参考、总结体验、行为研究等多种方法开展研究，以保证本组实施项目的顺利完成，并取得一定的实践效果。

四、研究的重点和难点

如何形成科学合理的课程框架体系，既是课题研究的重点，也是难点。

五、课题研究的实施计划及人员分工

（一）准备阶段（2016.9～2016.11）

成立项目课题组，确立研究方案，并组织成员学习相关理论，进行文献综述。

成果形式：文献综述

承担人：连九军

（二）研究阶段（2016.12～2018.6）

1. 研究阶段一（2016.12～2017.4）

（1）召开项目课题开题会，聘请专家，对研究课题进行论证。

(2) 开发出与基地特色资源相结合的综合实践活动课程框架。

成果形式：开题报告；灵溪基地综合实践活动课程体系。

承担人：苗青水

2. 研究阶段二（2017. 5 ~2017. 12）

(1) 召开中期课题汇报会。

(2) 开发出人文地理、农业体验等综合实践活动课程。

成果形式：中期汇报；人文地理等综合实践特色课程。

承担人：李少华　马峥

3. 研究阶段三（2018. 1 ~2018. 6）

形成适应不同人群、不同层次、多种需求的综合实践活动课程开发与建设的研究成果。

成果形式：基地课程体系与教材。

承担人：连九军　于振东

（三）结题阶段（2018. 6 ~ 2018. 8）

1. 撰写结题报告，召开结题会。
2. 编辑、出版研究成果。
3. 总结、表彰先进个人。

六、课题研究的预期成果与表现形式

(一) 灵溪基地综合实践活动课程体系与教材。

(二) 灵溪基地特色课程案例集。

(三) 灵溪基地综合实践活动课程开发与建设的研究报告。

七、课题研究的组织机构和人员分工

组长：苗青水，负责课题的领导工作。

副组长：连九军，负责课题的具体组织领导。

组员：陈建徽、于振东、李少华、马峥，负责课题的具体研究。

八、课题的保障

几年来，基地结合实际情况，已经开发出具有基地特色的活动课程，并取得了一定的效果。其中有十几项活动得到学校师生的认可，并撰写了几十篇活动案例及论文。

本次研究项目课题组成员由基地具有丰富教育教学实践经验的一线教师担任，课题负责人为中高职称，区级骨干教师，并有几十篇活动案例、论文获国家级、市级各种奖项，具有一定的研究能力；而课题组成员年轻化，思想活跃，创新能力非常强，同时积累了丰富的一线教学经验，对基地课程的开发有着独到见解。本课题组成员课程研发、创新意识较强，同时团结协作、互帮互助，是一个年轻、团结、课程研发能力强的团队，这为课题的顺利推进提供了较为强大的人力资源。

经费方面主要是外出参观考察、专家培训、对小组成员研究成果的奖励等必要支出。时间方面主要是利用学生实践活动及教师休息时间进行项目的实施。项目所需资料一方面是借鉴其他地区的先进成果，另一方面是参考相关的书籍。

参考文献

[1]《中小学综合实践活动课程指导纲要》
[2]《北京市社会实践活动基地标准》
[3]《北京市社会实践活动基地课程化开发方案》

工作报告

一、指导思想

为了更好地完善灵溪基地课程框架，开发出具有基地特色的创新课程，逐步形成一批基地的精品课程项目，从而满足不同区域、不同年龄段学生的兴趣爱好，依据上级文件的要求，结合基地的实际情况，开展了灵溪教育基地综合实践活动课程开发与建设方面的课题研究。

二、组织工作

（一）成立课题科研小组

结合基地教师特点，发挥教师特长，成立课题研究小组。

（二）确定研究课题及内容

分析基地现有课程内容，梳理课程框架，确定科研方向，明确科研内容。

（三）制定课题研究计划

结合基地实际情况，做好人员分工，研讨、制定详尽的研究计划。

（四）开展课题研究

结合基地实际情况，按照制定好的研究计划，有步骤地开展研究工作。

（五）汇总科研成果

及时汇总在不同阶段形成的研究成果，最终形成课题研究成果。

（六）撰写结题报告

在课题研究后期，形成研究结题报告。

三、研究过程

（一）准备阶段（2016.9～2016.11）

成立项目课题组，确立研究方案，并组织成员学习相关理论，进行文献综述。

成果形式：文献综述。

承担人：连九军　陈建徽

（二）研究阶段（2016.12～2018.6）

1. 研究阶段一（2016.12～2017.4）

（1）召开项目课题开题会，聘请专家，对研究课题进行论证。

（2）开发出与基地特色资源相结合的综合实践活动课程框架。

成果形式：开题报告；灵溪基地综合实践活动课程体系。

承担人：苗青水　连九军

2. 研究阶段二（2017.5～2017.12）

（1）召开中期课题汇报会。

（2）开发出人文地理、农业体验等综合实践活动课程。

成果形式：中期汇报；人文地理等综合实践特色课程。

承担人：李少华　马峥　于振东　连九军　陈建徽

3. 研究阶段三（2018.1～2018.6）：

形成适应不同人群、不同层次、多种需求的综合实践活动课程开发与建设的研究成果。

成果形式：基地课程体系与教材。

承担人：连九军　于振东　陈建徽

（三）结题阶段（2018.6～2018.8）

1. 撰写结题报告，召开结题会。
2. 编辑、出版研究成果。
3. 总结、表彰先进个人。

四、大事记

（一）2016年10月，成立课题研究小组，学习相关文件，并聘请相关专家进行研讨、交流，制定科研方案及计划。

（二）2017年5月，召开课题研讨会，形成开题报告，并梳理出基地现有课程框架。

（三）2017年10月，针对研发出的新课程，通过实践检验，并邀请相关专家对基地新开发的课程进行指导、评价，结合专家意见组织修改，汇总形成中期科研成果

（四）2018年6月，召开结题总结报告会，形成科研课题结题报告，汇总科研成果，形成基地课程案例论文集。

结题报告

一、课题提出的背景

在课程改革特别是中高考改革的背景下，培养学生的综合实践能力显得越来越重要。根据教育部颁布的《中小学综合实践活动课程指导纲要》的要求，以学生兴趣为导向，自主研发具有灵溪基地特色的综合实践活动课程，更好地服务于青少年的综合实践活动，是基地义不容辞的职责和使命。

综合实践活动是新课程结构体系中一门举足轻重的必修课，是以研究性学习、社会服务与社会实践、劳动与技术教育和信息技术教育为主要内容的综合课程。它的开发要与本地农业经济相联系，要与本地的人文地理相结合，要适合不同年龄段、不同人群。在实践活动的开发上，要具有全局的观念，要有长远发展的战略眼光，只有这样才能挖掘出具有当地特色、满足学生个性差异发展的综合实践活动。

灵溪基地是以生态、环保、科技、探索为主要功能定位面向广大中小学生开展课程的，是门头沟区教委所属的四大教育基地之一，位于门头沟区妙峰山镇岭角村，毗邻 109 国道，距北京 42 公里。这里有近 5000 亩的沟域面积，依山傍水，植被茂密，动植物资源丰富，常年溪水不断，是进行生态环保教育的户外自然大课堂。结合我基地独特的自然环境资源，根据国家综合实践活动课程指导纲要的要求，以学生兴趣为导向，自主研发具有灵溪基地特色的综合实践活动课程是基地所有教职工义不容辞的职责和使命。门头沟作为北京西南重要的生态涵养区，有责任也有义务保护和建设优美的生态环境，为北京的碧水蓝天尽一份力。为此，针对教委对我基地生态环保教育功能定位的要求，开展适合中小学生态环保教育的特色实践活动课程，全面提升中小学生的生态环保意识。

本课题研究的主要内容为结合基地丰富的生态资源，开发出丰富的生态环保实践动课程内容，构建具有地域特色的生态环保课程框架。具体内容如下。

（一）开发出与本地农业经济相联系的综合实践活动

在农村，主要的经济来源是农业收入。而我基地地处山区，周边的农民以农业收入为主要经济来源，我们就利用这一资源，在提高农民的经济收入同时，又能开发出与之相关的课程，培养学生的农业经济意识。

（二）开发与本地人文地理相结合的综合实践活动

我基地地处山区，而且还是具有光荣革命传统的老区，再加上当地丰富的地质资源，造就了对学生进行人文地理相结合教育的优越条件。

（三）开发适合不同年龄段、不同人群的综合实践活动

经过几年的发展，我基地已与多家单位形成挂钩共建关系，被评为北京市爱国主义教育基地、校长拓展基地、生态示范基地、科普教育基地等等。我基地针对不同年龄段、不同的人群，开展多种多样、丰富多彩的综合实践活动。比如针对小学生，我们开设了了解当地的动植物资源，环保科普知识宣传等；针对中学生，我们开设了生态环保教育课程，开展爱家乡、建设家乡的思想教育活动；针对成年人，我们有相应的素质拓展、越野、植树及采摘等活动。

（四）开发适合不同季节的综合实践活动课程

我区在北京市的区域功能定位上是“北京市生态涵养区”，这就意味着我区以大力发展生态、环保的项目为主，而我基地又是中小学生态教育基地，正好符合我区发展的大趋势，因此我们要抓住这一大好时机，积极开发与之相符的生态环保课程。比如在春天，开发了丰富多彩的植树活动，有香椿树、樱桃树、枣树等树种，同时还可以踏青，欣赏山区的美景；进入夏天，开发出了采摘香椿、樱桃等活动，同时还可以

在景区纳凉、消暑等；秋天是收获的季节，又可以采摘大枣、柿子等，还可欣赏本地独有的灵溪秋之韵；冬天又可以走进灵溪雪白的世界等。

本课题的研究手段及方法侧重以小组为单位，每一个小组负责一项活动内容，在组长的带领下，在实践活动的基础上，一方面梳理出本组活动内容的基本框架；另一方面继续完善本组活动内容，并结合实际情况，研发出相应的活动课程，以保证活动课程具有创新性以及符合学生的变化。最终以活动案例、论文、微课等形式加以展示，并通过实践活动中学生的反应情况来加以检验和印证，从而使本次研究项目获得良好的实际效果。

二、课题研究的意义

（一）课程改革的需要

随着国家中长期教育改革纲要的提出，基础教育的均衡发展被提到前所未有的重要程度。而破解教育公平难题的核心，还是在于综合实践活动。

（二）基地发展的需要

门头沟作为北京西南重要的生态涵养区，有责任也有义务保护和建设优美的生态环境，为北京的碧水蓝天贡献力量。

按照对教委对我基地生态环保教育功能定位的要求，构建适合中小学生态环保教育的特色实践活动课程体系，全面提升中小学生的生态环保意识，是我们应尽的责任。

（三）学生发展的需要

作为学生个体的学习基础，三维学习需求模型包含了群体—个性、知识—体验、发展—反思。从这个模型我们可以看出，群体、知识与发展是国内当前教育模式的基础，它们代表了教育的外在表现。可是如果没有有效的实践过程，我们就无法推动教育走向个性、体验和反思的内涵层面。因此加强学生实践环节的教育，有利于学生的发展。

三、课题研究的理论依据

（一）《中小学综合实践活动课程指导纲要》

1. 课程性质

综合实践活动是国家义务教育和普通高中课程方案规定的必修课程，与学科课程并列设置，是基础教育课程体系的重要组成部分。该课程由地方统筹管理和指导，具体内容以学校开发为主，自小学一年级至高中三年级全面实施。

2. 课程规划

中小学校是综合实践活动课程规划的主体，应在地方指导下，对综合实践活动课程进行整体设计，将办学理念、办学特色、培养目标、教育内容等融入其中。要依据学生发展状况、学校特色、可利用的社区资源（如各级各类青少年校外活动场所、综合实践基地和研学旅行基地等）对综合实践活动课程进行统筹考虑，形成综合实践活动课程总体实施方案；还要基于学生的年段特征、阶段性发展要求，制定具体的"学校学年（或学期）活动计划与实施方案"，对学年、学期活动做出规划。要使总体实施方案和学年（或学期）活动计划相互配套、衔接，形成促进学生持续发展的课程实施方案。

（二）《北京市中长期教育改革和发展规划纲要（2010～2020年）》

深化基础教育课程教材改革。根据不同阶段学生的成长规律和教育规律，构建符合现代教育理念、具有北京特色的基础教育课程体系。

（三）《北京市课外、校外教育“十三五”科研规划课题管理办法（修订）》

四、课题研究的目标

（一）通过课题研究，形成体现基地功能定位、彰显基地教育特色的综合实践活动课程体系。

（二）通过课题研究，形成一支科研、教学能力比翼齐飞的干部教师队伍。

五、课题研究的主要内容

本课题研究的主要内容为结合基地丰富的生态资源，利用丰富的生态环保实践活动课程内容，构建具有地域特色的生态课程框架体系。

（一）挖掘、整合本地区的农事资源，建立农事体验课程体系

在农村，主要的经济来源是农业收入。而我基地地处山区，周边的农民以农业收入为主要经济来源，我们就利用这一资源，在提高农民经济收入的同时，开发出与之相关的课程，培养学生的农业经济意识。

与此同时，结合基地中草药园的建设，让学生认识常见中草药，了解其性状，丰富对祖国传统中医药的了解。

（二）挖掘、整合本地区的人文、地理资源，建立人文地理综合实践课程体系

我基地地处山区，而且还是具有光荣革命传统的老区，再加上当地丰富的地质、水文资源，形成了对学生进行人文地理相结合教育的优越条件。

（三）开发不同年龄段、不同人群，适应不同季节的综合实践活动课程

六、课题研究的方法

本课题的研究通过参观考察、文献参考、总结体验、行为研究等多种方法开展，以保证本课题实施项目的顺利完成，并取得一定的实践效果。

主要举措：基地成立由基地主任为组长的领导小组，课题组成员由德育主任、教学主任、教研组长和教师等方面的人员组成。为做好本课题的研究，基地拟聘请1～2名指导专家，以保证课题研究的质量。

本课题组建立定期活动机制和奖励激励机制。实行基地长负责制，并委派专门的科研干部负责本项课题，每月组织开展一次形式多样的研究活动，形式有专题研讨，观课评议、主题培训等。

基地定期组织课题组教师举行反思活动，通过研究培训会、随笔经验交流会、课题研究成果推广会等形式多样的活动，激励教师积极参与到课题之中。基地每年投入足够数量的课题经费，保障奖励机制的实施和交流活动的开展。

七、课题研究的步骤

（一）准备阶段

成立项目课题组，确立研究方案，并组织成员学习相关理论，进行文献综述。

（二）研究阶段

结合研究方案，组织课题成员按照既定计划，有序开展研究活动，并进行阶段性汇报，总结阶段成果。

（三）总结、结题阶段

汇总研究成果，撰写结题报告。

八、课题研究的主要过程

（一）准备阶段（2016.9～2016.11）

1. 成立项目课题组

组长：苗青水

成员：连九军　陈建徽　于振东　李少华　马峥

2. 确立研究方案

（1）通过座谈研讨、征求意见、征集方案、专家点评等形式，初步形成研究方案的基本轮廓。

（2）通过汇总各方意见、建议，形成研究方案。

（3）专家把关，确定方案。

3. 组织成员学习相关理论，进行文献综述

（1）《中小学综合实践活动课程指导纲要》

（2）《北京市中长期教育改革和发展规划纲要（2010～2020年）》

（3）《北京市课外、校外教育“十三五”科研规划课题管理办法（修订）》

（4）李常明《校本课程开发》

4. 制定课题研究的相关管理制度、激励制度和保障制度，确保课题研究的顺利开展。

（二）研究阶段（2016.12～2018.6）

1. 研究阶段一（2016.12～2017.4）

（1）召开项目课题开题会，聘请专家，对研究课题进行论证。

首先结合基地所处环境极其特点进行可行性分析。

灵溪基地环境背景：灵溪中小学生态教育基地地处门头沟区妙峰山镇岭角村。岭角村坐落于妙峰山西麓、苇甸沟下游，毗邻109国道，距北京42公里。基地始建于1998年，当年响应政府号召，采取以机关包村扶贫的形式创建了灵溪基地。2008年正式改为全额拨款事业单位。经过近20年村基携手努力，岭角村发生了巨大的变化，特别是通过新农村建设对村居环境进行改造以后，村容村貌发生了巨大变化，人们生活质量有显著的改善。

灵溪基地资源情况：灵溪基地依山傍水，常年溪水不断，水质清澈。植被茂密，动植物资源丰富。山地植被茂密，乔木、灌木及药用植物资源种类丰富，其中经济类的有樱桃、柿子、核桃、山杏、香椿、花

椒等。岭角村是门头沟区乃至北京市小流域治理示范村，这里有比较完备小流域治理设施。

门头沟区是中国地质学科的摇篮。在灵溪沟域两侧，建有灵溪地质走廊，在道路两侧摆放着不同年代的地质矿石标本。同时，两侧山体断面地质类型丰富，是罕见的地质科普资源。

通过以上分析，专家一致认为：以灵溪基地所处环境的特点，具备开发地质、动植物、水文以及科普类实践课程的优越条件，经过开发和实施，能够形成在门头沟区乃至全市都独具特色的综合实践校本课程体系。

确立基地综合实践校本课程的指导思想。办学宗旨："以天地为教室，奉自然为宗师"。办学口号：磨炼自我、提高素质、增长见识、全面发展。实践从这里开始，梦想从这里起飞！

课程开发依据：依据北京市关于门头沟区为"生态涵养区"的功能定位，依据区教委对基地开展"生态环保与科技教育"的定位，并结合基地的优势特色资源。

课程开发原则：①德育培养为先。基地确立了"大德育"的观念，把"生态环保理念以及科学技术的普及"充分融入综合实践活动中，建构"贴近学生、面向生活、注重实践、开放多元"的实践德育新体系。②实践能力为重。基地确立了"能力为本"的理念，重视通过调查访问、实地考察、科技制作与体验等多种形式，培养和提升学生的实践能力和创新能力，建构"交流合作、手脑并用、参与体验"的实践能力体系。③实践探究为主。基地确立了"实践探究"的活动形式，引导学生把社会问题探究、自然问题探究、现代科技问题探究结合起来，建构"激发兴趣、乐于探究、自主反思、善于发现"的问题导向学习体系。

（2）形成与基地特色资源相结合的综合实践活动课程框架

课程领域：综合实践之人与自然

生态环保类·环境治理

迷途知返——定向越野

山岩环廊——探究灵溪岩石走廊

水土保持——小流域治理

溪水清清——水质监测

生态环保类·生物探索

种群识别——可爱的小动物

生态赏析——多样化的植物

蜂园探秘——参观蜂彩馆

秋之叶趣——叶画制作

课程领域：综合实践之人与自我

现代科技类·能源利用

亲近阳光——太阳能六合一制作

取能行车——太阳能小车制作

迎风来电——风能模型制作

现代科技类·科学养殖

现代化农业——无土栽培

菌菇丛生——食用菌培养

中华本草——药用植物组培

课程领域：综合实践之人与社会

科技创新类·科技前沿

微机操控——单片机操作

侦测得宝——无线电测向

定位神器——GPS 导航

仿真模型——组装机器人

科技创新类·创新实验

航天之梦——气动火箭制作

电子科技——电子百拼

2. 研究阶段二（2017.5～2017.12）

（1）召开中期课题汇报会

课题组成员将自己研究的初步成果进行展示交流，总结经验教训，提出研究中的问题和困惑，征求专家和老师的建议。

初步开发出人文地理、农业体验等综合实践活动课程。

3. 研究阶段三（2018. 1 ~2018. 6）

形成适应不同人群、不同层次、多种需求的综合实践活动课程开发与建设的研究成果。

课程体系基本完善。

开发出一整套基于课程体系的教学案例和研究论文。其中，一批以基地特色资源为主题的研究成果标志着课题研究的可喜进展。

地质类：

门头沟地区地质地貌简单概括——马峥

写在岩石上的历史——陈建徽

浅谈初中生探究岩石兴趣的策略——连九军

水文类：

探究基地开展水质调查活动的意义——连九军

灵溪水资源、河流流域治理——李少华

灵溪水质、小流域治理——陈建徽

灵溪的水、水净化技术走进综合实践课堂——马峥

水质检测与水资源保护——李少华

保护生命之源——水——于振东

植物类：

论植物保护环境

浅谈植物对人类的影响——于振东

浅谈植物与人类生命的关系——陈建徽

植物进化过程中灵溪植物概览——马峥

秋之叶趣——美丽的叶拓画——李少华

微生物类：

浅谈微生物技术对学生的影响——连九军

一起来种小蘑菇——于振东

其他：

定向越野教学案例——马峥

太阳能小车——于振东

（三）结题阶段（2018. 6 ~ 2018. 8）

1. 撰写结题报告，召开结题会

2. 编辑、出版研究成果

3. 总结、表彰先进个人

九、课题研究成果

（一）灵溪基地综合实践活动课程体系与教材。

（二）灵溪基地特色课程案例集。

（三）灵溪基地特色课程论文集。

（四）基地课程实施情况良好。

1. 基地课程服务本区学生。基地依据教委要求，对全区小学三年级、初中二年级的学生开展综合实践活动课程教育。

2. 基地课程辐射全市依托基地特色资源，开展针对全市乃至全国的不同人群的特色教育，提升基地的影响力，打造特色基地课程。

十、思考

综合实践课程体系建设永远在路上。囿于多种原因，特别是研究队伍的素质有待提高，我们的课程体系在科学性、体系化、标准化及适用性等方面都还存在不足，须在今后继续改正。

课程体系中的内容不均衡，有些课程的建设力度不足，要加强研究力度，力争各类课程均衡发展，以整体发挥课程体系的育人功能。

教师队伍素质提高是永恒的课题，只有坚持不懈地加强队伍建设，让每位老师都能主动参与并胜任基地的综合实践校本课程体系的建设和实施，才能发挥课程体系的育人功能，彰显基地的课程特色。